# 城市轨道交通沿线配套工程建设与管理

于潇 刘池 王立方 张华军 李祥军 著

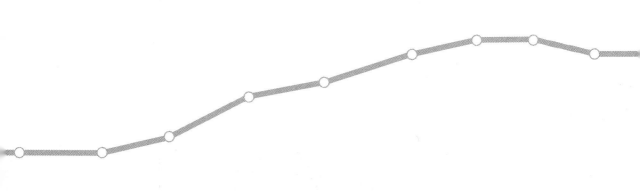

中国建筑工业出版社

图书在版编目（CIP）数据

城市轨道交通沿线配套工程建设与管理 / 于潇等著
. —北京：中国建筑工业出版社，2022.5
ISBN 978-7-112-27342-3

Ⅰ.①城… Ⅱ.①于… Ⅲ.①城市铁路—轨道交通—配套设施—施工管理 Ⅳ.①U239.5

中国版本图书馆CIP数据核字（2022）第068746号

本书围绕城市轨道交通枢纽工程的市政配套基础设施全生命周期来创作，共分为八部分，分别是：一是，全面回顾国际上城市轨道交通的发展历史，分析城市轨道交通项目建设构成，总结归纳理论研究中关注的热点与重点。二是，围绕济南市城市轨道交通建设收益平衡区，详细总结收益平衡区项目开发类别，详细分析满足交通综合枢纽需求的交通接驳方式与市政配套工程需求。三是，结合工程投资理论，详细说明城市轨道交通及其配套市政工程的投资决策理论与方法应用。四是，在工程项目生命周期中的建设准备阶段，从业主角度，需要做的准备工作，包括程序准备、勘察、设计、开工准备等，具体工作内容与程序、要求。五是，结合设计理论，详细说明城市轨道交通综合枢纽与市政配套工程的设计过程、理论与方法以及如何进行设计评价。六是，对城市轨道交通综合枢纽与市政配套工程的施工管理过程、理论与方法，以及施工管理绩效评价进行表述。七是，从竣工、收尾、回放、保修等角度对城市轨道交通综合枢纽与市政配套工程的收尾阶段管理工作进行说明。八是，对于城市轨道交通综合枢纽与市政配套工程的运营进行策划，制定评价方法。

责任编辑：毕凤鸣
责任校对：张惠雯

## 城市轨道交通沿线配套工程建设与管理
于 潇 刘 池 王立方 张华军 李祥军 著

\*

中国建筑工业出版社出版、发行（北京海淀三里河路9号）
各地新华书店、建筑书店经销
华之逸品书装设计制版
北京君升印刷有限公司印刷

\*

开本：787毫米×1092毫米 1/16 印张：18½ 字数：351千字
2022年5月第一版 2022年5月第一次印刷
定价：**78.00元**
ISBN 978-7-112-27342-3
（39504）

版权所有 翻印必究
如有印装质量问题，可寄本社图书出版中心退换
（邮政编码 100037）

# 顾问委员会

**投资开发顾问**　孙法祥　随红全　张　琪　张继省　刘荣秀
　　　　　　　　孔繁科
**工程技术顾问**　董文鲁　崔言继　张赵生　宋　燕　张江涛
**运营管理顾问**　戚桂荣　王海明　于　振　卢文峰
**案例资料支持**　赵瑗珲　李贺朋　赵博文　刘家良
**顾问支持单位**　济南轨道交通集团资源开发有限公司
　　　　　　　　中建八局第一建设有限公司
　　　　　　　　济南城建集团有限公司
　　　　　　　　济南市市政工程设计研究院（集团）有限责任公司
　　　　　　　　中铁四局集团有限公司

# 序

市政基础设施工程是城市生存与发展必不可少的物质基础，我国高速的城镇化进程有效带动了市政基础设施工程的固定资产投资与建设。近十年来，我国城镇化率每年大约提高1.421%，但总体上跟发达国家相比仍有15%以上的差距，这意味着我国市政基础设施工程投资与建设仍处于高速发展期。2018年国家提出乡村振兴战略，推进城乡融合发展，实现城乡公共服务均等化，为市政工程建设带来了更加广阔的发展前景。

市政基础设施工程范畴广、种类多，不同类别项目的规模差距大，技术与设备迥异。从理论研究与工程实践的角度，市政工程涉及工学、理学、管理学、艺术学、经济学等多个学科门类，且多学科交叉融合，知识范围广，实践难度高。当前，全国已有60多所本科高校开设了市政工程专业，并各有办学特色和专业侧重，培养了大批市政工程专业技术人才，但仍不能满足市政工程建设领域快速发展对专业技术人才的需求。基础设施建设相对不足和落后、需求矛盾加剧等"城市病"仍严重影响着城乡居民的生活质量，并在一定程度上阻碍了城市的可持续发展。因此，市政工程的建设与运营管理需要给予更多的重视，需要凝聚更多、更高水平的研究成果，培养更多高质量的专业技术人才，实现市政工程市场快速发展与建设质量、运营管理服务水平之间的有机平衡。

该书作者集聚了市政工程建设与运营者、施工过程管理者以及高校的相关学者，组成了理论与实践相互融合的研究型团队。以济南市新东站建设项目为依托，聚焦城市轨道交通沿线市政道路、电力管沟、综合管廊、公交车站等市政配套设施工程，从市政工程投资与规划设计开始，以市政工程的全生命周期为主线，系统梳理、构建了市政工程建设与管理的基本理论、技术路线及实践经验。著作充分吸收了近年来该领域的最新研究成果，并紧密结合济南新东站建设实践与管理经验，对市政工程建设与管理具有重要的理论价值和实践指导意义。该著作可作为市政工程相关专业本科及硕士研究生的教学参考资料，亦可供从事市政工程建设与管理的专业技术人员参考。相信该著作的出版将为推动我国市政基础设施建设的科学发展作出应有的贡献。

2022年3月

# 前 言

城市轨道交通具备公益项目属性，快捷便利，安全性高，运量大和运输效率高，已成为人口密集型城市公共交通设施建设的必然选项。城市轨道交通建设耗资不菲，行业涉及领域广泛，产业链庞大，对经济总量的拉动作用明显。产业链上游主要是钢铁、水泥等原材料，中游是车辆及配件制造、智能化设备及系统，下游是轨道交通运输及其所必要的配套服务。为城市轨道交通运输提供配套服务的工程范围广泛，涵盖了城市生产生活所必需的公共基础设施，是城市轨道交通运营和发展必不可少的基础条件。配套工程建设与运营的质量，决定了城市轨道交通的运营能力与服务水平。城市轨道交通沿线配套工程所蕴含的物业、广告及通信等资源潜力巨大，是实现城市轨道交通项目整体盈利的重要来源。城市政府、轨道交通项目投资者与运营者日益重视城市轨道交通项目配套工程的开发、建设与运营管理。

随着人们不断增强的美好生活期望，对交通出行的舒适度、便利性与满意度要求也日渐提高。城市轨道交通项目的投资人、建设者与管理者需要将配套工程纳入城市轨道交通项目，进行一体化、系统化的投资、开发、建设与管理，才能最大化地满足人们对于城市轨道交通出行的需要。然而，城市轨道交通项目的配套工程，包括供水、供电、燃气、通信、道路、排污、停车场等，种类繁多，相互之间设备、技术与标准差异较大，且单个配套工程规模却相对较小，投资额较低，导致理论研究中的关注度低，其建设与管理缺乏系统性的理论支撑，已经阻碍了城市轨道交通项目社会效益与经济效益的实现。

本书在总结城市轨道交通项目开发与建设相关研究的基础上，结合济南市轨道交通项目建设实践，系统阐述了城市轨道交通项目配套工程从整体规划、资金筹集、工程设计、建设准备、工程施工，直至项目运营全过程的基础理论、技术方法与应用实践。全书共分为八个章节，第一章是对城市轨道交通项目发展、建设与趋势的综合介绍，由于潇撰写；第二章是对轨道交通项目与配套工程一体化建设的论述，由刘池撰写；第三、五、六章分别阐述了轨道交通项目配套工程的投资、设计与施工，由王立方、张华军合作撰写；第四、七、八章分别介绍轨道交通项目配套工程的建设准备、收尾与运营管理，由刘池、李祥军合作撰写。全书由于潇、刘池统稿。

# 目 录

## 第一章　城市轨道交通概述　　**001**

### 第1节　城市轨道交通的发展与演变　　002
　　一、世界城市轨道交通发展历程　　002
　　二、城市轨道交通网络　　004
　　三、城市轨道交通类型　　007
　　四、城市轨道交通演化　　009

### 第2节　城市轨道交通建设项目　　010
　　一、轨道交通系统构成　　010
　　二、城市轨道交通工程项目　　015
　　三、轨道交通的建设时序　　016
　　四、城市轨道交通的技术经济特征　　019

### 第3节　城市轨道交通的理论研究与应用　　023
　　一、轨道交通建设与土地开发一体化　　023
　　二、城市轨道交通投融资研究　　025
　　三、轨道交通建设时机决策的研究　　027
　　四、城市轨道交通公平性评价的研究　　028

## 第二章　城市轨道交通沿线配套工程　　**031**

### 第1节　城市轨道交通收益平衡区工程　　032
　　一、城市轨道交通项目投资　　032
　　二、城市轨道交通项目的收益　　037

　　　　三、轨道交通营运的投资收益平衡 ·················· 038
　　　　四、城市轨道交通收益平衡模式 ·················· 039
　第2节　城市轨道交通站点接驳工程 ·················· 040
　　　　一、轨道站点交通接驳理念 ·················· 041
　　　　二、基于出行链的接驳方式 ·················· 042
　　　　三、轨道站点接驳方式选择影响因素 ·················· 043
　第3节　城市轨道交通沿线市政工程 ·················· 046
　　　　一、市政工程类别 ·················· 046
　　　　二、轨道交通与市政接口 ·················· 049
　第4节　城市轨道交通收益平衡区规划设计案例 ·················· 064
　　　　一、济南新东站片区总体规划设计 ·················· 064
　　　　二、济南新东站片区站点接驳设计 ·················· 065
　　　　三、济南新东站收益平衡区 ·················· 066

# 第三章　城市轨道交通沿线配套工程投资决策　　067

　第1节　投资决策范围与内容 ·················· 068
　　　　一、投资决策的概念 ·················· 068
　　　　二、城市轨道交通项目产品特征 ·················· 069
　　　　三、城市轨道交通项目投资决策的范围 ·················· 071
　　　　四、城市轨道交通项目投资决策内容 ·················· 073
　第2节　投资决策理论方法与应用 ·················· 075
　　　　一、静态投资决策理论 ·················· 075
　　　　二、现金流量折现法 ·················· 078
　　　　三、实物期权投资决策方法 ·················· 083
　第3节　城市轨道交通投资决策的评价 ·················· 086
　　　　一、财务评价 ·················· 086
　　　　二、国民经济评价 ·················· 090
　第4节　城市轨道交通收益平衡区基础设施投资决策案例 ·················· 095
　　　　一、济南新东站片区电力管沟规划设计 ·················· 095
　　　　二、济南新东站片区电力沟项目投资估算 ·················· 096
　　　　三、济南新东站片区电力沟项目投资评价 ·················· 097

## 第四章　城市轨道交通沿线配套工程建设准备　099

第1节　建设准备范围与内容 …………………………………………… 100
第2节　建设程序准备 …………………………………………………… 101
　　　　一、建设工程审批制度 …………………………………………… 101
　　　　二、建设工程的审批内容 ………………………………………… 102
　　　　三、工程用地审批与许可 ………………………………………… 104
第3节　前期工程采购 …………………………………………………… 108
　　　　一、勘察人采购 …………………………………………………… 108
　　　　二、设计人采购 …………………………………………………… 110
　　　　三、施工总承包人采购 …………………………………………… 112
　　　　四、咨询服务人采购 ……………………………………………… 114
　　　　五、建设工程材料采购 …………………………………………… 119
　　　　六、建设工程设备采购 …………………………………………… 120
第4节　工程勘察 ………………………………………………………… 122
　　　　一、工程勘察程序 ………………………………………………… 122
　　　　二、工程勘察方法 ………………………………………………… 122
　　　　三、工程勘察设备 ………………………………………………… 126
　　　　四、工程勘察具体要求 …………………………………………… 129
第5节　施工开工准备 …………………………………………………… 131
　　　　一、施工许可制度 ………………………………………………… 131
　　　　二、施工的现场条件 ……………………………………………… 132
　　　　三、开工的审批 …………………………………………………… 133
第6节　城市轨道交通站点接驳工程建设准备案例 …………………… 135
　　　　一、城市轨道交通站点的公交接驳 ……………………………… 135
　　　　二、公交接驳项目建设准备 ……………………………………… 136
　　　　三、公交接驳项目建设过程 ……………………………………… 136

## 第五章　城市轨道交通沿线配套工程设计管理　139

第1节　设计管理范围与内容 …………………………………………… 140
　　　　一、设计管理 ……………………………………………………… 140

二、市政工程设计内容 …………………………………………… 141
　　三、市政工程设计管理 …………………………………………… 143

第2节　设计管理理论方法与应用 ……………………………………… 146
　　一、系统思维设计管理方法 ……………………………………… 146
　　二、设计价值管理方法 …………………………………………… 148
　　三、设计界面管理方法 …………………………………………… 151
　　四、建筑信息化技术的协同设计管理 …………………………… 153
　　五、市政工程的施工图设计管理 ………………………………… 155

第3节　设计质量评价 …………………………………………………… 157
　　一、国外设计质量评价 …………………………………………… 157
　　二、国内设计质量评价 …………………………………………… 161

第4节　城市轨道交通沿线市政工程设计案例 ………………………… 164
　　一、新东站片区市政道路设计方案 ……………………………… 164
　　二、市政道路设计原理与过程 …………………………………… 166
　　三、市政道路设计质量的评价 …………………………………… 167

# 第六章　城市轨道交通沿线配套工程施工管理　　169

第1节　施工管理范围与内容 …………………………………………… 170
　　一、市政工程范围 ………………………………………………… 170
　　二、市政工程特征 ………………………………………………… 175
　　三、市政工程项目施工管理 ……………………………………… 176

第2节　施工管理理论方法与应用 ……………………………………… 184
　　一、全过程工程造价管理理论 …………………………………… 184
　　二、质量管理理论及方法 ………………………………………… 189
　　三、施工进度管理原理与方法 …………………………………… 197
　　四、施工安全管理理论与方法 …………………………………… 201

第3节　施工管理绩效评价 ……………………………………………… 215
　　一、施工管理绩效 ………………………………………………… 215
　　二、绩效评价理论 ………………………………………………… 217
　　三、施工管理绩效评价 …………………………………………… 220

第4节　城市轨道交通沿线市政工程施工管理案例 …………………… 221

一、新东站片区田园大道管廊项目 ........................ 221
二、管廊的设计考虑 ........................ 223
三、管廊建设与运营 ........................ 223

## 第七章　城市轨道交通沿线配套工程收尾管理　225

第1节　工程竣工 ........................ 226
　　一、竣工验收 ........................ 226
　　二、竣工决算 ........................ 231
　　三、完工清理 ........................ 232
第2节　工程移交 ........................ 233
　　一、工程移交的前提 ........................ 233
　　二、工程移交的内容 ........................ 234
　　三、工程移交的程序 ........................ 236
　　四、工程移交的基本要求 ........................ 237
第3节　工程回访与保修 ........................ 238
　　一、工程回访 ........................ 238
　　二、工程保修的范围和期限 ........................ 239
第4节　城市轨道交通沿线市政工程收尾管理案例 ........................ 242
　　一、济南市新东站南环路工程 ........................ 242
　　二、新东站南环路工程竣工验收 ........................ 243
　　三、新东站片区道路验收过程 ........................ 244

## 第八章　城市轨道交通沿线配套工程运营管理　247

第1节　运营管理范围与内容 ........................ 248
　　一、运营管理的概念 ........................ 248
　　二、综合交通枢纽运营管理的范围 ........................ 248
　　三、综合交通枢纽运营管理的内容 ........................ 250
第2节　配套基础设施工程运营管理理论与方法 ........................ 252
　　一、基础设施运营管理模式 ........................ 252
　　二、配套基础工程设施承载能力 ........................ 259

　　　　三、基础设施的政府监管 ………………………………………… 261
　　　　四、突发事件的应急管理 ………………………………………… 264
　第3节　运营管理的评价 ………………………………………………… 268
　　　　一、配套设施建设评价 …………………………………………… 268
　　　　二、城市轨道交通运营管理评价 ………………………………… 271
　　　　三、城市轨道交通运营管理综合评价体系 ……………………… 276
　第4节　城市轨道交通沿线市政工程运营管理案例 …………………… 279
　　　　一、综合交通枢纽投资费用分摊方式 …………………………… 279
　　　　二、公共综合交通枢纽的运营管理模式 ………………………… 280

# 第一章 城市轨道交通概述

# 第1节　城市轨道交通的发展与演变

## 一、世界城市轨道交通发展历程

轨道交通是指需在特定轨道上运行的交通工具或运输系统。狭义的城市轨道交通一般是指城市中短距离电能驱动的轻型化客运铁路，地铁是城市轨道交通中运用最广泛的一类客运铁路系统。广义的城市轨道交通，还包括具有中等以上运量的轨道交通系统，如城市间的客运铁路系统。自1863年伦敦建成世界上第一条地铁至今，狭义的城市轨道交通已有近160年的发展历史。全球城市轨道交通系统每天客运量超2亿人次，在解决特大型、大型城市交通压力，降低交通出行成本，节约出行时间上发挥着越来越大的作用。

截至2021年，拥有城市轨道交通线路最多的地区分别为欧洲16302.33km，亚洲13126.06km和美洲3214.11km，这三个洲的运营里程数占全球运营里程数的97.9%。运营里程最长的国家分别为中国（8485.60km）、德国（3604.16km）、俄罗斯（1840.50km）、美国（1688.91km）、法国（1301.20km）、乌克兰（1214.80km）和日本（1036.80km），上述运营里程最多的国家运营里程数合计占全球运营里程数的60%。国际上主要的超大、特大城市，如北京、上海、深圳、中国香港、纽约、华盛顿、芝加哥、伦敦、巴黎、柏林、东京等已基本完成城市轨道交通网络建设。随着人口聚集效应，大型城市交通压力剧增，当公共财政预算收入与地区生产总值达到一定规模时，越来越多的城市和地区正在着手规划城市轨道交通建设。

城市轨道交通从诞生到现在，历经一个"V"字形的发展曲线，可划分为四个阶段[①]：

**1.初始发展阶段（1843—1923）**

1843年，英国人查尔斯·皮尔逊为伦敦市设计了世界上第一条城市轨道交通系统——伦敦大都会地铁。伦敦大都会地铁于1863年1月10日建成通车，采用

---

① 参考王晓荣博士论文《轨道交通与大城市形态互动演化关系研究》，2017。

蒸汽机动力牵引，轨道全线长度为6.5km。1874年，英国伦敦首次使用盾构法施工，于1890年12月18日修建成另一条全线长度约5.2km的城市轨道交通系统——都市与南伦敦地铁，采用电力动力牵引。地铁在城市客运交通中展现出巨大价值和作用，以美国、英国为代表的工业发达国家，为满足社会与经济需求、推动工业化发展，大量投资兴建铁路并发展上下游相关产业。在此期间，众多大城市，如芝加哥、费城、波士顿等均推动了城市轨道交通项目建设。19世纪后半期，轨道交通项目建设从欧美国家扩展到其殖民地，以及发展中国家。在初始发展阶段，轨道交通的机车是以蒸汽推动为主，以电力推动为辅运行速度多在每小时100km以下。

**2. 停止萎缩阶段（1924—1949）**

1924年至1949年间，各国铁路运量因世界大战而不断下降，发达国家下降幅度尤其显著。更因国家运营管理不善、承担公益性运输等原因加剧了铁路运营的亏损。同时期，普通公路与高速公路的建设以及汽车工业的蓬勃发展，使得大量客货运输转移到更为灵活便捷的公路路网。到20世纪50年代，铁路在一些发达国家逐渐没落为夕阳产业。美、英、德、法、意等铁路运输亏损严重的国家甚至采取封闭、拆除部分铁路线路，将部分铁路收归为国有的策略，以维持必要铁路线路的运营。在这一时期内，只有东京等少数城市修建了铁路，而且大多是为了战备原因。

**3. 重新发展阶段（1950—1969）**

家庭乘用轿车的迅速普及，城市公路交通严重超出负荷，交通日趋拥堵，导致通行时间增长，轿车驾乘体验下降，严重的拥堵甚至造成交通瘫痪。此外，以石油资源消耗作为动力输出的轿车，尾气排放污染空气，随着通行时间增长，交通成本增加。在此情况下，城市轨道交通便捷、通行时间可靠、通行费用低、环保的特征，使各国政府和城市居民重新意识到城市轨道交通的价值和必要性。与此同时，部分国家和地区为了应对可能发生的第三次世界大战，主动投资修建了部分非客运城市轨道交通线路。这一时期，城市轨道交通从美洲和欧洲扩展到了亚洲大陆，北京市第一条城市轨道交通线路修建于1965年。得益于技术进步，轨道交通进入了内燃机或电力牵引的快速时代，列车时速达到140~200km，是快速或准高速轨道交通时期。

**4. 高速发展阶段（1970年至今）**

各国城市化进程加快导致城市人口高度集中，对城市轨道交通快速发展以适应日益增加的城市通行需求愈加强烈，科学技术的进步亦为城市轨道交通快速发展奠定了坚实的基础。城市轨道交通大运量、高效率的特征，以及可节约城市土地资源的特性，使得各国政府投资建设意愿持续增强，为城市轨道交通高速发展扫清了障碍。这一时期，高速铁路得以迅速推广，全球城市轨道交通呈现爆发式发展。世界首条高速铁路东海道新干线于1964年在日本通车，时速可达210～230km。1983年法国巴黎东南新干线开通，运营速度可达每小时270km，现代法国TGV高速列车时速可达300～350km。1991年开始运营的德国ICE高速铁路时速可达330km。1994年英吉利海峡隧道开通后，形成第一条跨国高速铁路。此后"欧洲之星"于1997年连通德国、法国、荷兰等欧洲各国。中国自2004年京津城际铁路开通后进入高铁时代，至2020年年底，中国运营高速铁路达3.79万km，占世界高速铁路总量的69%，稳居世界第一。与此同时，世界各大城市持续性地规模扩张，地铁、轻轨与市郊铁路等共同组成快速城市轨道交通网络，成为众多大城市尤其是人口高度密集城市向外扩张的主导力量，引导人口产业在网络沿线及节点集聚，形成市区多中心结构。

## 二、城市轨道交通网络

根据《城市公共交通分类标准》CJJ/T 114—2007中定义，城市轨道交通是采用轨道结构进行承重和导向的车辆运输系统，依城市交通总体规划要求，分为全封闭或部分封闭的专用轨道线路，以列车或单车形式，运送相当规模客流量的公共交通方式。基于这一城市轨道交通概念，城市轨道交通的类型涵盖地铁系统、轻轨系统、单轨系统、有轨电车、磁浮系统、自动导向轨道系统，以及市域快速轨道系统等。

为提高运能并减少土地资源与地面空间占用，解决城市交通问题，1863年世界上首条地下城市轨道交通线路，即伦敦大都会地铁在伦敦建成投入使用，是采用蒸汽机车牵引动力的地铁交通方式。地铁的大规模建设出现在"二战"之后，随着大型城市的持续扩展和人口聚集而得到迅速发展，欧美国家的国际性大都市，如伦敦、纽约等，到20世纪80年代就已具备较完善的城市地铁网络。

陈春娇、张知青等人在《中国城市轨道交通网络发展分析与思考》一文中总结了城市轨道交通网络发展的历程，得出：世界各地城市轨道交通发展，是一个从无到有，然后由线转网，最后由小网发展为大网的三阶段发展过程。历经三个阶段之后，才能逐步形成以城市轨道交通为骨干的城市公共交通系统，充分发挥城市轨道交通运力。在城市轨道交通网络持续地建设与运营实践中，通过规划线路与交通枢纽的立体化改造建设方式，可持续优化城市内轨道交通的网络形态，满足不同时期城市轨道交通需求的变化。快速的城市开发与交通路网的持续建设推动了城市轨道交通功能的演化，由原来仅承担城际间客货运输的干线与区域轨道交通，转变为逐渐承担起城市市郊的通勤运输服务需求。从1969—2019年的50年间，我国城轨交通快速发展，部分城市地铁轨道交通的网络运营规模已位居世界前列，城市轨道交通网络发展的历程与欧美国家相似，并呈现出快速成网与加速扩张两大特征。截至2020年年底，我国已有20座城市的城市轨道交通运营里程超过100km（图1-1），城市轨道交通已逐步成为我国特大型、大型城市的骨干客运方式。

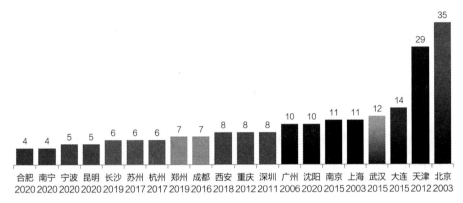

**图1-1　我国各城市轨道交通运营规模达100km时间图**

注：1. 城市下方年份为该城市轨道交通达到100km的年份
　　2. 色块上的数字为城市轨道交通达到100km历时年数

我国各城市轨道交通网络的形成，是在开通第一条线路的基础上，逐步开通第二条、第三条线路，实现城市轨道交通的由线转网，基本形成由三条或以上轨道交通线路、三个及以上换乘站、轨道交通线路间两两换乘、覆盖中心城区的骨干网络[①]。在此过程中形成的城市骨干轨道交通网络可分为环加射线型、类8字型与类A字型三种类型。如北京于2003年年底形成由1号线及八通线、2号线、13号线组成的"环加射线型"骨干网络；南京于2015年年底形成由1号线、2号线和3号线组成的"类8字型"骨干网络；西安于2018年年底形成由1、2、3号线三条线路组成的"类A字型"骨干网络（图1-2）。

环加射线型、类8字型与类A字型的骨干城市轨道交通网络，均具备了连接城市中心城与城郊主要周边区域、覆盖城市主要交通走廊、解决部分区域间客流出行的功能，是城市轨道交通网络不断拓展的基础，是未来城市轨道交通网络效能充分发挥的支柱。在既有骨干城市轨道交通网络的基础上，可通过增加放射线

---

① 参考陈春娇等人《研数据　析规律　明方向——中国城市轨道交通网络发展分析与思考》，城市轨道交通，2020年。

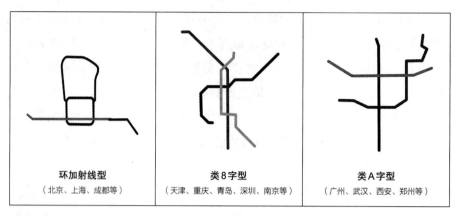

图1-2 骨干网络的主要形态

环加射线型（北京、上海、成都等） 　 类8字型（天津、重庆、青岛、深圳、南京等） 　 类A字型（广州、武汉、西安、郑州等）

或环线的后续建设方式，逐步加强城市不同区域之间的连通性，在中心城区形成高密度、广覆盖的城市轨道交通网络，并通过区域协同发展模式逐步向外围放射和拓展，以支持中心城区外围区域的发展，提升城市轨道交通的网络覆盖面，最终实现由小网向大网的进阶。

北京、上海、中国香港、纽约、伦敦、巴黎、东京等城市的轨道交通网络形态已基本成型，呈现多制式协同发展的格局，基本实现城市中心与外围的全面联通。如东京都市圈范围内2500多公里城轨交通网络中，312km的地铁网络主要集中在东京中心城，而分别拥有1000km以上的JR铁路网络和私铁网络遍布于东京都市圈的各个角落，满足都市圈内不同方向的客流出行需求。

目前，地铁制式的城市轨道交通网络规模超过400km的城市主要有北京、上海、纽约和伦敦。北京和上海的城市轨道交通网络规模超过400km以后，平均每3年增加100km，纽约大约每6年增加100km。因此，城市轨道交通网络成型之后，其网络形态和结构逐步趋于稳定，网络发展速度放缓。随着城市发展、人口聚集与通行压力增加，城市轨道交通网络不断完善，大型铁路客站、地铁枢纽与站点等共同组成等级、形态、功能等多样化，且呈现体系化特征的城市轨道交通体系。为更好地满足出行需求，一方面，城市原有的大型铁路客站往往与城际轨道交通、城市轨道交通、城市道路交通系统接驳，成为资源更丰富、客流量更大、功能更综合化的大型综合枢纽、内外交通有机接驳的窗口；而一般的城市轨道交通站点，也存在两条乃至多条衔接换乘枢纽、轨道交通与道路交通换乘等衔接功能。不同轨道交通枢纽相互配合，实现城市内部、内外部的高效时空转换。另一方面，城市交通枢纽的规划设计更加成熟，且功能更加综合化，不仅体现出交通线路与城市功能空间日渐融合特征，而且能够更好地满足经济社会发展产生的新需求。

### 三、城市轨道交通类型

根据《国民经济行业分类》GB/T 4754—2011的规定,轨道交通属于城市公共交通业。轨道交通包括地铁交通、轻轨交通、有轨电车交通,还有各种索道、缆车的经营管理活动。国家标准《城市公共交通常用名词术语》将城市轨道交通定义为"通常以电能为动力,采取轮轨运转方式的快速大运量公共交通之总称"。国际轨道交通有地铁、轻轨、市郊铁路、有轨电车以及悬浮列车等多种类型,号称"城市交通的主动脉"。

根据中国城市轨道交通协会的《城市轨道交通分类》团体标准,城市轨道交通可划分为:

**1. 地铁**

地铁(英文名Metro,Underground Railway,Subway)是沿着地面铁路系统的形式逐步发展形成的设在地下隧道内一种用电力牵引的快速大运量城市轨道交通模式。自1863年英国伦敦大都会地铁投入运营以来,地铁发展迅速,业已成为现代都市最重要的交通工具之一。目前,世界上拥有地铁的城市已超过220个,线路长度超过1.6万km。

**2. 有轨电车**

有轨电车(英文名Tram),是建于路面之上,采用电力驱动的轻型轨道,是一种古老的城市轨道交通模式。1888年,世界上第一条有轨电车线路在美国弗吉尼亚州的里士满正式开通运行。自19世纪90年代到20世纪20年代期间,有轨电车曾风行于欧美各国,并扩展到亚、非、南美的许多大城市。截至2019年年底,共有58个国家和地区的416座城市开通有轨电车,其中有里程数据来源的240座城市的有轨电车总里程达11179.28km,欧洲有轨电车里程最长,占全球有轨电车里程的96.16%。

**3. 轻轨**

轻轨交通(英文名Light Rail Transit),是从有轨电车发展起来的,以高架与地面轨道行驶为主的中等运量的轨道交通方式。轻轨是当今世界上发展最为迅猛的轨道交通形式,轻轨的机车重量和载客量要比一般列车小,所使用的铁轨质量轻,每米只有50kg,因此叫作"轻轨"。与地铁相比,轻轨建设周期短、造价约为地铁的1/4到1/2,功能和适用范围更为实用和机动灵活,适用于市内、市郊、机场联络等中短距离运输,具有较大的优越性和广阔的发展空间。截至2020年年底,我国各城市(不含港澳台)已开通的轻轨里程达到217.60km。

**4. 市郊铁路**

市郊铁路（英文名 Suburban Railway），是指运行于市区、市郊以及卫星城之间，以地面专用线路为主的大运量快速轨道交通系统。市郊铁路以其运量大、速度高、污染少的优势，为城区及市郊地区或卫星城之间提供铁路客运服务，满足通勤、城市及郊区之间居民往来的需要。市郊铁路建设可利用既有铁路设施，相比其他城市轨道交通方式，可大幅降低建设成本，有效解决城市轨道交通建设的投融资问题。

**5. 单轨交通**

单轨交通（英文名 Monorail）是一种采用橡胶车轮的车辆跨座或悬挂在高架的轨道梁上运行的交通方式，按其走行模式和构造不同可分为两种基本类型：车辆在轨道梁上部运行的称作跨座式单轨；在轨道梁下部运行的称作悬挂式单轨。单轨交通与传统地铁技术差异主要体现在车辆的转向架、轨道梁和道岔三个方面。1901年投入运营的德国乌帕塔悬挂列车是建成最早，并仍然持续营运的悬挂式单轨铁路，其独一无二钢轨式运行令每日载客量逾70000人次。我国投入运营的单轨铁路是重庆轨道交通二号线和三号线。

**6. 自动导轨交通**

自动导轨交通（英文名 Automated Guideway Transit），最早出现在美国，起初主要作为一种穿梭式或环形式往返运送乘客的短距离交通工具。其车辆采用橡胶车轮，利用侧式或中央导轨导向，由计算机集中控制实行自动控制运行。之后经过多年的研究和实践，许多国家在最初设计与设备基础上进行了改进，使其成为城市中一种中等运量的客运交通系统。各国对这种新型客运交通系统的分类及名称各不相同，比如：日本称自动导轨交通为新交通系统，法国称自动导轨交通为VAL系统。

**7. 磁浮交通**

磁悬浮交通系统（英文名 Maglev），采用直线电机牵引、磁吸或磁斥悬浮、电磁导向。目前磁悬浮交通系统有多种制式，其主要技术特征差别在于导体材料、工作温度、直线电机类型、悬浮方式、驱动方式等。磁悬浮交通系统是地面交通中运行速度最快的一种交通方式，2003年12月，日本的高速磁悬浮列车创造了581km/h的地面交通速度纪录。我国上海磁悬浮线已于2002年年底建成并投入运营，采用德国TR系统技术，是世界上目前唯一一条商业运营的磁悬浮交通线路。

**8. 直线电机轮轨交通**

直线电机轮轨交通（英文名 Linear Metro），采用直线感应电机牵引，轮轨系统支撑导向。20世纪80年代初，日本和加拿大几乎同步开始对这一系统的研究。目前，世界上已有5个国家共建成了10多条直线电机轮轨交通线路。直线电机轮轨交通系统采用直线感应电机驱动，牵引力不受物理黏着的存在限制，使其加、减速性能及爬坡能力均有较大的提高，最大坡度可达6%~8%。同时由于没有了旋转动力源和机械变速传动系统，使得轴箱定位结构可以得到较大的简化，因此直线电机车辆一般都采用径向转向架，以便提高车辆的曲线通过性能和运行平稳性。此外，直线电机车辆比传统地铁车辆尺寸小，所需横断面也较小。若在地下修建，可以较大程度减小工程量，降低工程造价。

## 四、城市轨道交通演化

城市轨道交通演化与发展主要受经济社会不断变化的需求影响，特别是城市化进程，人口聚集效应，区域协调发展战略等。城市空间扩张使早先位于城市外围的火车站及部分轨道线路逐渐被城市包围，使得轨道与路面交通产生交叉与冲突，影响交通效率，也往往造成城市空间的分割。随着城市密度提升，为获取更大空间，新建铁路货运站场、编组站、联络线等多迁向城市外围，形成内客外货分工明确的形态特征。而对于入城客站及线路的处理，欧美很多城市为了提高内外交通衔接的效率，便捷出行，采取保留火车站原有区位的办法，通过立体化改造，不仅消除空间冲突，还使客站的交通与经济区位优势更加凸显。与欧美城市不同，我国城市多采用的是将原有车站搬离城市中心的办法。除轨道交通站点的演绎变化之外，城市轨道交通总体的演化方向是绿色、智慧与综合化。

**1. 绿色轨道交通是必然趋势**

绿色轨道交通是指在城市轨道交通的全寿命周期内，最大限度地节约资源，包括节能、节地、节水与节材，在实现高效、安全地运载乘客的同时，减少对环境的污染，为乘客提供舒适、健康、便捷的交通运输方式。绿色轨道交通强调节能环保技术、绿色节能材料、先进能源管理系统的应用。比如，北京地铁14号线起点站张郭庄站，作为高架车站侧式站台，设计充分利用自然光及太阳能和风力发电、雨水回收等多种节能环保技术，体现了被动式节能的生态理念。

**2. 轨道交通功能综合化发展**

20世纪70年代以后，各国开始重视轨道交通与城市的互动发展，火车站及其周边地区往往连片、一体化发展。随着轨道交通线路的建设，车站衔接的轨道交通线路数、线路方向及外部交通线不断增加，火车站集散的人流与车流量也不断增大，大客流产生多样化需求，基于轨道交通的区位优势，整合各类经济资源,大量建设集交通、商业、文化、娱乐等多种功能于一体的车站综合体。

### 3. 轨道交通迈入智慧交通时代

智能交通,是指依托信息技术的高速发展,实现城市轨道交通的自动驾驶、自动管运。智能交通是利用先进的传感技术和面向互联网、物联网的IT技术与轨道交通、公共交通的深度融合,为交通大数据的采集提供精确保障,同时对这些行业数据进行多层次的分析和挖掘,为政府决策、行业管理、公众服务及商业开发层面提供标准、端口、通道以及内容,最终形成一套嵌入未来大交通网络内的智慧轨道交通商业模式。

## 第2节　城市轨道交通建设项目

### 一、轨道交通系统构成

城市轨道交通是以采用轮轨等运转方式、电力能源为主要驱动力,快速大运量运送城市旅客的公共交通,包括地铁、轻轨、磁悬浮列车及有轨电车等。城市轨道交通系统是属于集多专业、多工种于一体的复杂系统,通常由车站、线路、列车、控制,以及通信信号等系统组成。

**1. 车站**

城市轨道交通车站相对于地面位置而言,可以是地面、高架或地下,相应的车站分别称为地面站、高架站及地下站。最典型的例子莫过于北京地铁5号线,一条线路中包含了地下站东单站、地面站立水桥站和高架站天通苑站。

根据车站客运作业的不同,城市轨道交通车站可分为中间站、换乘站、折返站、越行站、接轨站和终点站等类型,如图1-3所示。

中间站,是供乘客乘降使用的车站。

换乘站,是供乘客由一条线路换乘到另一条线路的车站。

折返站,是供列车折返的车站。

越行站,是供非本站列车停靠的站线的车站。

接轨站,是位于轨道交通线路分岔处的车站,可以在两个方向上接发车。

终点站,是位于线路起始或终点的车站,终点站所有乘客必须全部下车,进行折返作业或列车回段作业。

城市轨道交通车站,根据站台位置形式可分为岛式车站和侧式车站两种基本类型。

岛式站台，是位于上、下行之间，像一个小岛被列车线路包围的车站，称之为岛式站台。

侧式站台，是位于列车线路两侧的车站，轨道交通线路一般会采用最小距离在站台通过。

图1-3 济南轨道交通1号线站点类型

**2.线路**

轨道交通线路，根据线路在运营中的地位和作用可划分为正线、辅助线和车场线，如图1-4所示。

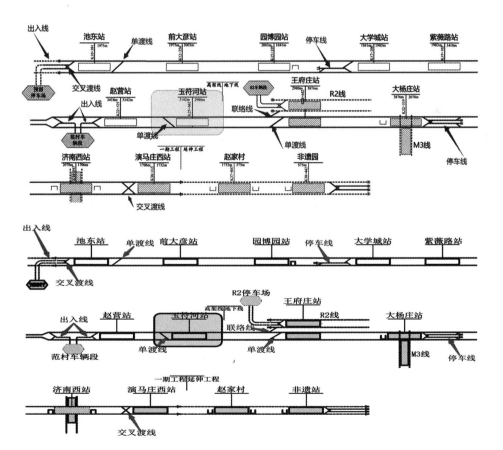

图1-4 济南轨道交通R1交通线路类型图

正线是贯穿所有车站、区间供轨道交通车辆载客运营的线路。正线行车速度高、密度大，要保证行车安全和乘坐舒适，线路标准要求高。正线包括区间正线和车站正线。城市轨道交通正线是独立运行的线路，一般按双线设计，采用右侧行车制，大多数线路为全封闭，与其他交通线路相交处，一般采用立体交叉。

城市轨道交通线路中的辅助线是除正线外，为空载列车提供折返、停放、检查、转线及出入段作业的线路，包括折返线、临时停车线、渡线、车辆段出入线、联络线等。

车场线是指车辆基地内，完成车辆运用和检修作业的线路。车场线包括：运用和检修库线、洗车库线、吹扫库线、镟轮库线、试车线、调机及工程车库线、平板车停放线、待修车和修竣车存放线、材料线、走行线、牵出线和回转线等。

**3. 车辆**

根据《城市轨道交通工程项目建设标准》JB 104—2008，车辆类型应根据当地的预测客流量、行车密度、线路条件、供电电压、车辆与备品来源、技术发展、产品价格和维修能力等因素，综合比较而选定。车辆基本形式应按以下类型选择：

（1）粘着牵引系统车型，包括：车体宽度为3.0m的A型车，车体宽度为2.8m的B型车，A、B型车均为四轴系列车型；车体宽度为2.6m的C、D型车，C、D型车是车底板不同高度的铰接车系列车型；车体宽度为3.0m的单轨胶轮车，属于跨座式单轨胶轮系列车型。

（2）非粘着牵引系统车型，是指L型直线电机车辆系列。

（3）按车辆的牵引控制系统，车辆形式可分为交流变压、变频车。

（4）按车体材料，车辆形式可分为不锈钢车、铝合金车和耐候钢车。

（5）按受电方式，车辆形式可分为受电弓车、受流器车、受电弓加受流器车。

（6）按电压等级，车辆形式可分为直流1500V和直流750V。

不同车辆形式，车辆的技术规格存在较大差异，详见表1-1。

城轨交通各类车型主要技术规格　　　　　表1-1

| 项目名称 | | A型车 | B型车 | C型车 | D型车 | L型车 | 单轨车 | |
|---|---|---|---|---|---|---|---|---|
| 车辆驱动特征 | | 钢轮/钢轨 | | | | | 胶轮—跨座单轨 | |
| | | 旋转电机 | | | | 直线电机 | | |
| 车轴数 | | 四轴 | 四轴 | 4、6、8轴—铰接车 | | | 四轴 | |
| 车辆轴重 | | ≤16 | ≤14 | ≤11 | | ≤13 | ≤11 | |
| 车厢基本长度（m） | 单司机室车厢 | 23.6（24.4） | 19（19.55） | — | | 17.2 | 14.6（5.5） | |
| | 无司机室车厢 | 22.0（22.8） | | | | 16.84 | 13.9（14.6） | |
| 车辆基本宽度（m） | | 3.0 | 2.8 | 2.6 | | 2.8 | 2.9（车门踏板处2.98） | |
| 车辆高度（m） | 受流器车 有空调 | 3.8 | | 3.7 | | ≤3.625 | 车辆总高≤5.53 轨面以上高3.84 | |
| | 受流器车 无空调 | 3.6 | | — | | | | |
| | 受电弓车（落弓高度） | 3.81 | | 3.7 | | 3.560 | | |
| | 受电弓工作高度 | 3.9～5.6 | | | | — | | |
| 车内净高（m） | | 2.10～2.15 | | ≥2.1 | | | 2.2 | |
| 地板面高（m）（车门处） | | 1.13 | 1.10 | 0.95 | 0.35 | 0.93 | 1.13 | |
| 转向架中心距（m） | | 15.7 | 12.6 | 11.0 | 10.70 | 11.14 | 9.6 | |
| 固定轴距（m） | | 2.2～2.5 | 2.2～2.3 | 1.8～1.9 | 1.7～1.8 | 1.9～2.0 | 走行轮 1.5 | 导向轮 2.5 |
| 车轮直径（mm） | | Ø840 | | Ø760或Ø660 | Ø660 | Ø660～Ø730 | 走行轮 Ø1006 | 寻向轮、稳定轮 Ø730 |
| 车门数（每侧）（个） | | 5 | 4 | — | 4 | 3 | 2 | |
| 车门宽度（m） | | ≥1.3～1.4 | 1.3～1.4 | | | 1.4 | 1.3 | |
| 车门高度（m） | | ≥1.8 | | | | 1.86 | 1.82 | |
| 定员 | 单司机室车厢 | 310（超员432） | 230（超员327） | — | 双司机室238 | 217 | 151（211） | |
| | 其中：座席 | 56 | 36 | — | 66 | 28 | 32 | |
| | 无司机室车厢 | 310（超员432） | 250（超员352） | | | 242 | 165（230） | |
| | 其中：座席 | 56 | 46 | — | | 32 | 36 | |
| 车辆最高速度（km/h） | | 80～100 | | 80 | | | | |
| 启动平均加速度（m/s²）（0～35km/h） | | 0.83～1.0 | | 0.85 | | 0.95～1.0 | ≥0.833 | |

续表

| 项目名称 | | A型车 | B型车 | C型车 | D型车 | L型车 | 单轨车 |
|---|---|---|---|---|---|---|---|
| 常用制动减速度（m/s²） | | 1.0 | 1.1 | | | ≥1.0 | ≥1.1 |
| 紧急制动减速度（m/s²） | | 1.2 | 1.5 | | | ≥1.3 | ≥1.25 |
| 等效噪声[dB(A)] | 司机室内 | ≤80 | ≤75 | | — | | ≤70 |
| | 客室内 | ≤83 | ≤75 | | | 75 | ≤75 |
| | 车外 | 80~85 | ≤80 | | | 80 | |

**4. 控制**[①]

列车运行自动控制系统 ATC（全称 Automatic Train Control），包括三个子系统：列车超速防护系统 ATP（全称 Automatic Train Protection）；列车自动驾驶系统 ATO（全称 Automatic Train Operation）；列车自动监控系统 ATS（全称 Automatic Train Supervision）。

ATP 子系统为 ATC 系统的安全核心，负责列车间的安全间隔、超速防护、进路控制及车门与站台门的安全监控，包括正线联锁、车载和地面设备等。

ATO 子系统在 ATP 子系统的安全防护条件下使用，负责列车车速的调整和控制列车的运行，完成牵引、惰行和制动操作，实现列车的站间运行、车站的定点停车、折返控制等。ATO 子系统有利于行车效率的控制、列车节能、提高旅客乘坐的舒适度和减轻司机的劳动强度。ATO 子系统控制的重点是进行列车运行正点控制、舒适度控制和精确度控制。

ATS 子系统为 ATC 系统的上层环节，重点管理监督、控制、协调列车运行，根据客流与实际运行情况，选定并管理执行运行图，信号系统与其他系统的接口通常通过 ATS 子系统来实现。ATS 子系统主要由中央计算机及相关显示、控制列车记录设备以及车站 ATS 设备构成。

**5. 通信信号**

信号是列车运行的凭证，信号设施用于指挥和控制列车运行。尽管信号设施的投资额在整个工程中所占的比例低，通常低于工程总投资额的3%，但信号系统对于提高列车通过能力、提高运能、保证行车安全有着至关重要的作用，能够起到确保列车运行的安全，防止追尾和冲突，提高运行效率，实现列车运行的自动化的作用。

轨道交通信号系统是"信号（显示）""闭塞、联锁"的总称。轨道交通信号

---

① 参考徐伟博士论文《模型驱动的城轨列车车载控制系统软件评估体系》，2014。

系统是由各类信号显示、轨道电路、道岔转辙装置等主体设备及其他有关附属设施构成的一个完整的体系。

## 二、城市轨道交通工程项目

城市轨道交通工程项目是指按照一个城市轨道交通项目的设计方案，如地铁项目或轻轨项目的总体设计，组织轨道交通项目的建设与施工，建成之后具有完整的系统，可以独立地形成生产能力或者使用价值的建设工程项目。

基于《城市轨道交通工程项目建设标准》JB 104—2008，城市轨道交通工程项目的基本构成可分为工程基本设施和运营装备系统两大部分。虽然轨道交通工程建设的周期长、投资高、涉及面广、系统复杂、综合性强，但仍然具有一定的规律，即规划—设计—施工的规律。基于此规律，轨道交通工程项目内容，基本上可分成四大板块，并按如下步骤进行研究与设计：

**1. 线路运营总图**

线路运营总图设计是基础性最强的第一个步骤。通过线路运营总图设计，确定线路、站位、客流规模、限界、运营功能、服务水平和管理模式，是运营装备和土建工程设计的基础依据，是一项总体性的线路运营总图，是体现项目总设计师的总图设计思想，是整个项目的设计基础。

**2. 运营装备系统**

运营装备系统设计是轨道交通项目系统功能性决策的第二个步骤。根据运营功能和管理模式，提出整个系统的构成和配置各种设备要求，为车站及其他土建设施的总平面布置，建设规模的确定提供条件。运营装备系统，包括车辆、供电、通风空调（含供暖）、通信、信号、给水排水与消防、防灾与报警、机电设备监控、自动售检票、自动扶梯和电梯、站台屏蔽门、旅客信息等系统设备及其控制管理设施，车辆基地的维修设备等。

**3. 土建工程设施**

土建工程设施施工是实践性最强的第三个步骤，是轨道交通工程施工的工法、技术和施工安全集中应用的过程。城市轨道交通线路的土建工程设施，具体包括轨道、路基、桥梁、隧道、车站以及主变电所、集中冷站、控制中心及车辆基地的土建工程部分。

其中，大型轨道交通系统的车站相对较复杂，通常由四部分组成，分别是：车站大厅及广场，是乘客、游客和商人聚集的地方；售票大厅，为乘客出售列车客票；站台，直接供乘客乘降车使用；以及旅客不能到达的地方，如车站办公室、仓库、维修设施及铁路股道等。

**4.工程技术经济**

工程技术经济是投入与产出综合性很强的第四个步骤,包括投资概算、资金筹措、工程筹划、经济评价等,控制建设和运营成本,对轨道交通建设和运营的投入和效益作总体分析评价。

城市轨道交通由于其准点率高、污染程度小、运行速度适宜、舒适性好、安全性高、能利用地下空间、客运能力强等特点,是现代城市交通体系不可或缺的重要组成部分。轨道交通的建设与运行不但完善了交通体系,提高了城市运作效率,也会对城市发展的其他诸多方面产生积极影响。但是,仅仅靠一条轻轨或是地铁对繁忙的城市交通的缓解作用都是有限的,轨道交通的巨大作用也只有在形成一定的线网规模之后,与公共交通、地铁等多种运输方式形成一个统一的整体的时候,才能充分发挥。国内外的实践经验表明,网络化轨道交通可在特大城市的都市圈内构架城市公共客运交通骨干,以其大容量、快速与准时的优越性,建立起都市圈外围与主城核心区的便捷交通联系,缩短相互间的时空距离,满足大城市的客运需求;沿城市规划的发展方向布设网络化轨道交通线,可带动沿线开发建设,引导城市按规划方向发展,实现规划意图;建立核心区与都市圈边远地区间的网络化轨道交通线可引导核心区人口向边远地区疏散,有利于旧区改造和新区的发展,可加速边远地区的城市化进程和核心区的现代化进程,促进大城市建设目标的实现。基于网络化城市轨道交通的定义,城市轨道交通工程项目除了工程基本设施和运营装备系统两大部分之外,尚包括站点接驳工程、公交线网、市政道路、绿化、水电通信等配套的市政基础设施工程[①]。

## 三、轨道交通的建设时序

城市轨道交通建设需要满足"超前规划、适时建设、量力而行、有序发展"的原则。城市轨道交通线网远景规划是城市轨道交通项目建设的第一道工序,是城市总体规划的一项专业规划。线网远景规划的目的是控制用地规划,为各条线路建设同时做好换乘线的预留位置。线网远景规划的依据,是城市总体规划、城市经济和社会发展规划、城市综合交通规划。线网规划是我国近年来轨道交通领域内一项创新的研究性工作,根据实践经验,初步形成了一套系统理论和方法,制定了线网规划的原则:依据总体规划、支持总体规划、超前总体规划、回归

---

① 参考高咏玲博士论文《城市轨道交通建设时机理论与方法研究》,2008。

总体规划。线网规划的内容，包括线网总图规划，线网实施规划。线网远景规划的目标是从实际出发，依据客流需求和经济能力，把握建设条件和建设时机，选择合理的项目，达到"三个稳定"，即线路走向和起终点稳定、线网换乘点稳定、交通枢纽衔接点稳定；实现"两个落实"，即车辆基地和联络线的功能定位及其规划用地落实；做到"一个明确"，即明确各条线路的建设时序。

**1. 以城市为对象的轨道交通整体建设时序**

城市轨道交通的规划与建设需从全局出发，树立城市现代化综合交通体系的理念，以轨道交通线网为骨架，构筑便捷、通畅、高效、安全的城市交通枢纽和网络体系，尤其是对外交通的有机衔接，如铁路客运站、机场、公路长途客运站等各种交通枢纽的规划和建设，根据运量需求和规模，相互协调，统筹规划，有条件地实现同步建设，或按规划和建设时序，做好工程预留的空间。

作为城市投资规模最大的基础设施建设项目，一个城市要进行大规模的轨道交通建设，需要一定的经济实力和财力基础。因此，在确定以城市为对象的轨道交通整体建设时序时，首先要进行工程项目分解，将轨道交通线路进行合理地分段，避免一次性投资与建设给城市带来过多的经济负担。

轨道交通网络是一个大的系统。城市轨道交通与常规公交线网协调系统是由城市轨道交通线网子系统和常规公交线网子系统，以及城市社会经济状况、城市空间布局及发展战略、城市土地利用、城市交通布局等外部影响因素所构成。在城市轨道交通与常规公交线网协调方面，主要任务是通过各种方法、手段，合理规划和调整轨道交通与常规公交线网，使两种公交线网在保证自身合理性、与外部环境相适应的基础上，彼此之间最大限度地消除矛盾，达到协同工作，提高城市公交系统的整体功效水平。

在城市轨道交通网络化建设方面，对于有环放射性轨道交通网络建设，一般先建设由2～3条线路构成十字或大字形骨架网，以贯通城市主要交通流向区域，作为贯通城市纵横方向的骨干线路应以覆盖城市交通客流量最大的十字或大字形线路为优选顺序。然后，为了加强各线路间换乘，加强围绕城市中心区的若干副中心的建设发展，开始建设连通纵横骨干网线的环线建设。最后，在其他放射线建设时序选择时，应根据政府规划中优先发展的外围区域的区位与线路关系，以及以解决城市交通阻塞为首要目标而确定。此外，为了尽快使城市轨道交通建设达到较高的网络化程度，提升网络化综合效益，城市轨道交通骨干网络应尽量在二十年内建成并运营。总之，为了充分发挥城市轨道交通建设资金的效率，城市轨道交通建设营运应对较长线路本着整体规划、合理划分区段、分段建设、分段运营的原则，才能最小化成本[①]。

**2. 以单条城市轨道交通线路为对象的工程建设时序**

对于一条城市轨道交通线路可以分期建设，但必须从全线研究客流特征、运营模式、车站配线和牵引变电所分布等，才能确定分段的理由、分段的位置。城市快速轨道交通工程是一项特大型系统工程，为了实现对工程项目的正确决策，在工程建设过程中一定要讲科学，按基本建设程序与规律办事。因此，根据城市轨道交通工程特点，必须按规定顺序做好前期工作，包括线网规划、项目建议书（含预可行性研究）和可行性研究。

城市轨道交通每一个建设项目，首先要根据线网规划，确定项目在线网中的地位，依据客流特征、量级和速度目标作功能定位，为项目定性，定规模。规模包括工程、运营、效益三方面。工程规模是车站数量和土建工程规模，线路敷设方式长度和规模；运营规模是车型和制式选择、列车编组和运行密度等运营模式，配套系统设备以及车辆基地等规模；效益规模是合理选择建设项目和时序，有利于尽快形成网络效益的规模，使各线路之间形成互联互通、换乘方便的整体网络，保障项目的最佳规模效益。基于我国轨道交通建设四十余年的经验总结，在工程建设之前，必须做好线网总图规划、线网实施规划。北京、上海、广州地铁建设经验证实，随着投入运营的线路增多，暴露出过去设计仅重视单一线路技术标准的研究，而对整个城市整体规划和轨道交通线网规划研究不足，缺乏轨道交通网络化建设的总体技术标准研究，使地铁部分工程技术标准和运营设施的配置欠合理。《国务院办公厅关于加强城市快速轨道交通建设管理的通知》（国办发〔2003〕81号）中指出"城市交通发展直接影响到城市的布局和发展方向，应统筹规划、分步实施"。

城市轨道交通线路的可行性研究报告内容一般包括：项目建设必要性和建设条件；建设年限和工程范围；线站分布与客流预测；车辆、限界和运营组织；系统构成与工程方案；技术难点和可实施性；车辆与设备国产化；环保与节能；征地拆迁和工程筹划；投资估算和造价分析；建设和运营管理体制、资金筹措和还贷方案；社会效益和经济评价；对项目的工程、环境、投资、运营的安全与风险等不确定性评价等。预可行性研究报告可参照可行性研究报告的要求执行。在可行性研究阶段，除客流预测专题报告外，应同时完成四项有关专题报告：即环境影响评价、地质灾害评估、地震安全性的评估、土地使用评价。对项目的工程、环境、投资、运营方面的安全与风险评价是新增加的要求，需要引

---

① 参考潘胜强博士论文《城市基础设施建设投融资管理及其绩效评价》，2007.

起重视。包含可行性研究在内，上述专题工作均需单独委托有关专业有资质的单位完成。同时对拟建项目要保证安全设施的资金投入，建立"防灾和救援"的应急机制，提高城市轨道交通灾害防御和应急救助能力。

可行性研究报告获批之后，方可对全线进行详细、专业的设计，以明确工程规模、效益和标准等。轨道交通工程设计阶段分为总体设计、初步设计和施工图设计。总体设计具体目标是落实外部条件、稳定线路站位；明确功能定位，确定运营规模；理顺纵向系统，明确横向接口；统一技术标准，分割工程单元；筹划合理工期，控制投资总额，并形成总体设计文件，指导各单项工程的初步设计，并为试验段工程提前实施提供依据。根据《城市轨道交通工程初步设计文件编制技术规定》(2013)，初步设计阶段重点论证技术上的适用性、可靠性和经济性，设计深度达到确定土地征用，主要材料及设备的准备，建筑物和构筑物搬迁、管线迁移，并能据此做出设计概算，并作为确定项目投资的依据。施工图设计文件，以图纸为主，深度达到编制施工图预算，安排设备与材料订货，非标准设备制作，施工、安装与调试，并能够作为验收的依据。

根据设计进展，穿插办理建设用地许可证、建设工程规划许可证、建设工程施工许可证等，待施工图设计完成之后，即可开始工程项目的施工建设。

## 四、城市轨道交通的技术经济特征[①]

作为一种先进的城市交通方式，轨道交通在城市发展中具有基础性功能和先导性功能。基础性功能是指轨道交通应当为城市经济发展服务，缓解城市交通压力、减少出行时间、解决交通拥堵。先导性功能是指轨道交通对城市土地利用、产业布局和空间结构的引导和反馈，表现为促进城市经济发展、引导城市空间结构优化、改善城市生态环境等方面。因此，作为一种准公共产品，轨道交通是大城市经济社会发展的客观需要，具有重大的经济效益、社会效益、生态环境效益，有利于促进城市交通状况的改善，提升城市综合竞争力，是现代化大城市的重要基础设施和标志。

**1. 轨道交通项目研究与设计周期指标**

城市轨道交通是一项特大型的综合性系统工程，前期工作和各阶段设计应按以下程序进行，其编制、设计的工作周期，可参照下列指标：

（1）按400km² 面积的工作量测算，城市轨道交通线网规划8～10个月；

---

① 参考吴玲玲博士论文《基于公交就业可达性的公共交通公平评价》，2019。

（2）按一条线路长度15～20km的工作量测算，项目建议书及预可行性研究5～6个月；

（3）按一条线路长度15～20km的工作量测算，工程可行性研究6～8个月；

（4）按一条线路长度15～20km的工作量测算，总体设计5～6个月；

（5）按一条线路长度15～20km的工作量测算，初步设计6～9个月；

（6）按一条线路长度15～20km的工作量测算，施工图设计10～12个月。

工程开工前，需做好各项准备工作，包括土地征用、房屋拆迁、地下管线及道路改移、施工用地、用电、用水和弃土场地落实等。一般情况下，开工前准备时间宜为4～6个月。

各项土建工程的建设工期，应根据工程规模、地面环境、地质条件和施工方法确定。主要项目的工期可按表1-2确定。

城市轨道交通项目实施工期参照表　　表1-2

| 项目 | | 工期 |
|---|---|---|
| 地面高架结构（含车站、区间） | | 10～12个月/1个区间或1个车站 |
| 地下车站土建（含出入口、风道） | 明挖法施工 | 地下车站，12～18个月/站 |
| | 盖挖法施工 | 地下车站，20～25个月/站 |
| | 矿山法施工 | 地下车站，24～30个月/站 |
| 区间隧道（含隧道内联络通道） | 明挖施工 | 双线洞，日进度4m/日<br>平均进度50～80m/月 |
| | 盾构施工 | 单线单洞推进（7～10m/日）<br>盾构井施工；两层站为6个月/座<br>三层、四层站分别为7～8个月/座<br>平均进度：140～200m/月 |
| | 矿山法施工 | 7～12个月/站 |
| 车站装修（含出入口、风亭） | | 7～12个月/站 |
| 轨道工程（整体道床、含道岔） | | 50～65m（单线）/班·日 |
| 设备安装（含通风、供电、给水排水、通信、信号等各项）及调试 | | 10～15个月/全线 |
| 车辆基地工程 | | 24～30个月/座 |
| 全线单调、系统联调、总联调、可靠性测试 | | 6个月 |
| 试运行 | | 3个月 |
| 全线竣工（15～20km） | | 4～5年 |

**2. 轨道交通的技术与经济优势**[①]

城市经济的发展吸引越来越多的人口、车流涌入城市，导致城市的交通问题愈发严重。人们逐渐意识到发展轨道交通，这种运量大、环保的公共交通是解决交通问题的有效途径。轨道交通呈现出如此蓬勃的发展趋势，与轨道交通的技术、经济优势是分不开的。

（1）服务于中长距离出行

城市轨道交通的速度快、运量大，这一技术优势使其主要服务于中长距离出行，客流集中、通道效果明显。因此，铺设轨道线路应优先沿城市主干道和客流方向布置，以吸引更多的乘客，发挥其交通走廊的功能。

（2）拉动外部经济增长

城市轨道交通项目的经济效益不仅包括企业收入的内部效益，还包括巨大的外部经济效应。城市轨道交通的运营对沿线的商业、广告等经济实体产生了积极的外部经济附加效应，不断地拉动周边经济增长。同时，有利于带动沿线土地开发，支撑城市的发展使周边商业、房地产的不断升值，从而轨道交通的经济效益将大大提高，远高于轨道交通线网未形成前的效益。

（3）改善交通作用明显

修建城市轨道交通其主要目的就是为了缓解城市的交通问题，相比于常规公共客运交通，轨道交通拥有专属轨道，不受道路交通压力的影响，有更好的准点性和安全性，由此轨道交通改善交通作用明显，对于减轻沿途交通压力，可以发挥更大的作用。随着交通网络的逐步完善和发展，轨道交通承载的客流越来越多，满足了城市居民多层次、多方面的需求。据统计，2020年全年乘客完成175.9亿人次，同比下降25.8%，旅客总客流量达109.5亿人次，旅客总周转量1486.4亿人km。

**3. 城市轨道交通建设过程对城市发展的影响**

（1）对于城市经济发展的影响分析

便捷的城市交通方式，可以即刻产生交通效果，提高城市交通运输效益。城市轨道交通具有运量大、速度快的特点，缩短了郊区到中心区的时间，增强了城市对周边地区的辐射，居民不用再通过骑车倒公交等繁琐的出行方式，极大缩短了居民出行时间，提高了大家的工作效率与生活质量。同时，城市轨道交通的建

---

[①] 参考高咏玲博士论文《城市轨道交通建设时机理论与方法研究》，2008；邱海童博士论文《城市轨道交通项目建设时序确定方法研究》，2020；滕梓源博士论文《企业主导的城市轨道交通与土地一体化开发研究》，2021。

设对于改善城市活力，促进社会整体物质文明和精神文明水平的提高也会产生影响。科学合理地建设可以引起新的产业活动，拉动了如房地产、服务业的快速发展，带动了居民的消费，从而促进城市的经济发展。

（2）对于城市交通结构的影响分析

在轨道交通的建设过程中，不同的线路建设顺序往往对于这条线路附近的交通结构会产生很大的影响。城市轨道交通的修建是一个很复杂的工程，在修建过程中会占用本条线路的交通资源，导致交通不顺畅。很多出行者为了减少在线路上的耽搁时间，会选择邻近的其他线路，当交通供给满足不了突然增加的交通需求时，就会产生附近一片区域的交通拥堵现象，此时受道路交通条件影响较小的非机动车出行方式，会获得许多人的青睐。由于轨道交通的建设周期长，这样的现象会持续几年的时间，轨道交通的建设过程就对修建区域的交通结构产生了影响。

轨道交通与其他城市公共交通就产生了竞争与合作两种关系。随着交通需求的不断增加，在这一过程中，既有现有交通方式在数量和规模上的相互影响，也有新交通方式的出现和旧交通方式的消失，这就是竞争关系，比如与轨道交通线路平行的地面公交、小轿车等。在轨道线网建设初期，完成的线路少、换乘节点少，居民乘坐轨道交通出行往往是在一条直线上平行移动，可达性比较弱。对那些住在远离市中心的居民来说，住所与轨道交通车站会有一段距离，在前往车站乘车的路途上，就会选择单车、公交等一些其他公共交通方式。这就是轨道交通与公共交通的合作关系，轨道交通的修建也会带动其他公共交通的进步，促进城市交通结构的多样化发展。

（3）对于城市空间结构的影响分析

城市轨道交通在城市空间结构中起着引导发展的作用。在建设过程中，城市轨道交通发散的线路走向可以改善市中心拥挤现象，推着城市向合理的方向发展。比如，济南地铁4号线贯穿经十路，而经十路纵贯济南市承担着济南城市交通和发展，4号线与经十路地上地下的结合能有效缓解交通压力，加强沿线城区联系，带动经济中心带经济流动。同时，轨道交通线路连接成网时将分散客流至边缘郊区，会拉动当地工商业的发展，形成城市次中心区和卫星城。中心城区人口密度的降低可以缓解交通拥堵，从而更好地发挥CBD作用。

（4）对于城市土地利用的影响分析

城市空间经济活动中的土地利用是交通流的来源，交通系统和土地利用本质上是交通供求关系，它们彼此既相辅相成，又相互制约。轨道交通的建设极大地改善了沿线的交通供给，改变了沿线的可达性。轨道交通的建设改变了当地原始格局，随着建设过程的推进，会有新的商店、饭店和休闲娱乐设施入驻至车站四周。伴随人流、车流不断的经过，逐渐提高站点覆盖范围沿线的商业价值，提升土地利用的方式，刺激了土地价格的上涨。从而吸引了房地产商的目光，投入资金进行更高质量商业建设，则又会吸引更多的有购物需求的居民前来消费，客流的增加对轨道交通提出了更高的要求。为了满足交通需求迫使新修建的线路延伸至远离中心区的郊区，改善了边缘组团的土地利用，产生新一轮的房地产开发，如此循环影响着城市土地的开发与利用。由此可见，城市轨道交通的建设过程对城市发展的作用已经渗透到人们生活中。作为城市重要的基础设施，轨道交通的建设要在满足交通需求基础上，根据城市建设能力，优先解决主要矛盾，发挥引导城市发展的作用。

## 第3节　城市轨道交通的理论研究与应用

### 一、轨道交通建设与土地开发一体化

土地开发密度、土地利用性质等特征与交通出行之间的关系密不可分，土地开发密度对公共交通出行方式所占比例有积极的促进作用，交通出行方式的改善能够带动土地价格的增长。20世纪中叶，国外学者就开始进行轨道交通一体化开发和周边土地利用的研究，初步建立了轨道交通与土地综合开发的理论。目前，关于城市轨道交通与土地一体化开发的研究主要集中于城市轨道交通枢纽综合体的建设及其周边土地的一体化开发方法与模式的关系研究，主要研究基本是围绕着TOD（英文全称Transit Oriented Development）、站点一体化、站域一体化、微中心等开展的。

彼得·卡尔索普于1992年提出了TOD城市发展理念，在以公共交通为导向的基础上逐步发展城市空间结构，创新了交通与土地资源开发利用之间关系的研究。TOD模式的关键在于对公共交通系统中重要地点可以进行例如综合商业空间、娱乐体育空间、公共设施、服务性空间等多用途的开发。

将轨道交通运营与土地开发相结合的实践中，日本的铁路公司对轨道交通进行统一的建设运营布局，对轨道交通附近土地资源进行开发利用，通过出售、租赁等方式获取资金用于之后的建设。这种将轨道交通运营与土地开发相结合的模式，通过铁路公司的内部分配和消化培养大量稳定的轨道交通客流，是一种有效

的城市公共交通建设筹资途径，实现了轨道交通公司的可持续发展。我国深圳地铁4号线"地铁+物业"的土地开发模式，沿用了香港地铁的成功经验，达成了深圳地铁集团、深圳特区政府和社会公众之间多方共赢的局面。特区政府通过授予深圳地铁集团轨道交通沿线若干地块的物业开发权，从中获得了地价收入；深圳地铁集团在"地铁+物业"的开发模式下，直接转让土地或保留部分自持物业以作商用，可获得土地出让价格2.5～3倍的溢价，用于回馈地铁的建设和运营；而社会公众不但能享受到高质量、高效率的地铁系统，同时也能享受由"地铁+物业"的开发模式所营造的TOD社区的便捷。

关于轨道交通与土地利用关系中，对是否值得协同开发的研究相对较为完善，但是如何协调二者关系，二者之间的矛盾和协同开发利用的矛盾在什么方面，现有的研究较少提及。国外实践中热衷于探究政府如何制定自身的角色，以及设定什么样的开发准则。研究认为社会资本进入轨道交通领域并非一个新现象，事实上在大多数城市私营企业都负责建设或运营轨道交通系统，这一领域并不适用完全市场竞争，而应当处于政府的控制之下。如果完全竞争的市场存在公益性与营利性割裂的情况，无法有效解决社会公共福利的最大化问题。所以，只有政府充分发挥主导协同发展的功能，才能使二者较好地结合。虽然在不同的社会制度下，社会资本都有很强的意愿进入这两个领域，但是往往会出现土地过度开发而轨道运输功能相对薄弱的现象，因此研究认为应当由政府主导和规划，甚至具体建设经营该领域。

我国城市土地开发利用的"招拍挂"政策主导着大部分土地资源的获取方式，轨道交通周边土地利用也不例外，成为多年来发展城市轨道交通周边土地开发的最大约束条件。一般意义上的"招拍挂"基本是价高者得，而政府本身的土地市场开发主体并不健全，因为土地本身是国家和集体的，那么就很少有国有企业去再次作为企业主体进行更为细致地行使所有权的管控。因此，在参与"招拍挂"的机构中，往往是资金雄厚的私有企业为主。近些年，政府发现即便是他们能够代表国家转让土地使用权，但是土地的增值收益是具有可持续性的，至此才有国有企业逐步参与到沿线土地的开发中。例如北京京投集团获得了几个轨道交通站场上盖和周边土地的开发权，而且与私企进行合作，开发了五路居和平西府等车辆段的上盖物业。即便这样，它们依旧使用的"招拍挂"模式。然而随着2016年北京房地产市场价格逐步稳定，土地增值空间减缓的情况下，这种模式使得政府很难从中获得持续性的可期待收入，国有企业也无法从中获利。因为轨道交通一体化开发受政策、制度等影响比较明显，这种模式又成为城市发展的争论点。上海采用的是以政府企业为主体的捆绑运作模式；深圳采用的是以市场企业为主体的捆绑运作模式；广州采取了地铁建设和房地产联合开发、公共投资与私人投资合作的方式；南京采用的是以政府企业为主体的非捆绑运作模式。对于政府主导的轨道交通与土地一体化开发，政府需要在其中起到引导作用，也需要对其模式进行创新。尤其目前轨道交通建设的巨大成本和投融资领域的风险问题愈发突出，单一的政府主导模式可能存在极大的资本回收困难，也无法实现土地的高效率开发。

## 二、城市轨道交通投融资研究

轨道交通属于城市基础设施建设范畴，21世纪初至今，国内外众多学者从不同角度对基础设施建设投融资主体与渠道展开了深入的研究。建设公共交通基础设施需要大量投资，单一来源的政府财政很难满足公共交通基础设施投资的需求，近几十年来，各国政府主要依赖从资本市场借款，包括贷款、债券和股票市场等形式，为公共交通基础设施投资融资。私营部门通过公私合作方式介入公共交通基础设施投资融资亦是解决公共交通基础设施投资需求的可行解决方式。公私伙伴关系被松散地定义为"公共和私营部门行为者之间的合作制度安排"，有多种形式，如建造—运营—转让（英文全称Build—Operate—Transfer，简称BOT）、建造—租赁—转让（英文全称Build—Lease—Transfer，简称BLT）和设计—建造—融资—运营（英文全称Design—Build—Finance—Operate，简称DBFO）。从理论上讲，公私合作是双赢的解决方案，减轻了政府财政预算的压力，并为私营部门创造了利润。另一种融资机制称为土地价值捕获（英文全称Land Value Capture，简称LVC）。土地价值捕获是指将由于政府土地使用规划或公共工程设施建设而带来的土地价值增长，可以通过获取土地价值增量产生的收入将用于收回公共交通投资的资本成本。LVC的机制是灵活的，可以通过多种形式实施，如增值税、无障碍增量贡献和联合开发。其中，税收增额融资（英文全称Tax Increment Financing，简称TIF）是支付美国城市开发项目的一种典型方式，主要通过增加投资产生的财产税收入来实现。在亚洲，香港和东京已经成功地实施了联合开发，联合开发不是从土地所有者或开发商那里获取土地价值增量，而是在政府、运输机构、开发商、企业和站点附近的居民之间创造并分享增量价值。没有房产税作为政策工具，土地销售或土地租赁是我国城市的主要收入来源，地方政府首先在城市边缘获得低成本用地。然后，通过将土地以更高的价格出售给开发商。尽管土地销售产生了额外收入，但由于土地是一种有限的资源，所以土地不是一种可持续的资金来源。

国外学者对公共交通基础设施投融资的研究中，将公共交通基础设施的融资区分可收费和不可收费项目，可收费项目的投资主体是公用事业公司或政府，资金来源有企业留存收益、借款、公债、股东和税收；不可收费项目的投资者是政府，可通过税收、借款和公债来融资。另有研究认为，公共交通基础设施融资渠道主要包括用户收费、征收财产税和租金、银行借贷和市政债券以及政府间转移支付五种途径，并鼓励逐渐扩大包括市政债券在内的借贷融资渠道。世界银行将公共交通基础设施融资问题作为专题也开展了若干研究。世界银行分析了发展中国家基础设施融资问题，认为发展中国家基础设施投融资体制应"向以市场为基础的体制转变"。在现有体制下，基础设施融资的重要来源是通过税收和政府借款，新的融资渠道包括建立基础设施开发银行和新的基础设施基金。"长远目标必须是扩大深化国内资本市场，以便它能有效地、可靠地为基础设施融资服务"。在世界银行看来，随着政府行政管理能力和国内资本市场日益成熟，基础设施投融资呈现出由项目融资向专业性基础设施金融机构融资，再向资本市场融资的发展趋势。

我国政府部门和专家学者们围绕投融资体制创新、融资方式创新以及金融工具创新等方面开展了大量有价值的研究工作。各大城市也在基础设施发展建设的实践中进行了一些有意义的探索和尝试。总体上看，研究成果集中反映在如何在市场经济环境下创建投资主体多元化、融资渠道商业化、监督体系法治化、决策科学化和管理专业化的新型投融资体制。政府部门推动的代表性研究有：国资委的《外国投融资体制研究》、上海城市发展信息研究中心的《上海市政、公用基础设施投融资发展战略研究报告》、建设部课题组的《中国城市基础设施投融资体制改革研究报告》，以及原国家计委宏观经济研究院课题组的《我国城市基础设施建设的融资问题》等。政府部门通过对城市基础设施投融资体制的专题分析，认为城市基础设施债务依赖型的融资模式使政府债务规模不断增大、商业银行的融资风险加重，不利于城市基础设施的健康发展。研究指出传统投融资体制的失败源自对项目区分理论的忽视，城市基础设施传统投融资体制的疾瘤在于政府越位和市场缺位，提出了城市基础设施融资的层次概念，认为投融资体制的创新应集中在基础设施专业银行、专项基金的设立和资本市场融资方面，以发挥社会投资者的作用。

国内学者对公共交通基础设施投融资的研究主要集中在投资主体、筹资渠道、融资模式等方面。相关研究指出目前我国城市基础设施建设资金主要还是依靠政府动用财政性资源的模式来实现的，政府资金和利用国内外金融机构贷款占投资总额比重过大的现状不利于现代投融资体制的建立。而且，在对基础设施产业财政资金进行了量化研究之后,通过公共债务、财政赤字的风险分析,得出我国基础设施等公共支出结构存在严重的显性和隐性财政债务危机。学者通过分析,得出我国基础设施投资管理体制的弊端是忽视市场的作用,政府的税收政策和交叉补贴存在严重的市场缺陷。研究中针对城市公共基础设施的"公益性、社会性、超前性"和"投资规模巨大、建设周期长"等特点,指出城市基础设施的建设应以政府为主导,通过制度改革来调动社会资源投入到公共基础设施项目。学者们认为解决我国基础设施发展滞后和资金缺口问题,政府应转化投融资手段,利用市场机制动员民间资本和外资进入基础设施领域,加强BOT、ABS(英文全称Asset Backed Securitization)、TOT(英文全称Transfer Operate Transfer)、项目置换等为内容的新型融资渠道开发,鼓励企业发行优先股、债券、建立基础产业建设基金等。

## 三、轨道交通建设时机决策的研究

城市轨道交通基础设施对于空间、地域和时间具有极强的依附性,即在空间、地域和时间上的不可挪用性。在交通基础设施的建设与社会经济发展的安排上,必须要有适当的超前意识即规划上和建设时间上的超前性。我国城市轨道交通建设中一直遵循"超前规划、适时建设、量力而行、有序发展"的原则。城市轨道交通的建设时机与城市经济、人口、土地利用与交通结构等诸因素密切相关,这些因素反映在城市交通需求方面。

传统的交通基础设施投资决策较多依赖于经济评价方法,如成本收益比、净现值、内部收益率法等。这些方法运用过程中没有考虑建设时机的问题,仅从投资的角度,计算项目生命周期内项目绩效情况。大型交通基础设施投资是城市长期发展规划的一部分,常被认为具有最高优先权的。因而,较少有系统性的或是分析性的方法来确定那些长期发展规划中具有优先权的项目是否具有立即建设的优先权。即使一个项目非常有希望能够满足长期需求,立即开工建设也未必就是最好的选择。

国外交通基础设施建设时机的研究,可以分为以下几类:

(1)利用实物期权理论研究在不确定条件下交通基础设施的建设时机问题。当项目是不可逆而且其影响不确定时,存在投资的等待价值。等待价值的存在是因为等待投资的期权以及当拥有新的信息出现的时候可以做出更好的决策。与传统的成本效益分析方法相比,实物期权方法能够考虑到决策过程中的一些重要因素例如决策的灵活性等问题。

（2）从投资规则角度研究交通基础设施建设时机。当项目年度收益超过投资第一年的利息成本时，该项目是值得投资的。在此基础上，可从动态投资规划角度推导出简单地确定投资时机规则。

## 四、城市轨道交通公平性评价的研究

公共交通作为面向公众的特殊类型的公共产品，应该向所有人提供一种公平的出行机会，交通公平是社会公平的一种基本要求。西方学者将交通公平分为横向公平与纵向公平两大类。横向公平，是指公平的交通政策应按照"付多得多、付少得少"的原则进行分配，其核心是将服务提供给最大量的用户，表达了"大运量公共交通"的观点。纵向公平，是指公平的交通政策应是更有利于在经济和社会地位上处于弱势的群体，即补偿总体上的不公平，其焦点是给予特殊群体以优先权，即将公共交通提供给那些最需要的人群，表达了"社会公共交通"的观点。

公共交通公平分析有不同的视角，如基于弱势群体的服务质量评价、交通改善后的利益分配、交通公共资金的配置、公共交通模式的选择机会和基于空间可达性的公共交通公平分析等。不同视角的分析从不同角度、采用不同方法、选择不同指标和标准来评价公共交通公平，并提出不同的公共交通公平规划与策略。西方学者对公共交通公平的研究，主要从两个方面来进行：一方面是以公共交通公平视角，来探析公共交通供需差异；另一方面是测度公共交通的公平性/不公平性。这两类研究中，一个基本问题是公共交通设施对于公共交通的潜在乘客来说是否是便利和可达的。西方学者研究的实证案例主要是欧、美、澳等发达国家的大城市地区，且取得了丰富和深入的成果。国外量化评价研究明显远远超前于国内，国内虽然出现利用GIS（英文全称Geographic Information Systems）技术和聚类分析方法研究公共交通网络的服务水平，但尚未上升至社会公平性的探讨。但国外在公共交通公平性量化评价研究方面还存在明显不足：一方面，对于社会效益的考虑尽管有一定的量化指标，但是在集成到整体评价中时，是通过类似专家评价给权重的方法来实现的，这类等级评分法则是靠个人的主观判断来给分。另一方面，现有公共交通公平性评价方法多着眼于现在，对现状分析的较多，而对公共交通未来的发展态势预测的较少。国内研究多停留在将公共交通作为交通可持续发展、交通公平和解决社会问题等的手段，并注重对公共交通重要性的阐述和"呼吁性"的倡导上，而公平背景下的公共交通研究和实证研究还明显不够。总体上，公共交通公平的评价还处于一个初步探索阶段。不同国家与地区的案例，基于不同目的的评价方法都为我国大城市公共交通公平性/不公平性评价提供了丰富的案例与必要的理论储备。适合国情的公共交通公平发展研究将是近年研究的热点问题。

# 第二章 城市轨道交通沿线配套工程

# 第1节　城市轨道交通收益平衡区工程

## 一、城市轨道交通项目投资

**1. 国内外轨道交通项目的投融资**[①]

城市轨道交通建设项目投资属于公共投资范畴，即由一国政府或国际组织出于公共利益目的而进行的投资，是一个历经决策、建设直到获得公共物品的资金运动过程。在资金运动过程中，可能需要进行项目融资，即以城市轨道交通建设项目的资产、预期收益或权益作抵押取得的一种无追索权或有限追索权的融资或贷款活动。在西方发达国家几百年的城市化进程中，基础设施建设资金筹措一直是制约城市迅速发展的主要问题。由于各个国家历史、文化传统和体制的不同，城市基础设施建设资金筹措方式上的演变亦存在差异。工业化早期，各个国家的建设资金主要以政府投资和银行贷款为主。到了19世纪80年代末，西方发达国家资本市场证券融资的兴起，进一步保证了金融体系的安全和国民经济体系的稳定性，为城市基础设施的建设和维护提供了充足资金。进入21世纪，随着资本市场证券融资在欧美国家的迅速发展，尤其是美国，其证券融资发展迅速，资本市场日趋发达和完善，债券及股票、期货等相关的融资衍生工具逐渐成为城市基础设施建设资金的重要来源。然而，地处亚洲的经济发达国家日本和韩国，由于其特殊的信贷融资体制，城市基础设施建设资金的主要来源于银行的贷款资金。

2000年初，国外相关学者研究了城市轨道交通建设促进沿线房地产增值的机理，得出地铁、轻轨等城市轨道交通沿线站点的建设能够吸引周边商业的发展，促进沿线土地开发与当地经济繁荣，进而带动房地产增值。基于相关研究，面对城市轨道交通设施所需资金和融资问题的主要障碍，国内外政府为解决资金和融资问题，普遍的做法就是把土地开发和基础设施建设相结合，将土地增值收

---

[①] 参考袁亮亮博士论文《城市轨道交通建设项目投融资问题研究》，2017；马志晓博士论文《南宁市城市轨道交通建设融资对策研究》，2019。

益用于平衡城市基础设施建设投资。

(1) 北京模式

北京地铁五号线所需的建设资金，是由政府结合各类企业共同筹集。北京地铁四号线采用PPP（英文全称Public Private Partnership）模式，建设投资中用于地铁施工投资，占建设投资的30%，是由社会资本负责筹集和投入的。北京地铁十号线，采用了BT（英文全称，Build Transfer）和非BT模式结合方式筹集建设资金，其中BT部分在建设过程中主要是由其建设单位负责，采用了利率期权方法计算投资收益。

(2) 深圳模式

深圳市在进行四号、五号线地铁建设过程中都充分利用了除政府以外的各类资金，在建设过程中将整个建设期分为两部分，第一部分主要由深圳地铁集团公司建设，第二部分由深圳政府与香港地铁公司合作建设香港地铁公司负责该部分的建设以及运营过程，其中深圳地铁集团将第一部分完成的工程租赁给建设的项目公司，以此来使得地铁四号线的建设和运营过程能够由同一个主体管理。

(3) 香港模式

中国香港在地铁建设过程中，主要将地铁的建设以及经营权利，交给专门的地铁公司，让其负责融资、建设、设计等。政府财政资金投资总额不超过地铁建设总额的三分之一，其余的资金由地铁公司在经营过程中自身进行财务谋划。所以，地铁公司在进行地铁建设和经营过程中，为了获得更多的利润，不断丰富融资渠道，在地铁建设之前就对地铁的各项建设以及经营的多个环节进行设计，以此来增加更多的融资，并获得更多的利润。所以随着越来越多地铁项目的建设，地铁公司逐渐积累地铁建设的各种经验，并且最终制定了一套能够提升地铁运营效益并且尽快获得资金支持的运营模式，且该种模式对香港之后的地铁建设都有一定的参考。香港地铁公司在经营过程中还借助上市来获得经营的资金，香港地铁公司之所以能够获得其他个人以及团体的资金，最主要还是由于其公司的先进性以及获利性。

(4) 伦敦模式

伦敦政府采用PPP模式，通过增加社会资本的投入，来完成对地铁的建设、运营与维护。21世纪初，伦敦地铁公司与其他公司签署PPP合同，为合作公司匹配了地铁建设项目的股份。但这些合作公司仅仅是参与地铁建设的过程中，而后来的地铁运营等各类事务都是由地铁公司管理的。地铁项目的债务偿还仍然是英国的交通部门，若地铁项目失败，95%的债务都由英国交通运输部承担。由于合同期较长，长时间内交通设施的建设会受到不同因素的影响，所以约定每七年半就需要重新制定合同条款。为了确保整个合同的公平性和权威性，在合同确定以及重新制定过程中，需要由仲裁人参加，最终确定最合理的合同内容。而在合同执行过程中，可以根据具体的实际情况而进行改变，以此来确定各类交通设施高效率建设。

（5）新加坡模式

地铁建设过程中，主要采用的模式是"租赁—运营—转让"。主要先由政府出具全额资金支持该项目的发展，然后再增加私人企业的参与，让他们参与到地铁的经营过程中。而且在新加坡地铁工程的管理过程中，为了使得越来越多的私人企业参与到该过程，便将交通设施建设之后的部分运营权利交给这些公司，如对公交车业务的管理，一方面降低了交通局管理的难度，另一方面，使得越来越多的私人企业开始参与到城市的交通建设中。新加坡在进行交通建设过程中，参与其中的私人企业具备一定的权利，以此来使得这些公司不会出现资金损失，如整个交通设施后期的运营成本增加时，公司可以进行申请来提升地铁的票价，以此来获得更多的运营利润。

综合以上模式，城市基础设施建设资金筹集：一是充分吸引社会资本参与项目的投资与运营；二是依靠开发过程中的土地增值和经营收益，即用土地增值收益平衡城市基础设施建设投资。

**2. 城市轨道交通项目投资构成**

轨道交通建设静态投资构成大致可分为前期工程、土建工程、机电设备工程、车辆工程和其他费用五大方面十六项内容，即：

（1）前期工程费用

前期工程费用，包括建设用地、树木及绿化赔偿、管线迁改、道路恢复、交通疏解发生的费用。土地征用补偿费由土地补偿费，安置补助费，被征用土地地上、地下附着物及青苗补偿费，征用城市郊区菜地缴纳的新菜地开发建设基金，征用耕地缴纳的耕地开垦费，耕地占用税等构成。拆迁补偿费由房屋及附属构筑物、城市公共设施等迁建补偿费等构成。土地征用、拆迁建筑物手续费是在办理征地拆迁过程中，所发生的相关人员的工作经费及土地登记管理费等。临时占地费是建设单位临时占用建设项目土地使用权在建设期支付的相关费用。树木及绿化赔偿是砍伐乔木、果树、灌木及草坪等城市园林树木发生的补偿费用。管线迁改及悬吊保护是依据管线迁改设计方案，为保证工程实施而采取的对给水、排水、燃气、电力、电信、热力等管线进行改移或悬吊保护的费用。道路恢复费是指车站区间设计围挡范围内的道路恢复费用，相应凿除路面纳入主体工程费用中。交通疏解是依据交通疏解设计方案，为保证工程实施而采取的交通疏解措施所发生的费用。

（2）车站工程

车站工程费用，包括车站土建结构（含人防）、建筑装饰、附属设施、动力照明、通风空调与供暖、给水排水及消防、气体灭火等工程费用（风、水、电含车站两端相邻的各半个区间的费用），以及设备系统预留孔洞、沟、槽、安装预埋件的费用。其中，土建结构包括主体结构、附属结构、施工监测、降水、建（构）筑物加固保护等；附属设施包括标识导向，站内外附属设施（包括站前广场、环保绿化、隔离设施及其他配套建筑）和应列入车站的其他工程费用。不包括车站物业开发及换乘车站同步实施但应由其他项目分担的费用。物业开发及换乘车站同步实施但应由其他项目分担的费用，单独计算。

（3）区间工程

区间是每相邻两座车站之间的线段区，区间工程费用包括区间正线、折返线、停车线、渡线、存车线及其他土建工程，以及环保绿化、隔离设施和设备系统预留孔洞及预埋件等工程费用。出入段线区间包括地下区间、过渡段（U形槽）及罩棚、地面区间、高架区间等工程费用。

（4）轨道工程

全线轨道工程费用，包括正线、辅助线（折返线、存车线及渡线）、车辆段及停车场库内外线、出入段线、联络线、线路有关工程和铺轨基地等工程费用。

（5）车辆段与综合基地

车辆段与综合基地费用，包括场、段内的路基土石方、地基处理、桥涵、房屋建筑、构筑物、道路、围墙、绿化等工程费用，室内通风空调与供暖、给水排水及消防、动力照明、电梯等设备及安装工程，以及室外水、电、供暖、燃气管沟等工程费用。

（6）运营控制中心

运营控制中心建设费用，包括运营控制中心的房屋建筑结构、建筑装饰、通风空调与供暖、给水排水及消防、动力照明、电梯、中央显示屏以及室外广场、道路、围墙、绿化等工程费用。

（7）通信系统

通信系统费用，包括挖、填光（电）缆沟及敷设通信管道、敷设光缆、敷设电缆、光（电）缆接续与测试、光（电）缆保护与防护、安装光（电）缆终端设备、安装机架（柜）、槽道及配线架、站内光（电）缆和电线敷设、布放设备电缆及导线、配管、托板托架、桥架及吊架安装、传输系统设备安装、无线通信系统设备安装、公务电话系统设备安装、专用电话系统设备及配线设备安装、视频监视系统设备安装、广播系统设备安装、时钟系统设备安装、通信电源设备及接地装置安装、集中告警系统设备安装、计算机网络及附属设备安装、联调联试及试运行等。

(8) 信号系统

全线信号系统费用,按正线、运营控制中心、车辆段、停车场、试车线、车载设备、维修与培训中心等信号系统的设备及安装工程内容分别计算。

(9) 电力及电气化

供电系统建设费用,包括车辆段及停车场范围的全线牵引降压混合变电所、降压变电所、跟随所、环网电缆、接触网、杂散电流防护、电力监控系统、车站UPS电源系统整合、再生储能系统、综合接地及供电车间等工程费用。

(10) 环境控制及通风

环境与设备监控(BAS)建设费用,包括全线车站、运营控制中心、车辆段、停车场、主变电站等环境与设备监控系统(BAS)的设备及安装工程费用。按车站、运营控制中心、车辆段、停车场、主变电站分别计算。

(11) 防灾报警、设备控制系统

防灾报警系统(FAS)建设费用,包括全线车站、运营控制中心、车辆段、停车场、主变电站等防灾与报警系统(FAS)的设备及安装工程费用。按车站、运营控制中心、车辆段、停车场、主变电站分别计算。

(12) 自动扶梯与电梯

全线车站自动扶梯及电梯、站台门建设费用,按车站分别计算,不含运营控制中心(OCC)、车辆段、停车场等房屋电梯工程费用,其列入相应房屋建筑设备及安装工程费用中。

(13) 自动售检票系统

全线自动售检票系统建设费用,包括全线车站、运营控制中心、车辆段、停车场等自动售检票(AFC)及清分中心的设备及安装工程费用。

(14) 人防工程

人防工程建设费用,包括全线各设防地下车站、地下区间内所有人防防护设备及安装工程费用。人防段的土建工程费用,计入相应的车站和区间,按平时人防、战时人防,以车站和区间分别计算。

(15) 综合监控

全线综合监控系统建设费用,包括全线车站、运营控制中心、车辆段、停车场、主变电站等综合监控系统的设备及安装工程费用。按车站、运营控制中心、车辆段、停车场、主变电站分别计算。

（16）安防及门禁

全线安防及门禁建设费用，包括全线车站、运营控制中心、车辆段、停车场、主变电站等安防与门禁系统的设备及安装工程费用。按车站、运营控制中心、车辆段、停车场、主变电站分别计算。

城市轨道交通建设费用中车辆购置费占地铁设备总投资的45%～50%，占总投资的15%～20%，车辆运营中的维修费用和配备费用也占运营成本相当大的比重。因此，可以说投资大、技术复杂的车辆工程是地铁设备的核心，是确保地铁安全、正点、高效运行的关键，在一定程度上标志着地铁技术发展的水平。机电设备和车辆工程投资占总投资的30%左右，其降低造价的关键在于采用国产设备。这样不仅可以降低建设费用，也可以降低地铁的运营维修费用，对地铁的全生命周期费用影响都是不可低估的。土建费用占总投资的比例最大，因此分析土建工程的造价形成，并针对具体的建设项目制定相应的投资控制措施是十分重要的，主要由车站主体、区间主体投资构成。

## 二、城市轨道交通项目的收益

效益是指项目对国民经济所作的贡献，包括项目经营所获得的直接效益和由项目引起的间接效益，效益一般可分为经济效益、社会发展、生态环境保护所产生的绩效与积极影响。因此，可以从经济效益、社会效益与环境效益三个层面，对轨道交通网络的效益进行分析和测算[①]。

**1. 经济效益**

轨道交通项目的经济效益是指轨道交通网络的建设与运行直接产生的经济收入以及其对国民经济发展产生的间接积极影响。可以分为两个层面：一是直接经济效益，二是间接经济效益。直接经济效益即是作为轨道交通经营主体（轨道交通公司）经营轨道交通网络所得的企业收益包括广告收入，通行费等。间接经济效益是指轨道交通网络的建设与运行对国民经济发展产生的促进作用，主要是对沿线土地、商业的带动作用，以及区域融合经济贡献。

**2. 社会效益**

轨道交通网络的社会效益是指轨道交通网络对社会发展产生的良好影响和正效应。主要包括：降低安全事故，改善交通状况，方便居民出行，增强人民生

---

① 参考李惠彬、蒲勇《大城市发展进程中轨道交通网络运营收益平衡分析》，西南大学学报（社会科学版），2009。

活满意度；树立轨道交通公司良好企业形象，其知名度获得提高；树立良好城市形象，作为公共产品的提供者，政府会获得民众的肯定与支持。

**3. 环境效益**

轨道交通网络的生态效益是指轨道交通网络由于其运行耗能低、污染小等特点对生态和环境保护产生的积极促进作用。生态效益主要体现在：节能减污，改善空气质量；减轻城市声音污染；减少了水土流失、涵养补给了城市地下水资源；缓解城区热污染；保护原有地面景观，构造与美化新的城市景观；促进加快生态环境规划与保护，产生长远生态环境效益。

合理估算城市轨道交通的综合效益，是制定城市交通运输发展宏观战略决策的重要依据，也是确定城市基础设施建设中交通运输业的合理投资比例的重要依据，可以为城市轨道交通网络的投资决策提供依据。由于城市轨道交通的准公共性、准经营性和外部性等特征明显，除了本身具有经济效益外，还具有极大的社会效益和环境效益。因此，分析轨道交通网络的效益需要综合考虑轨道网络运行产生的经济效益、社会效益以及生态环境效益。

## 三、轨道交通营运的投资收益平衡

城市轨道交通网络的建设营运，需要投资，要产生各种成本支出，同时带来各种收益。将投资与财务费用按一定还款结构分摊到各年，与轨道线路各年营运成本相加得到城市轨道交通网络建设营运的各年支出，将轨道交通网络营运带来的各种收益按年估算得到各轨道交通网络各年收益。进行城市轨道交通网络建设营运投资收益平衡分析，需要计算轨道交通网络各年支出累计值与各年收益累计值，分析在网络营运生命期内，二者能否相等，即能否达到支出与收益平衡，何时达到平衡，若不能达到平衡，应估算相应的资金缺口[①]。

城市轨道交通网络建设初期各种收益数量较小，其收益难以满足偿还投资本金与利息。由于城市轨道交通网络具有准公共产品特性，收益不足偿还的资金缺口由政府财政或相关公司负责垫付加以解决。对于这部分额外占用资金的成本，需要分两种情况加以讨论，一是不考虑额外资金占用成本，进行投资收益平衡分析；二是在考虑额外资金占用成本情况下，进行城市轨道交通网络建设营运投资收益平衡分析。

---

① 参考廖维硕士论文《城市轨道交通投融资模式研究》，2009。

## 四、城市轨道交通收益平衡模式

**1. 一级土地整理代建模式**

负责轨道交通项目开发建设的公司受地方政府土地储备中心委托，代理进行土地一级开发整理，同时政府明确该地块实现的土地增值收益定向用于城市基础设施建设项目的投资平衡，负责轨道交通项目开发建设的公司无土地储备职能，相当于土地储备中心的土地一级整理代建单位。

一级土地整理代建模式的优点：

（1）可以统筹土地一级整理与基础设施建设

负责轨道交通项目开发建设的公司统筹安排土地一级整理和基础设施建设，有利于科学安排土地开发和基础设施建设时序。

（2）资金压力小，不承担投资风险

代建模式下，由于是政府出资，因此储备土地出让后的所得收益全部归政府所有，投资风险也由政府承担，负责轨道交通项目开发建设的公司没有融资压力，不承担投资风险。

（3）利润来源稳定，投资回报模式清晰

政府明确该地块实现的土地增值收益定向用于城市基础设施建设项目的投资平衡。因此，利润来源稳定，能与政府、市场间建立起清晰的投资回报模式。

一级土地整理代建模式的缺点：

（1）开发周期长

从征地拆迁到生地变熟地、进入交易市场的土地一级整理过程，往往需要1～3年或更长的时间，在目前宏观政策条件下，土地增值收益定向返还负责轨道交通项目开发建设的公司所需时间可能更长，因此土地开发对于基础设施建设的推动作用短期内难以体现。

（2）投资收益率较低

负责轨道交通项目开发建设的公司只按照要求完成规定的一级整理任务，不承担投资风险，也只能获得略低于行业平均水平的利润。

**2. 划拨增资模式**

政府把土地无偿划拨给负责轨道交通项目开发建设的公司，将土地作价并注入公司作为注册本金，负责轨道交通项目开发建设的公司负责对该片土地进行一二级联动开发，开发收益用于平衡基础设施建设资金缺口。

划拨增资模式的优点：

(1) 提高融资能力

将土地无偿划拨给负责轨道交通项目开发建设的公司作为注册资本，能够增加公司资本金，迅速扩大公司资产规模，改善资产负债结构，同时，负责轨道交通项目开发建设的公司能够用土地进行抵押贷款，从而提高融资能力。

(2) 增加经营性资产，为公司带来新的利润增长点

负责轨道交通项目开发建设的公司获得土地后，与市场对接，进行一二级联动开发，能够获得新的发展机遇，如进入高端房地产业，拥有优质物业等，从而增加公司经营性资产，创造新的利润增长点。

(3) 开发方式多样化，多渠道筹集建设资金

负责轨道交通项目开发建设的公司一级开发完毕后，可以获得土地使用权转让收益，或者和他方合作共同开发，或者自行开发，开发方式多样化，有利于多渠道快速筹集建设资金。

划拨增资模式的缺点：

(1) 开发周期过长

土地一级开发需要1~3年时间，如果负责轨道交通项目开发建设的公司进行二级开发，需要更长时间，尤其是在房地产限购政策的影响下。土地一级整理成本需要在3~5年后才能得到补偿，对于急需资金的负责轨道交通项目开发建设的公司和基础设施建设而言，资金周转速度过低。

(2) 具有一定市场风险

为城市基础设施建设投融资而成立的负责轨道交通项目开发建设的公司一般不具备土地二级开发经验，对于房地产市场的敏感度不高，产品设计和房地产品牌意识较差，因此，进行二级开发存在一定的市场风险。在房地产市场走向不明朗的大环境下，负责轨道交通项目开发建设的公司开发出来的产品不一定适应市场需要，存在滞销而无法收回成本的可能。

## 第2节 城市轨道交通站点接驳工程[①]

城市轨道交通的线网与站点密度远远小于其他交通方式，致使轨道交通客流直接吸引能力有限，站点可达性较低，为充分发挥其城市公共交通系统骨干地

---

① 参考张飞博士论文《城市轨道交通站点接驳方式选择与外部可达性提升策略研究》，2020。

位，需处理好轨道站点与其他交通方式的接驳。

## 一、轨道站点交通接驳理念

对于轨道站点间出行过程，其依赖轨道交通路网、轨道行车组织与轨道站点内交通换乘设施等，其出行过程除轨道交通本身外并不涉及其他交通方式。而与轨道交通直接相接的轨道站点前后端出行过程，其涉及与其他多种交通方式的衔接。轨道交通通过站点实现与其他交通方式的衔接，即轨道站点接驳理念。

轨道站点作为轨道交通与外部空间进行活动关联转换的场所，其选址布设与建成环境均对轨道交通发挥服务功能起决定作用。构建完善的轨道交通站点接驳体系对缓解甚至消除轨道交通弊端具有重要意义，高效的轨道站点接驳出行既可以完成轨道客流在站点处的快速疏散，提高出行者出行效率，也可以增大轨道交通客流吸引范围，实现"二次吸引"，提升出行者对于轨道交通出行的意愿。而要实现高效轨道站点接驳出行的前提便是要对站点接驳方式选择机理进行深入认识，即挖掘轨道出行者对各接驳方式的选择偏好。

轨道交通作为城市公共交通的重要组成部分，由轨道线路与轨道站点两部分构成，其具备运量大、速度快、延误小的特点，对于缓解城市拥堵起到积极作用，已成为建设以公共交通优先为目标的城市交通体系中的骨干。但其只能实现"站"到"站"的运输，要完成一次完整的轨道出行，需结合其他交通方式进行过渡形成"门"到"门"的出行链。而城市轨道交通站点作为轨道交通与其他交通方式衔接的平台，汇集着多种交通出行方式，其承担轨道客流集散与轨道周边客流吸引的功能，轨道站点按不同的分类依据可形成多种分类结果，如图2-1所示。

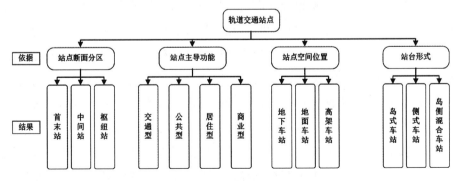

**图2-1 轨道交通站点分类**

广义上的交通接驳指不同类型的交通方式通过换乘设施、运行组织等进行转换的过程，从而实现交通一体化。对于轨道交通出行而言，交通接驳指出行者在一次轨道出行过程中进行不同交通方式之间转换的行为，即出行者在前往或离开轨道站点的过程中进行的轨道交通与非轨道交通间的方式转移称为城市轨道站点接驳。对于轨道站点而言，与其他交通方式进行汇集贯通，进而实现站点相互接驳是其实现客流疏散与客流吸引的重要过程，依据轨道站点功能可将站点接驳属性表现为交通属性与场所属性。

**1. 交通属性**

轨道站点与其他交通方式的合理换乘衔接一方面将提高站点客流疏解能力，降低人群拥挤风险与出行时间延误损失；另一方面可扩大站点接驳范围，提升站点外部可达性，增大出行者轨道交通出行意愿，对提高公共交通分担率与实现轨道交通运输功能起促进作用。将以往分散独立的交通方式进行串联，形成以轨道交通为主线，其他交通方式为支线的互联立体公共交通出行模式，对城市交通拥堵的缓解起正向作用。

**2. 场所属性**

轨道交通与非轨道交通在轨道站点实现接驳一体化，会扩大客流吸引范围，提升周边及其更远范围内的客流选择轨道交通出行的概率，从而使轨道站点的覆盖区域变大，其场所属性更加突出，进而提高居民住宅、办公大厦等各类兴趣点混合程度，实现土地有效利用。

## 二、基于出行链的接驳方式

广义出行链指出行者在出行起终点间的活动规律，一般包含时间、空间、出行方式等活动信息。相对轨道交通而言，自行车、常规公交等其他交通方式具备多覆盖、灵活性强的特点，但其同时存在延误大、运距短等缺陷。为实现两者的优势互补，通常在轨道站点以接驳形式实现两者的结合，共同组成以轨道交通为主的多方式组合出行链。如图2-2所示，对于一次轨道交通出行而言，其涉及轨道站点接入端与接出端两次接驳过程，即轨道出行者在轨道站点前端与后端分别进行接驳方式选择行为。

不同的轨道站点接驳方式对站点客流吸引力具有差异化影响，其导致的轨道出行者行为选择与设施需求也存在差异，本质上体现在各接驳方式运输能力、服务水平的高低。

为了解出行者在轨道站点接驳方式选择时对接驳方式交通设施的需求，对常

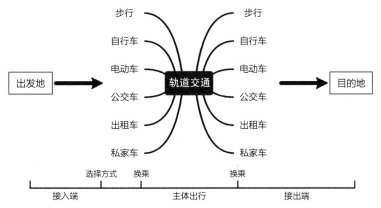

**图 2-2 轨道交通多方式组合出行过程**

见的几种站点接驳方式特性进行分析,如表 2-1 所示。

轨道交通常见接驳方式特性分析　　　　表 2-1

| 接驳方式 | 出行者行为特性 | 方式使用特性 | 行驶速度(km/h) |
|---|---|---|---|
| 步行 | 个体或群体 | 离散程度高、自由度高 | 3~5 |
| 自行车 | 个体客流 | 占用空间小、停放不受约束 | 6~12 |
| 常规公交 | 集中客流 | 可靠性低、直达性弱 | 16~25 |
| 出租车 | 个体客流 | 停车随意、费用较高 | 20~50 |
| 私家车 | 个体客流 | 受停车位约束、个均道路资源占有率大 | 20~50 |

## 三、轨道站点接驳方式选择影响因素

在基于出行链的轨道交通接驳方式分析的基础上,总结国内外研究现状,可将轨道出行者接驳方式选择意愿影响因素从整体上划分为宏观因素与微观因素,其中,宏观因素即交通政策导向、已运营轨道网络与轨道便捷性特征方面,微观因素即轨道出行者个体特征、出行特征与接驳方式态度感知特征方面,如图 2-3 所示。

**图 2-3 轨道站点接驳方式选择影响因素**

**1. 宏观因素**

（1）交通政策

政府制定的交通政策决定了轨道交通与其他交通组成的综合交通体系的调整方向与内部各交通结构的变化，从而间接影响轨道出行者接驳方式的选择结果。比如，采取家用轿车限号措施进行机动车污染排放与交通拥堵的缓解，将引导人们从机动车方式向公共交通方式转移，促使轨道交通及其接驳方式出行比例良性发展。

（2）轨道站点特征

轨道站点属性以轨道站点周边建成环境描述为主，具体体现在土地利用类型、城市路网完善程度、接驳交通配套设施方面，其决定了站点的服务水平。具体地，轨道站点周边土地利用特性影响站点功能与空间结构，其利用混合程度越高，步行网络与自行车路网越密集完善，交通接驳设施数量越多（包括公交站点数、共享单车数），则轨道出行者到达轨道站点的阻力越小，其对自行车或常规公交接驳方式选择意愿越强烈，相应站点外部可达性越高。

（3）轨道交通网络完善程度

轨道交通网络完善程度决定轨道交通站点客流吸引力，即出行者选择轨道交通出行的意愿，其间接影响轨道站点接驳方式选择。

**2. 微观因素**

在微观层面，轨道站点接驳方式选择意愿在考虑出行者个体特征与出行特征影响因素的基础上，将不同接驳方式的出行者态度感知特征同样作为影响因素，且其在个体特征与出行特征的影响下呈现出差异性。轨道出行者在进行接驳方式决策前会将自身心理需求与对接驳方式的态度感知特征进行匹配，选取自身满意度最高的接驳方式，其之间的匹配度对轨道出行者接驳方式选择意愿起决定性作用。三种微观因素单独或综合、直接或间接地影响轨道出行者站点接驳方式选择结果。

（1）个体特征

轨道站点接驳方式选择影响因素中个体特征的选取参照广义城市公共交通出行方式选择行为，主要包括年龄、性别、月收入、职业等。具体影响分析如表2-2所示。

（2）出行特征

依据轨道站点及其各接驳方式特征，选取出行目的、出行时间、出行距离作为站点接驳方式选择的出行特征。随着经济的发展，城市出行活动类型不断丰富，形成多种类的个体与群体出行目的，对于采取轨道交通出行的出行者而言，

轨道出行者个体特征影响分析　　表 2-2

| 个体特征 | 分析 |
| --- | --- |
| 年龄 | 不同年龄的轨道出行者对接驳方式具有不同的依赖性，随着年龄的增长，出行者对接驳方式的依赖性从便捷快速转向舒适安全 |
| 性别 | 性别因素主要显示男性与女性在面对不同接驳方式选择时的心理与生理差异，一般地，男性相较女性能动性与机动性较好，其更易接收与适应多种接驳出行环境 |
| 月收入 | 月收入因素直接与接驳费用相关，接驳轨道站点的步行方式不需接驳费用支出，自行车与常规公交接驳方式的接驳费用相差不大 |
| 职业 | 职业因素的考量与轨道出行者对出行时间、出行费用的敏感性相关，不同职业对出行时间准时性要求不同，其决定轨道出行者相较出行时间对出行费用的敏感程度，进而间接影响轨道站点接驳方式选择 |

出行目的不同将导致其对出行过程的需求存在差异，进而对出行过程中接驳方式的接驳服务提出不同要求，间接影响接驳方式选择。例如上学上班等通勤目的下的轨道出行者出行行为表现出潮汐现象，其对出行及其接驳过程的准时性要求较高。出行距离是直接影响站点接驳方式选择的因素，轨道出行者针对各接驳方式的特性与出行距离进行匹配，选取自身出行效益最大的方式。出行距离与轨道站点接驳范围密切相关，只有在出行距离处于接驳范围内时，出行者倾向于选择轨道出行，才会发生轨道站点接驳方式选择行为，而轨道站点可达性也随着出行距离的增加而逐步衰减。出行时间指轨道出行者接驳方式获取时间和接驳出行过程时间，其受出行距离与接驳方式速度影响。对于轨道出行者而言，出行过程发生前的出行距离通常难以改变，故出行者会优先选择出行时间在可接受范围内的接驳方式。

（3）态度感知特征

轨道出行者态度感知特征的差异化体现在对不同接驳方式的舒适性、安全性、便捷性、准时性、经济性方面，即出行者对接驳方式的满意度感知。其中，舒适性指接驳工具本身状况和接驳方式对应的出行环境，如共享单车接驳方式的共享单车车体状况和非机动车道路状况等舒适性感知；安全性体现在轨道出行者人身及财产保障、出行空间保证方面；便捷性差异表现为各接驳方式的使用便利性与站点周边路网密集性方面，如共享单车接驳方式的寻车快捷性与自行车路网密集程度等便捷性感知；准时性指出行者选择的接驳方式，是能够保证由接驳方式获取时间与接驳出行时间组成的接驳总时间与出行者预期时间接近，与之对应的为出行过程的延误损失，接驳方式与轨道站点间协调性越好，出行延误越低；经济性指出行者对轨道出行过程中的各接驳方式费用的感知。

轨道出行者对各接驳方式的态度感知特征，反映了出行者对接驳方式的选择偏好，较好地体现出出行者主观心理需求，改善以往轨道站点接驳方式选择中对出行者满意度方面研究的空白，为站点可达性评价及其提升策略制定提供依据。

# 第3节 城市轨道交通沿线市政工程

## 一、市政工程类别

广义的市政基础设施，是指在城市区、镇（乡）规划建设范围内设置、基于政府责任和义务为居民提供有偿或无偿公共产品和服务的各种建筑物、构筑物、设备等。城市生活配套的各种公共基础设施建设都属于市政工程范畴，比如常见的城市道路、桥梁、地铁、地下管线、隧道、河道、轨道交通、污水处理、垃圾处理处置等工程，又比如与生活紧密相关的各种管线：雨水，污水，给水，中水，电力（红线以外部分），电信，热力，燃气等，还有广场，城市绿化等的建设，都属于市政工程范畴。

**1. 城市道路**

城市道路，是指城市供车辆、行人通行的，具备一定技术条件的道路、桥梁及其附属设施。根据《城市道路工程设计规范》CJJ 37—2012，城市道路等级分快速路、主干路、次干路、支路四级。

（1）快速路

城市道路中设有中央分隔带，具有四条以上机动车道，全部或部分采用立体交叉与控制出入，供汽车以较高速度行驶的道路。又称汽车专用道。快速路的设计行车速度为每小时60～100km。

（2）主干路

连接城市各分区的干路，以交通功能为主。主干路的设计行车速度为每小时40～60km。

（3）次干路

承担主干路与各分区间的交通集散作用，兼有服务功能。次干路的设计行车速度为每小时30～50km。

（4）支路

次干路与街坊路（小区路）的连接线，以服务功能为主。支路的设计行车速度为每小时20～40km。

**2.地下管线**

城市地下管线是指城市范围内供水、排水、燃气、热力、电力、通信、广播电视、工业等管线及其附属设施,是保障城市运行的重要基础设施和"生命线"。地下管线可分为:

(1)给水管道:可按给水的用途分为生活用水、生产用水和消防用水;

(2)排水管道:可按排泄水的性质分为污水、雨水和雨污合流及工业废水等管道;

(3)燃气管道:可按其所传输的燃气的性质分为煤气、液化气和天然气管道;

(4)工业管道:可按其传输的材料性质分为氢、氧、乙炔、石油、排渣等管道;

(5)热力管道:可按其所传输的材料分为热水和蒸汽管道;

(6)电力电缆:可按其功能分为供电(输电和配电)、路灯、电车等电缆;

(7)通信电缆:可按其功能分为电话电缆、有线电视和其他专用电信电缆等。

**3.城市广场**

城市广场是指与城市道路相连接的社会公共用地部分,是车辆和行人交通的枢纽场所,或是城市居民社会活动和政治活动的中心。规范按其用途和性质将其分为公共活动广场、集散广场、交通广场、纪念性广场与商业广场五类。虽然各类广场的功能特性是有差异的,但在广场分类中严格区分各类广场,明确其含义是有困难的。城市中有些广场由于其所处位置及历史形成原因,往往具有多种功能,为了充分发挥广场的作用及使用效益,节约城市用地,应注意结合实际需要,规划多功能综合性广场。

(1)公共活动广场多布置在城市中心地区,作为城市政治、文化活动中心及群众集会场所。应根据群众集会、游行检阅、节日联欢的规模,容纳人数来估算需要场地,并适当考虑绿化及通道用地。

(2)集散广场为布置在火车站、港口码头、飞机场、体育馆以及展览馆等大型公共建筑物前面的广场,是人流与车辆集散停留较多的广场。

(3)交通广场设在交通频繁的多条道路交叉的大型交叉口或交汇地点的广场,有组织与分散车流的功能。

(4)纪念性广场应以纪念性建筑物为主。

(5)商业广场应以人行活动为主,合理布置商业、人流活动区。

**4.城市道路绿化**

城市道路绿化是城市道路的重要组成部分,在城市绿化覆盖率中占较大比例。随着城市机动车辆的增加，交通污染日趋严重，利用道路绿化改善道路环境，已成当务之急。城市道路绿化也是城市景观风貌的重要体现。

城市道路绿化主要功能是庇荫、滤尘、减弱噪声、改善道路沿线的环境质量和美化城市。以乔木为主，乔木、灌木、地被植物相结合的道路绿化，防护效果最佳，地面覆盖最好，景观层次丰富，能更好地发挥其功能作用。

道路绿化是城市绿地系统的重要组成部分，可以体现一个城市的绿化风貌与景观特色。园林景观路是道路绿化的重点，主干路是城市道路网的主体，贯穿于整个城市。因此，应在城市绿地系统规划中对园林景观路和主干路的绿化进行整体的景观特色规划。园林景观路的绿化用地较多，具有较好的绿化条件，应选择观赏价值高的植物，合理配置，以反映城市的绿化特点与绿化水平。主干路贯穿于整个城市，其绿化既应有一个长期稳定的绿化效果，又应形成一种整体的景观基调。主干路绿地率较高，绿带较多，植物配置要考虑空间层次，色彩搭配，体现城市道路绿化特色。

### 5. 城市照明

城市照明是城市道路、隧道、广场、公园以及建（构）筑物等的功能照明和景观照明的统称，城市照明实行分区控制，如表2-3所示。

**城市照明分区**　　　　表2-3

| 分类 | 特征属性 | 照明控制原则 |
|---|---|---|
| Ⅰ类城市照明区（暗夜保护区） | 生态保护区 | 对人工照明有严格限制要求，应保持城市暗天空 |
| Ⅱ类城市照明区（限制建设区） | 景观价值相对较低，以居住、交通、医疗、教育等功能为主的城市空间 | 保障功能照明，应对景观照明有严格限制要求 |
| Ⅲ类城市照明区（适度建设区） | 具备一定景观价值，以办公、休闲等功能为主的城市空间 | 在保障功能照明的基础上，应根据夜景要素特点，适度建设景观照明 |
| Ⅳ类城市照明区（优先建设区） | 具备较高景观价值或有大量公众活动需求，以商业、娱乐、文体等功能为主的城市空间 | 在保障功能照明的基础上，宜优先安排景观照明建设 |

城市照明需从整体效果上，兼顾功能照明与景观照明的互补性和协调性，目前常见形式主要包括功能照明设施及景观照明设施共杆及定制产品等。功能照明需兼顾功能与审美需求，做到节约能源、经济适用，便于日后运营维护，不可过度装饰，一味追求灯杆、灯具造型和外观上的变化，否则会导致建设成本、能源消耗增加，维护管养压力过大，光污染问题严重。

城市照明分时分级控制是实现城市照明节能环保目标的重要措施。一方面，可节约能源，降低运行费用；另一方面，通过对城市照明状况的实时监控，可及时发现故障并排除，便于城市照明管理。道路及附属交通设施的智能化控制，可根据照明时段调整照明亮度，午夜前交通繁忙，全功率发光，午夜后交通量稀少时，自动降低亮度；城市景观照明，可分平日、节假日及重大节日等进行分时控制。不同时段通过照明智能控制，展示不同的照明场景效果，以节约能源，并丰富景观照明的艺术效果。

## 二、轨道交通与市政接口

### 1.轨道交通与综合管廊结合[①]

轨道交通建设与综合管廊结合设计，不仅能充分利用地下空间，而且能很好地提升城市综合品质，符合建设低碳环保城市的要求，有利于城市可持续发展。地下管线埋设存在随意性较大的问题，迫切需要规划建设新的管网体系。建设综合管廊避免了道路重复开挖及土壤对管线的腐蚀，延长了管线的使用寿命。城市地下综合管廊与城市轨道交通的同步建设，统筹各类市政管线规划、建设和管理，有利于保障城市安全、完善城市功能、美化城市景观、增强地下空间利用效率、促进城市集约高效和转型发展，有利于提高城市综合承载能力和城镇化发展质量。

（1）明挖车站主体与综合管廊关系

明挖地铁车站为地下两层明挖法施工作业，站位路中布置，明挖车站顶板埋深在3～3.5m，上翻梁顶部距离地面一般在2m。出入口自动扶梯提升高度约9.6m。综合管廊的断面形式和尺寸根据容纳的管线种类、数量、断面规模、远期预留需求、施工方法等综合考虑确定。其结构高度多在5m左右，宽度在6～8m。

典型明挖车站与综合管廊关系形式一：综合管廊布置于明挖车站主体上方。将综合管廊布置于车站主体上方，管廊结构高度需压缩至3～4m，管廊上部覆土仅有300mm。综合管廊覆土过浅，在寒冷和严寒地区无法满足冻土深度的要求，难以避免道路荷载对管廊结构的影响。同时，受地铁车站上翻梁的影响，管廊内部高度与管线敷设受到限制，如果雨水、污水重力流管线入廊，需要设置泵站，由此导致地铁车站埋深加大。因竖向空间紧张，需要两者结构和设，同步实施，相互影响较大。如果管廊设计空间不大且地铁车站覆土较深时，可以采用此种布置形式。

典型明挖车站与综合管廊关系形式二：综合管廊布置于明挖车站主体一侧。

---

[①] 参考张景娥等《地铁车站与综合管廊结合设计研究》，铁道工程学报，2019。

此种布置方式将综合管廊布置于车站站台层高度，与车站主体合建，和车站出入口通道、风道共用结构板。管廊与车站主体一次围挡，同步施工。综合管廊的高度、宽度受地铁车站的影响较小，内部管线布置灵活。一体化设置的管廊与车站结构宽度较大，在周边建筑密集、地下设施复杂的情况下适应性不强。在车站端头管廊需与盾构区间保持安全距离，宽度或敷设位置受较多限制。管廊与车站主体合建时，受车站影响也较大，适应于开阔的场地条件。

典型明挖车站与综合管廊关系形式三：综合管廊布置于明挖车站附属上方。综合管廊与车站附属合建，共用底板，同时避免道路的反复开挖。通道上方覆土厚度一般为5m左右。综合管廊设置在地铁车站明挖附属上方，存在覆土过浅等一系列问题同形式一。

典型明挖车站与综合管廊关系形式四：综合管廊布置于明挖车站附属下方。此种布置形式相互影响较小，综合管廊可以采用明挖法或者暗挖法施工，地铁车站和综合管廊结构分设，灵活性强。

（2）暗挖车站主体与综合管廊关系

暗挖地下两层车站拱顶覆土厚度一般为8m左右，无上翻梁。综合管廊结构高度一般为5m左右，因此综合管廊可以考虑在车站暗挖主体上方进行明挖施工，也可以在暗挖车站两侧暗挖施作。

暗挖地铁车站对敷设综合管廊的影响小，地铁暗挖车站与综合管廊可以为一个主体，也可以分别为两个独立的主体，后期可以灵活采用盾构、暗挖等施工方式实施综合管廊工程，并对地铁车站的正常使用无影响，同时避免道路的反复开挖。

（3）轨道交通地下区间与综合管廊关系

轨道交通地下盾构区间一般位于地下6～15m，不影响综合管廊的设置，与盾构区间平行或垂直的综合管廊均可根据实际情况灵活地选择路由、埋深、内部布置和施工方法。地铁车站和综合管廊除以上结合布置形式外，还可以将管廊围绕地铁车站拆分布置，或管廊上下叠起，减小管廊净宽；管廊横跨车站主体结构时，地铁车站主体考虑局部一跨降板，设置凹槽，满足管廊过站埋深。地铁和管廊共建形式灵活多样，入廊管线需进行多方案论证比选，合理选择综合管廊与轨道交通结合形式。

**2.轨道交通站域一体化**[①]

由于轨道交通在城市交通中的特殊性，轨道交通站点对周边范围有明显的影

---

① 参考孟凡迪硕士论文《哈尔滨市地铁出入口城市设计策略研究》，2015。

响作用，影响区没有一个明确的范围，不同的站点由于区域、站点等级不同，影响范围也不尽相同，由国内外经验可知，轨道交通站点吸引客流的大小与离车站的距离成反比。一般而言，轨道交通站点500m半径范围通常是出入车站较为合理的步行值，同时也是轨道交通直接覆盖和影响的范围，这一区域的土地城市建设价值很高，称之为轨道交通站域。500m站域范围内拥有丰富的城市功能空间（购物、休闲、办公、游憩等），此区域内交通客流也最为密集，而车站周边300m范围内是客流的覆盖区域。

（1）基于TOD模式的城市发展理论

TOD模式是指"以公共交通为导向推动土地开发的城市发展模式"。这个概念由新城市代表人物彼得·卡尔索普提出，其核心是限制土地开发范围的无限蔓延，强调土地的混合化综合利用。采取以公共交通站点为中心，以不超过600m的社区步行范围为半径建立中心广场，集商业、文化、办公、居住、公共空间等于一体的混合用途，这种模式的意义在于：土地混合使用，空间高度集约，缩短出行距离，减少能源消耗，高效设施使用，适合城市重建地块、填充地块和新开发土地的建造。

1993年彼得·卡尔索普提出如下七条规划原则：

1）在区域规划层面上组织有公共交通系统支撑的紧凑集约型城市模式；

2）在公共交通站点周围的合理步行范围内设置商业、办公、居住、开敞空间和公共基础设施等；

3）营造适合步行的空间网络，创造适于行人良好生理、心理感受的街区空间，在各目的地之间提供直接、便捷的联系通廊；

4）提供不同价格区间、多种建筑密度的住宅类型；

5）保护好滨水区、生态敏感区，以及高品质的开敞空间；

6）使建筑物成为公共空间的一部分，并成为人们活动的中心；

7）鼓励在已发展区域内的公交线路和站点周边进行改建和新建。

1997年，塞维罗和洛克莱曼提出了关于"TOD模式"的"3D"原则，即："Density（密度）""Diversity（多样性）""Design（合理的设计）"。通过合理的设计以确保在相对高容积的建设条件下为不同活动人群提供多元的选择。

（2）城市触媒理论

城市触媒（英文urban catalysts）概念是由美国两位城市设计者韦恩·奥图和唐·洛干在《美国都市建筑——城市设计触媒》中首次提出。"触媒"这一词汇最早出自化学界，是一种参与在反应物中能提高反应物速率的物质，而其"触媒"自身的性质和数量在反应前后均未发生变化。而城市触媒即城市的化学连锁反应，由于触媒体（城市新元素）的导入，激发触媒体周边地带产生了一系列的反应，从而波及影响到周围的环境。城市触媒是城市设计的一种方法和观念，城市中某种新元素的导入引起周边多个项目的联动开发，促进城市的加速发展，这种效应波及社会的、经济的、政治的、空间结构及建筑上的大变动，因此具有很强的催化作用。它是一种自下而上的建设方式，有别于传统规划中的自上而下的形式，而如今自上而下和自下而上两种形式的结合也被宣传推广，也是一个好的城市开发应该走的方向。如通过建设一个综合体，就能带动城市区域的复兴，通过触媒效应带动整个区域的整体发展，促使该区域形成强大的城市活力。

将轨道站作为城市区域中的新元素，通过一体化综合开发的手段引导轨道交通站域建设为契机，从而推动一系列城市建设开发，主要包括交通枢纽站体开发、商业开发、商务办公开发、公共服务设施开发、住宅楼开发，以及城市地上地下空间开发、城市中心区再开发、城市广场、绿地开发以及历史地段保护开发等。通过城市设计和建筑设计的进一步执行，将轨道站这一新元素导入城市网络中，并且对轨道站自身的建设进行控制、引导和激发后续周边开发。通过轨道站域的一体化开发，达到城市功能聚集和整合效应，建立起城市立体化步行系统，引发地上、地面、地下空间开发等一系列社会、经济、环境的反应。

按城市触媒理论与实践，轨道交通及其周边区域的开发应考虑如下原则：

1）轨道站体与商业设施紧密结合。商业是作为轨道站域综合体的重要组成部分，轨道交通带来的人流可以充分转化为客流，刺激了站域经济，又方便了乘客，而且商业空间还起到了主要人流通道的疏散作用，不至于大量人流迅速涌入出入口而形成交通问题。其次轨道站应与周边其他建筑物建立起公共步行通道，在通道两侧可适当布置小店铺，既可通过小型商业的租金回补投资，还增加了步行道的热闹气氛。

2）建设网络型的地下步行系统。通过轨道站的触媒效果，轨道站厅层尽量与周围建筑进行地下层的连通，形成大型地下空间，并组织地下步行系统，使人流能通过地下步行系统先水平疏散，进而进入各个建筑体再次垂直疏散，减少人们步行距离。而出入口应尽可能跨街区设施，如此连通被机动车所隔断的地面道路空间，提高轨道站点的步行可达性。

鼓励公共建筑设置公共步行道，因每个建筑体的地下空间轨道站相连而获益，此时，这些建筑体也担负着交通疏散的职责。如商业、会展等公共建筑体，其步行通道可作为轨道站步行通道的延伸。

轨道交通是一个现代城市文明、先进的标志之一，轨道交通的建成，将刺激一个城市的商业、文化活动与便利市民出行，人们形象地称轨道交通为城市的

"血脉"。它不仅使城市健康有序地运作，交通网络上交通载体的流动又加速了市民各种活动的发生，特别是商业、购物、文化、休闲等大众生活上带来了诸多商机，形成商业磁场。就像催化剂一样催生成熟、多样的城市生活，催生成熟的地上地下空间，城市触媒作用不可低估。

**3. 轨道交通站点与公共建筑结合布置**

轨道站域是多种城市功能的结合，轨道站建筑融入交通、商业、文化等功能，创造出一个新生而活力的城市综合体。轨道站与周边公共建筑结合布置，围绕着轨道站交通为核心，处理好与周边公共建筑的衔接关系，直接在建筑内实现交通的换乘和多元城市功能的相互转化，促进周边物业的发展，利于区域的可持续发展。

站点与公共建筑的紧密结合是优化资源配置，将轨道站点与其周边公建进行一体化规划，提高站域地区土地开发利用率。随着站域经济的广泛传播和被认知以及综合体所带来的综合效益，促使未来站域一体化综合开发越来越多地被采用。东京、中国香港、中国台北、上海等很多轨道站点都与公共建筑紧密结合建设，得到社会的认可，取得良好效果。通常轨道站与周边公建结合时对建筑内部的动线组织要求较高，不仅在平面还是垂直方向都有着清晰和明确的动线才能使整个建筑综合体发挥出综合效益。轨道站与周边公建的结合，提升了周边物业的可及性，物业品质和增加了物业的收益，综合后的效益明显。而建筑之间的有效紧凑衔接，为地面腾出了更多的开放空间，利于整体站域的景观环境打造，创造出良好的站域氛围。

**4. 轨道站域商业开发**

香港在轨道交通营运方面走在世界的前列，因其自有一套成功又成熟的商业模式，既充分利用轨道交通的外部性带动周边物业尤其是商业增值的优势。通过轨道站结合轨道交通的营运以及站点周边上盖物业来获取源源不断的利润，也成就了站域内繁华的商业景象。通常香港的轨道枢纽站凭借上盖的购物中心成为地区最繁华的地带，实现轨道交通与商业的紧密衔接，为轨道公司带来了不菲的收益，是轨道交通建设资金的重要来源。轨道公司与政府达成协议，可以征用轨道站点周边用地作为轨道站总体的建设用地，因此轨道站能与周边用地联合开发，为一体化发展创造很好的条件，同时解决了资金的来源问题，相应地政府就无需对轨道交通进行补贴，实现轨道交通能自主经营，并创造出可观的业绩，为轨道交通可持续运营提供保障。

轨道交通属于城市的公益事业，但是其巨额的建设费用主要由政府财政支出，回收成本较慢，基本处于亏损运营的状态，如若不解决好当前亏损运营的局面，会严重阻碍轨道交通事业的发展，也会对市民的出行造成很大的不便。香港轨道交通的商业模式为我们提供了一个很好的范例，展现了轨道站域商业繁荣的景象，以轨道站建设为契机对站点周边物业一体化开发，充分利用轨道交通的外部性对站域商业的综合开发。在轨道站厅、轨道站连通的地下空间、轨道站的上盖都可进行商业开发，可通过引进知名品牌以吸引更多的商家入驻，打造轨道站域的整体品牌效应。轨道站域通过轨道交通的运营与商业开发经营，创建持续稳定的资金链，为轨道站域带来了生机，促进轨道交通的良性发展，增强地区竞争力，改善城市空间形态，提高城市运作效率。

**5. 地铁出入口与其他空间关系衔接**[①]

地铁出入口在规划形式上分类一般可分为独立式、公共式、下沉式三类。地铁出入口的数量，应综合考虑客运需求与人群疏散的要求而设置，规定浅埋式车站出入口不宜少于4个，同时当分期建设时，初期开通出入口不得少于2个。客流量较少的车站可根据具体情况酌情减少，但不得少于2个出入口。同时车站出入口总设计客流量应根据远期超高峰小时客流量乘以1.1～1.25的不均匀系数而计算。

（1）地铁出入口与道路空间关系

从地铁站整体出入口与道路之间的关系来看，出入口与道路的空间布局形式主要有"跨路口式""偏侧路口式""路口中间式"以及"道路红线外侧式"四种主要形式。

跨路口式地铁出入口一般设置于主干道道路交叉所划分出的四个象限内。此种形式主要设置于道路等级较高的道路交叉口处，这样到道路交叉口通常有交通流量大，道路红线宽的特点，而不同交通方式的汇聚更容易在该路段造成拥堵现象，跨路口式地铁出入口可作为地下过街通道，将步行交通流线与车行交通流线分离，保证了地面交通流畅性。

偏路口式地铁出入口将出入口全部设置于路口的同一侧，这种形式的出入口一般设置于一侧道路等级较高的道路交叉口或受到道路口周边土地利用所限制的道路交叉口处。但这种出入口与道路关系形式会导致偏向路口一侧的客流量大于甚至远大于另一侧出入口，使得另一侧地铁出入口的使用效率降低，同时也降低了地铁车站的使用能效。

路口中式地铁出入口多设置于两条纵向道路的等级较低，横向公共交通线路多且客流量大的时候，或两个道路交叉口之间距离较短的情况下，这样的出入口

---

① 参考孟凡迪硕士论文《哈尔滨市地铁出入口城市设计策略研究》，2015。

可同时兼顾两个路口，保证横向交通的顺畅。同时扩大了出入口的服务范围，减少地铁乘客地面步行距离，提高了地铁的使用效率。

道路红线外式地铁出入口一般设置于单独的地块内。这种出入口方式对于地质要求较高，单独的地块内一般开发城市公共空间，在用地许可的情况下这种地铁出入口形式往往与地块内的城市公共空间联合开发。

（2）地铁出入口与建筑空间关系

地铁出入口与建筑的位置关系通常受到周边环境及建筑本身条件限制，工程实践中一般将地铁出入口与周边建筑的空间位置关系总结为以下三种形式：外部型、附着型、融入型。

外部型地铁出入口是城市地铁出入口与建筑关系最为常见的形式，哈尔滨地铁一号线也多采用外部型出入口。一般与建筑不相连接，独立设置于建筑红线外的出入口。这种出入口形式在设置上需要根据建筑的位置及周围环境的空间布局来确定出入口的位置以及出入口的开口方向，从而在尽可能缩短地铁出入口使用人群地上步行距离，方便乘客出行的前提下，保证较好地利用周边空间，使出入口建筑与周围建筑空间保持不受到破坏。

附着型出入口即为出入口附着于周边的建筑而建，其往往与周边建筑融为一体。附着型出入口单独布置的楼梯和扶梯位于周边建筑红线内，占用与之合建的周边建筑基底面积，地铁出入口与建筑之间的步行交通流线可建立联系。附着型出入口多出现在与大型商务办公建筑合建或没有足够空间来独立设置地铁出入口的地段内。这种与周边建筑的空间关系可以较好地维系建筑整体空间感，可起到及时疏散建筑内人流，同时由于建筑的使用性质，不希望过境人流所带来的嘈杂与纷乱影响到建筑内部的使用，即选择附着型出入口，将出入口布置在建筑地面层邻近城市干道的边缘处。

融入型出入口可分为两种形式，一种是出入口直接连通周边建筑地下空间，另一种是在地下出入口通道与地面出入口连接的同时分叉处一条通道与建筑内部连接。这种形式的出入口往往在综合性公共建筑中得以应用，如大型商业建筑、火车站等。

（3）地铁出入口与城市开敞空间关系

在公园中，人的活动与交流使得公园空间对于私密性与公共性之间的关系处理显得尤为重要。一般当地铁出入口与公园连接时，出入口主要服务于两种人群，一种是以公园为出行目的地，需要在公园中完成休憩娱乐行为的人群，而另一种则是临时通过人群。对于临时通过的人群，以人群本身出发，其主要意愿是可以通过出入口的设置，以最短步行距离到达出行目的地。这类人群需要出入口以及相应设施引导人流快速方便地与城市交通衔接。而以公园作为出行目的地的人群，其主要意愿为方便快捷地到达公园核心休憩区，享受公园休憩娱乐功能。这样在地铁出入口与公园空间结合过程中，就需要出入口将两类人群引导分流，减少两类人群在使用地铁出入口时产生的矛盾，保证公园空间的私密性与公共性之间的功能相对独立，互不影响。

同时出入口与公园空间的结合互动，也需要协调出入口建筑（或形式）与公园本身元素之间的关系，在维持公园原有景观风貌的同时，尽可能优化公园使用功能。地铁出入口在设置过程中应考虑以绿化植物为主要构成元素的公园空间元素之间空间关系，处理好将出入口建筑硬质界面与周围空间软质界面之间的矛盾冲突，如利用色彩、植物种植搭配，建立视觉缓冲带等方法，达到和谐美观、融为一体的效果。

地铁出入口与城市广场空间相结合互动，作为重要的城市开敞空间，广场每日聚集大量的人群。而地铁出入口对于城市广场来说，其可以帮助广场空间有效地、快速地疏散人流。与城市广场相结合的地铁出入口的设置应根据对具体广场人流方向的分析，分散设置出入口，将不同方向的人流分开，在缩短乘客地面上的步行距离。尤其在大型广场上，分散设置出入口可以提前将人流分散到广场的各个区位，有序疏散了人流，使得广场空间利用均衡。当出入口在空间布置上较为集中的话，会造成人流步行交通流线的单一，人流大，影响广场功能使用。上海人民广场站将地铁出入口分布设置于人民广场空间，将以去往城市其他空间为出行目的人流与以人民广场站为出行目的的人流分散开。

（4）地铁出入口与城市交通空间衔接[①]

1）地铁出入口与步行交通衔接

城市步行系统是城市主要的动态开发空间，也是市民出行最主要的交通方式，也是城市日常生活的重要部分。在城市中，地铁充斥着城市空间，然而汽车的无限度扩张为城市带来了交通拥堵、环境污染等问题，同时也影响到了城市步行交通体系。地铁与步行系统的衔接得当使得市民出行更加便捷，同时也会让人们逐渐认可低碳出行。

市民选择步行方式与地铁出行方式进行转换，往往会考虑到地铁出入口的步行可达性以及步行安全性。当市民选择以地铁作为主要交通方式时，人们在出行过程中还将伴随着步行交通方式。人们步行到地铁出入口的距离将会影响到人们是否选择地铁作为出行的主要交通方式。如果距离较远，人们可选择根据自身情

---

① 参考冷虎林硕士论文《地铁出入口与周边空间的互动研究》，2012。

况更为便利的公共交通方式或自行驾车完成出行行为。也就是说人们会在愿意以徒步方式出行的范围内选择徒步出行的目标。当人们出行原点与地铁出入口之间的距离超出人们可接受的范围，这种情况下人们往往会选择放弃乘坐地铁。地铁出入口作为连接地铁交通与城市步行交通衔接的过渡空间，出入口的设置将影响地铁人流与城市步行交通接驳的方向与位置。所以地铁出入口与城市步行系统的衔接显得尤为重要，空间衔接的好坏将直接影响人们选择地铁为主要出行交通方式的步行距离，从而影响到市民对出行方式的选择，某种程度上，空间衔接的好坏将影响地铁的使用率以及经济效益。处理好地铁出入口与城市步行交通的接驳不仅可以鼓励人们选择地铁作为主要出行方式，同时对于城市地面交通来说也可以起到缓解作用，当地面交通压力减小时，城市居民的生活环境也将会有所改善，从而提高居民的生活质量以及效率。

2）地铁出入口与自行车交通衔接

在地铁出入口与城市交通衔接的研究中，可以将地铁出入口作为市民出行的中途目的地之一。在荷兰，自行车是一个潜在的有吸引力的出行方式，因为使用自行车出行方式使得市民可避免等待公共汽车而消耗的出行时间，自行车交通在荷兰已占据市民出行方式的35%。当市民出行原点与地铁出入口距离在适合步行出行和适合乘坐机动车出行的距离之间时，自行车将是优选的交通工具。骑行交通作为个体客流，其主要特征在于道路行驶的灵活性强，停车所需空间小，但其安全性较差的特征也是市民选择自行车出行的重要考虑因素。日本札幌市、加拿大蒙特利尔市的自行车发展较好，基础设施也较为完善，其市民也较多选择自行车出行。

地铁出入口与自行车道衔接：地铁出入口在设计时应与自行车道路系统综合考虑设计，将出入口的方向与位置在条件允许的情况下，尽可能贴近自行车交通流线，使得自行车骑行交通流线与地铁出入口步行交通流线可以较好地衔接上，方便乘客在自行车与地铁出行方式的换乘上更加便利、安全。

3）地铁出入口与小型汽车交通衔接

小型汽车与地铁出入口的衔接，在一定程度上会直接影响城市汽车交通量，小型汽车与地铁出入口衔接的设计质量，直接影响到使用小型汽车换乘地铁的人员多少。城市中小型汽车的使用群体数量庞大且日益增长，如果能够与城市轨道交通实现有效衔接换乘，实现远郊—近郊以小型汽车通行为主，近郊—城市中心换成城市轨道交通的出行方式，城市中心区域的交通压力会得到很好的缓解。西方国家大型城市的人们往往选择在距离城区中心较远的郊区居住，由于距离城市中心较远，人们往往自行驾车到达城市最近的地铁站点进行出行方式的换乘。

在空间衔接方式上，小型汽车与地铁出入口的衔接主要有两种形式，分别是停车衔接与接送衔接。

①停车衔接

停车衔接即为地铁出入口与停车场衔接，驾驶汽车和乘坐地铁交通交替使用，乘客长时间停车换乘地铁完成剩余出行距离。这种衔接方式多为需要较长时间停车（如上下班等行为）后，再回到远地点使用小型汽车的乘客。而这种地铁出入口与小型汽车衔接方式也存在着一些问题，其主要问题在于出入口与停车场入口的空间关系上处理。在空间上，地铁出入口与停车场入口之间的空间关系往往需要将步行流线分隔开，并与地铁出入口紧密相连，使得人们在自驾到停车场后可以轻松地以步行方式到达地铁出入口。在空间关系上，地铁出入口与停车场存在两种空间关系，即水平式空间衔接以及立体式空间衔接。水平式的空间衔接对于地面要求较高，其往往需要大面积的空间布置停车场，这种情况停车场与地铁出入口空间联系距离边长。与此同时，当地铁站点在地下空间设有专用停车场时，可结合周边地上建筑空间的功能，充分利用现有条件设施，形成过渡空间，从而将人们自然引导到地铁车站中。

②接送衔接

接送衔接的方式一般需要设立专门的停车空间，作为接送地铁乘客的短暂停车空间，这种停车空间需要乘客快速上下车，不能长时间等待，同时汽车在完成乘客上下车行为后，应迅速离开，腾出停车空间，即停即走，方便后边的乘客使用。以上海地铁一号线为例，在地铁一号线莘庄站出入口一侧设置，设立单独停车空间，供出租车等小型汽车接送乘客。这类空间衔接方式应在接送空间与地铁出入口中间的衔接空间处设有足够空间的集散空间以及回车场等基础设施。地铁出入口与小汽车接送衔接主要分为两种形式，即水平式以及立体式。

水平式衔接对于地面空间要求较高，需要有足够的空间设置基础设施，而这种衔接方式对道路交通产生一定的压力，合理地规划交通流线，尽可能减少与城市道路交通相互间的影响。

立体式衔接往往需要建设专用的车道以及停车空间，这种衔接方式往往建设在大型地铁枢纽站，对地面道路影响较小，但对于地铁出入口周边道路要求较高，往往需要周边道路作为集散道路使用，这样可以保持出入口正常通行能力。

4）地铁出入口与公交车站交通衔接

城市地铁系统的建设，使得城市轨道交通取代城市地面常规交通成为城市公共交通体系的骨架，与地面常规交通相结合，组成完善的城市公共交通体系。城市地面公共交通与城市轨道交通相互协调，相互补充，完善城市公共交通网络。

作为城市公共交通运输体系的重要组成部分，地面常规公共交通不可或缺。地面常规公共交通与城市轨道交通的衔接结合，使得城市公共交通体系全面地覆盖城市空间。同时地面常规交通可以作为城市轨道交通的重要集散衔接方式，有助于提高城市轨道交通的使用效率，缓解城市地面交通压力，使得城市交通问题得以改善。

我国香港地区在地铁与城市地面公共交通的功能衔接发展方面有着成功经验。香港经济发达，人口密度高，但是其城市公共交通系统相比于国内城市要完善很多。20世纪80年代香港特区政府提出了"公共交通优先发展"战略，这一战略在实施后，有效地缓解了当时香港地区城市道路堵车、拥挤的城市交通问题。当时政府对于落实"公共交通优先发展"战略提出一系列政策，其中针对城市轨道交通与常规公共交通提出协同发展政策，这一政策也将城市公共交通的作用推向最大化。作为协同发展的两个重要元素，城市轨道交通系统与城市常规公共交通系统承担着重要交通线路上的绝大部分人群运输工作，这一现象使得公共交通系统在当时的香港地区有着很高的运行效率，同时对于地面交通压力也有着显著的缓解作用。地面常规公共交通与地铁交通系统很好地衔接可为地铁公交系统提供客流补给，从而不断完善整个公共交通服务网。

与地铁系统相比，常规公共交通载客能力相对地铁较小，人力成本高，且运行准点率低。但常规公共交通具有较大的弹性，其站点的选择与线路的选择较为灵活，相比地铁，其更改线路和公交站点相对容易一些，所以地铁系统与常规公共交通衔接情况的好坏，直接影响城市地铁系统，乃至城市公共交通体系的能否发挥其最大运输潜力。出入口作为地铁客流换乘的重要过渡空间及客流导向的重要设施，地铁出入口与城市地面常规公交的衔接显得尤为重要。

对于地铁出入口与地面常规公共交通的衔接接驳而言，公共交通车站与地铁出入口之间应建立空间互动，出入口的位置、方向应根据周边公共交通车站位置、线路数量等因素综合考虑设置。同时在信息方面，在地铁出口通道处设置公交线路指示牌，方便乘客从离需换乘的公交站最近的出入口出去。在公交车站处也应标明该站点可换乘地铁的线路及出入口的方位图，这样可以方便乘客快速在地铁和公交之间换乘，特别是对不熟悉环境的乘客可带来极大的便利。常规公共交通站点的设置也应考虑到与地铁形成出行方式换乘，其站点位置、线路数量以及站点形式在设置设计过程中，都应将地铁换乘作为设计条件考虑其中。

根据公共交通车站的等级，地铁出入口与公共交通车站的衔接互动主要有三种形式：综合枢纽换乘站、大型接驳换乘站以及一般换乘站。

在综合枢纽换乘站中，主要是在公交枢纽站处，人流量比较大，且换乘的公交线路较多，应综合考虑地铁站与枢纽站之间的关系，进行整体规划，利用地铁出入口的功能与作用，引导换乘人流，通过空间立体化衔接，充分利用地铁出入口有效空间，达到无缝换乘。通常将地铁站安排于枢纽站的下方，将地铁出口通道与公交站台连通，将地铁换乘公交的人流直接引导至公交站台进行换乘，这样不仅缩短了乘客的换乘距离，而且可以快速地将换乘其他交通工具的乘客进行分流，避免人流的冲突。

大型接驳换乘站一般在于城市地铁交通始末站、城市中心城区枢纽站或换乘量较大的枢纽站。此类型站点应布置公交总站或规模较大的中途停靠站，其换乘人流量较大，而且用地也需要较为宽敞。目前我国正在积极进行综合枢纽站与城市轨道交通站点衔接方面的研究和探索。此处换乘主要解决的是快速、有序地疏散大量的换乘乘客，因而应在公交车站与地铁出入口之间留有较宽敞的广场，来集散大量的人流。还可将不同线路的公交分成多个站台，相隔一定的距离来设置，这样可以避免等候乘车的乘客不至于过于集中拥挤。如北京地铁动物园换乘站，其公交站点分成多个站台，线型平行排列，地铁出入口通过地下出入口通道将换乘客流分散到各个公交站台处，有效避免了等车而造成的集中拥堵现象。

一般公交换乘站即为地铁中间站点与常规公共交通站点在中间站的换乘地点。公交换乘站是城市最为常见的换乘站，也是数量最多的换乘站。一般公交换乘站多为城市主城区内，由于土地用地紧张，其形式简单。相比其他形式换乘站，一般公交换乘站客流量相对较小，衔接方式也比较简单相对于地铁出入口，常规公共交通站点分布有时也较为分散，如哈尔滨地铁一号线哈东站，由于道路条件约束，公交站点分散设置，这样在换乘衔接方面，对地铁出入口设计要求就比较高。此类换乘站在设计时，在不影响道路交通的前提下，合理地调整公交站台与地铁出入口的距离，在避免造成人流拥堵的情况下，方便乘客换乘，在换乘人流交通流线上，应保持畅通，避免建筑、道路或其他设施阻隔，造成换乘困难。

**6. 轨道交通车站给水排水系统接驳**

车站市政给水排水接驳虽然位于地铁车站外部，属室外工程，但与地铁运营工作息息相关。接驳工程实施得好与坏，直接影响到地铁后期运营中给水排水功能是否能正常使用。室外给水排水工程由于管材选用、施工工艺、地理位置等因素，而与室内给水排水有所不同。第一，在对地铁进行给水设计时，要使得设计方案能够充分满足生产生活与消防用水在水质与水量等诸多方面的要求与标准，要能够充分地遵循节约用水、合理利用的基本原则；第二，在地铁给水水源的选择方面，要首先选择城市的自来水，假如在沿线没有城市的自来水，那么就需要与相关的部门进行汇报与协商，选择其他比较安全可靠的水源；第三，在对地铁排水系统进行设计的时候，不但要确保生活污水与粪便污水能够单独进行排放，使其能够充分地满足国家相关的标准，而且还要对消防废水与结构渗漏水等进行合流排放；第四，要加强给水排水设备的自动化与智能化建设，使其智能化与自动化水平得以有效地提升；第五，对于地铁金属给水排水管道及其相关的设备，必须要采取有效的防范杂散电流腐蚀的方法，进而确保这些设备的质量，使其得以正常使用。

(1) 生产、生活给水系统

车站内生产、生活给水的进水管从消防引入管水表井前引出，单独设置水表后进入车站，在站内呈枝状布置。车站内的生产、生活给水系统主要是供给站内工作人员的生活用水、冷却循环系统补充水、站台层、站厅层及泵房等处的清扫用水。

车站内生产、生活给水用水量标准：车站工作人员的生活用水为每班每人50L，时变化系数2.5；冷却水系统补充水量为冷却循环水量的2.0%，冷却水补水按系统水容积的1%，车站冲洗用水量为每次每$m^2$2L，每次按1小时计，每天冲一次；不可预见水量按生产、生活总用水量的10%计。

给水接驳设计工作关系到消防验收等后续工作的开展，给水接驳的设计也是室外给水设计的重要一环。与排水接驳设计相比，给水接驳的设计有其自身的特点：第一，给水接驳点的位置往往由自来水公司确定，管线迁改单位一般不涉及市政自来水管；第二，排水预留管一般由土建施工单位实施，给水接驳管一般由机电安装单位实施。

首先，设计人员要熟知当地自来水公司的规定，避免设计方案不满足其要求，造成设计工作的反复。例如：济南市自来水公司规定DN1000及以上市政自来水管不允许接管，而DN200的市政给水管不满足车站给水流量要求，也不能接管。

其次，要根据车站附近市政给水管的分布情况，提前确定接驳方案。室外给水接驳条件好的车站，例如市政给水管分布在车站上下两侧，考虑采用从车站两侧接管，可以从车站的出入口或者风亭接入给水管，避免跨路接管的情况发生。

室外给水接驳条件不好的车站，例如市政给水管由于破路严重影响城市交通和广大市民的日常均分布在车站附属的另外一侧，无法避免跨路接管时，要尽量在车站路面恢复之前埋设过路管，这就要求机电安装单位进场后，设计人员及时交底，机电单位与土建单位进行沟通，确保在路面恢复通车前埋管，有效地避免二次破路接管。

（2）排水系统

排水系统由雨水系统、废水系统和污水系统组成。排水系统的主要功能是及时收集车站和区间的雨水、消防废水、冲洗废水、生活污水以及少量的结构渗漏水，就近纳入市政排水管网，保证区间和车站的正常运营。

排水系统排水量标准：工作人员、乘客生活用水排水量按用水量95%计；冲洗及消防废水排水量和用水量相同；生产用水排水量按工艺要求确定；洞口、露天出入口、敞口风亭排雨水量按地方50年一遇的最大暴雨强度计算。

车站污废水通过压力提升，就近接入道路市政污水管网；车站敞口风亭雨水通过压力提升就近接入市政雨水系统；这两点在不同城市做法基本相同，但是在出入口集水坑排水接入市政雨水还是污水管网，各地排水管理部门要求稍有不同；如合肥排水管理部门要求出入集水坑排水必须接入市政污水管网；上海排水管理部门要求无盖出入口集水坑就近接入市政雨水管网，有盖出入口集水坑优先接入市政污水管网，在出入口附近，无市政污水管网或者接驳条件比较差，也可以接入市政雨水管网。熟悉当地排水管理部门对受纳管网的规定是做好车站室外排水设计的基础。

地铁车站室外排水构筑物一般有压力检查井、普通排水检查井、化粪池等。要准确地了解地铁车站顶板上翻梁的位置及梁顶标高，结合建筑总图室外竖向标高，弄清地铁车站范围内覆土情况，保证排水构筑物能正常施工，不突出地面覆土。

关于化粪池设置与否，要按当地排水管理部门意见执行，在上海、广州等地，为了节省地下空间，在车站附近市政污水管网完善的情况下，采用格栅沉砂池取代化粪池，污废水经过格栅沉砂池处理达到排放标准后，纳入市政污水管道；但是在很多城市，当地排水管理部门都要求设置化粪池，在地铁车站排水总图中，化粪池的设计位置满足以下几个方面的要求：

1）尽量设置在人行道或绿地内，与建筑物距离不小于5m，便于机动车清掏。

2）地铁车站室外化粪池一般采用4号化粪池，化粪池最小高度为3.05m，如果车站附属部分覆土不满足要求，应将化粪池设置于附属范围外。

3）满足卫生标准，化粪池距离新风井不小于5m，适当远离活塞风井，满足通风空调专业对污染源的距离要求。

车站排水接驳是室外排水的重中之重，由于排水接驳设计没做好，导致后期路面恢复后不能破路接入市政管网，影响车站机电安装验收的事情时有发生。由于破路严重影响城市交通和广大市民的日常工作生活，增加城市设施管理费用，地方政府往往规定道路恢复后，3～5年内道路不允许挖掘施工。在招标图阶段与管线迁改单位对接，要求管线迁改单位在道路红线外2m处预留接驳井，并提供接驳井的标高，管线迁改单位的图纸需要经过车站给排水设计人员会签后才能出图，进而从源头避免了破路接市政排水管的情况发生。

车站设计的雨污水接入市政管网的管道，其管径、标高及坡度均应满足车站本身排水的需求，并且满足车行道下管顶覆土不小于70cm的最小覆土要求，设计的雨污水管道应满足车站排水流量设计要求。室外埋地重力流排水管采用环刚度不小于SN10级的钢带缠绕增强型HDPE螺旋波纹管，承插式电热熔连接。室外埋地压力排水管采用内外涂塑热镀锌钢管。管道覆土不满足要求或车行道下排水管均需要设置防护套管，保护排水管不受到损坏。

**7. 轨道线路与地面道路交叉**

有轨电车线路主要为地面敷设，对沿线道路及路口的影响较大，尤其以转弯通过交叉口时，相互间的干扰最大。线路设计应综合考虑地形、地物、交通条件和环境配合，从平面、纵断面和横断面三个方面与道路线形进行三维空间尺度协调。设计中大多存在以下问题：有轨电车线路与周边道路的纵断面控制标准差异大，存在高程不匹配、跳车的问题；地面标高的定测数据量及精度不能满足线路设计要求，使交叉口段的线路设计与既有道路的标高符合度不够，增大了道路填挖方的工程量。

具体处理流程：线路布设平面后，应由交通工程专业进行路口渠化设计；再由道路专业根据路口实测的地面数据，做交叉口的竖向设计，提供给线路专业。在交叉口竖向设计图中，应根据等高线的体形和疏密清晰地表达交叉的坡度大小、流水方向及其变化情况。线路专业完成纵断面设计之后，提供给道路及排水专业，由其根据线路的标高重新进行竖向设计和排水井设置。三个专业间的反复互动，有助于合理确定线路及道路的变坡点和布置好雨水口，顺接既有道路，减小交叉口的填挖方量，降低工程造价，找到道路与线路都较优化的方案。

城市道路的通行能力受控于平面交叉口，而有轨电车的引入，加大了对交叉口通行能力的影响。在交叉口的规划设计中，应遵循的主要原则：

（1）与现状交叉口的交通组织综合考虑，尽量减少对现状交通组织的改变；

（2）根据各路口交通流特点和地形特点，优化路口的渠化模式，合理引导各交通流向；

（3）对道路时空资源合理分配，提高交叉口的通行能力、减少延误、组织行人安全通过交叉口。

有轨电车线路沿线会存在较多的相交路口，在做路口渠化时，应充分结合道路交通的实际情况，采取系统化的理念，对各要素进行全面细致的考虑。

根据铁路道口事故统计资料和《中华人民共和国铁路法》的有关规定，考虑铁路运量逐年增加，行车速度逐年提高的特点，为减少平行交叉道口人身伤亡事故发生，确保行车安全，铁路与道路交叉时，应当优先考虑立交。轨道线路与道路平面交叉应尽量设计为正交或接近正交，但由于地形条件或拆迁工程等限制需要斜交时，交叉锐角应大于45°，以缩短道口的长度和宽度，并避免小型机动车和非机动车的车轮陷入轮缘槽内的不安全因素。

## 第4节 城市轨道交通收益平衡区规划设计案例

### 一、济南新东站片区总体规划设计

济南新东站片区位于济南市主城区北部，西至大辛河、北至济青高速、东至绕城高速、南至胶济铁路，总用地约46.5km²，东站核心区涵盖东站枢纽，位于东站片区东部，概念规划范围为14km²，核心区城市设计范围5.3km²。济南东客站定位于济南铁路枢纽的三大主要铁路客运站之一，是连接省外重要城市和省内城市群重要枢纽。济南新东站规划区东西向约10km，南北向约5km，场地形态为东西带状。如图2-4所示，济南新东站片区城乡用地总面积4653.98hm²，其中建设用地面积3462.66hm²，分城市建设用地、区域交通设施用地，城市建设用

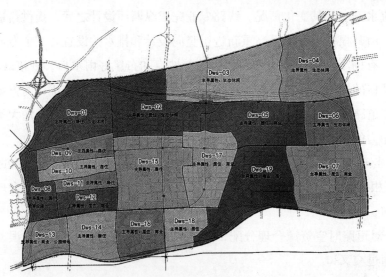

**图2-4 济南新东站片区总体规划设计**

地主要包括居住用地、公共管理与公共服务设施用地、商业服务业设施用地、工业用地、道路与交通设施用地、公用设施用地、绿地与广场用地等7大类、23中类，绿地与广场用地442.90hm²，占城市建设用地比例14.23%。济南新东站片区区域交通设施用地面积59.56hm²，包括交通枢纽用地，交通场站用地，公共交通场站用地，社会停车场用地。济南新东站片区非建设用地1191.32hm²，占总用地的25.60%，主要是水域、其他非建设用地。

## 二、济南新东站片区站点接驳设计

规划文件对济南新东站片区交通接驳的定位是济南对外交通综合枢纽典范。规划总体设计理念是以济南东客站为核心，建成集高速铁路、城际铁路、城市轨道、长途客运、公共交通和出租换乘于一体，多种交通方式无缝衔接的立体化、现代化综合客运枢纽。如图2-5所示，济南新东站可实现高铁、出租车、长途客车、社会巴士、地铁、客运公交、BRT公交，以及私家轿车等多种交通出行方式的换乘与衔接。作为济南新门户，新东站片区站点接驳追求高效、便捷、舒适的综合交通枢纽价值，致力于达成快速高效的对外道路体系、便捷顺畅的大容量公共交通体系，以及以人为本、无缝衔接的换乘环境。新东站站点立体交通接驳，各功能空间由上到下呈立体化布置，各种交通方式换乘便捷。以北广场换乘时间为例，火车到长途候车最近点换乘距离为205m，最近点换乘时间为2.3min，最远点换乘距离为494m，最远点换乘时间为5.5min，平均点换乘距离

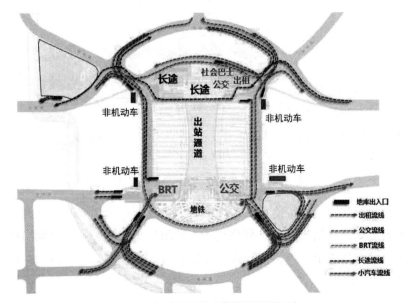

**图2-5 济南新东站交通接驳规划设计**

355m，平均点换乘时间3.9min。充分实现快速到发，人流与车流、交通与环境、交通与建筑相和谐，节能减排的绿色交通系统方案。

## 三、济南新东站收益平衡区

济南新东站片区内规划了住宅用地、居住商业混合用地、商业办公与服务设施用地，如图2-6所示，其土地收益直接用于轨道交通项目建设。规划中的住宅、居住商业混合与商业服务设施用地区域即属于济南新东站的收益平衡区。规划中收益平衡区总建设用地面积295.9hm$^2$，其中住宅用地242.28hm$^2$，居住商业混合用地38.53hm$^2$，可容纳3.9万常住人口，可以满足22.4万人就业，居住容积率为1.8，产业容积率为2.6。收益平衡区中商业与休闲的商业区用地面积89.73hm$^2$，建筑面积85.92万m$^2$。功能定义为商业与商务办公的会议中心及配套用地面积18.21hm$^2$，建筑面积31.41万m$^2$，其中，会议中心建筑面积2.99万m$^2$，酒店建筑面积10.20万m$^2$。

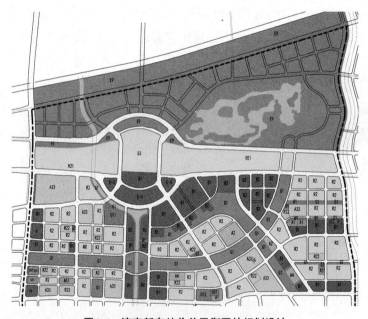

**图2-6 济南新东站收益平衡区的规划设计**

济南新东站片区规划中收益平衡区的土地由济南轨道交通集团负责一级土地整理，整理完成之后通过招拍挂程序进行土地出让。收益平衡区土地出让费用中增值收入直接用作轨道交通设施建设，能够有效保证轨道交通项目的融资与资金使用需求。

# 第三章 城市轨道交通沿线配套工程投资决策

# 第1节　投资决策范围与内容

## 一、投资决策的概念

投资是特定投资主体为了实现预期目标而进行的资本使用活动。按照初始投入资本的转化形式和资本增值途径，投资可分为直接投资和间接投资。直接投资是投资者将其初始资本直接投入生产经营过程，通过供给、生产、销售的循环链条实现回收投资和获取利润的经济行为，其资本运动结果通常表现为建筑物、耐用生产资料等固定资产和原材料、半成品和产成品等存货资产的变化，因此也被称为实物投资。间接投资是投资者在金融市场上将其初始资本转换成股票、债券、期货等金融资产，通过金融资产价格变化获取价差收益或者利用权益人身份从被投资企业获取分红或利息以实现投资增值行为，也被称为金融投资。

投资决策是指投资主体依托一定的理论和方法，经过科学评估和论证以判断投资对象是否具有投资价值的过程。按层次不同，可分为宏观投资决策和微观投资决策。宏观投资决策是从国民经济综合平衡角度出发，对影响经济发展全局的投资规模、投资使用方向、基本建设布局以及重点建设项目、投资体制、投资调控手段和投资政策、投资环境的改善等内容做出抉择的过程。宏观投资决策直接影响到经济持续、稳定、协调、高效地发展，在整个宏观经济决策中具有举足轻重的地位。它的失误往往是国民经济大起伏、大调整的最直接的原因。微观投资决策，亦称为"项目投资决策"，是指在调查、分析、论证的基础上，对拟建工程项目进行最后决断。项目投资决策涉及建设时间、地点、规模，技术上是否可行、经济上是否合理等问题的分析论证和抉择，是投资成败的首要环节和关键因素。微观投资决策是宏观投资决策的基础，宏观投资决策对微观投资决策具有指导作用。[1] 城市轨道交通项目的投资决策属于微观投资决策。

城市轨道交通及其沿线配套工程项目是按照国家主管部门的宏观规划设计，由城市政府负责具体组织实施投资、建设和运营的大型基础设施项目。项目一方

---

[1] 参考何盛明《财经大辞典》，中国财政经济出版社，1990。

面要满足国家宏观空间规划的总体目标，作为全国交通运输网络的有机组成部分，承担提供交通运输服务的职能，满足公众的公共出行需要，具有显著的社会效应。另一方面，城市轨道交通项目具有一般建设工程项目投资的典型特征，其投资过程中涉及大量的土建工程、设备购置、安装调试等业务环节，对产品市场中的设备、原材料、劳动力等生产要素的供求关系和宏观经济增长产生显著影响，具有明显的经济效应。同时，作为城市基础设施投资中资金需求量最大的项目类型，城市轨道交通投资轨道交通系统还具有施工标准高、施工周期长、维护费用多、能源消耗大、资产专用性强、投资回收慢等显著特性，通常会借助金融市场进行融资。城市轨道交通系统的多重属性决定了必须在对投资对象全面分析的基础上，采取科学规范的决策方法以实现项目投资的预期目标。

## 二、城市轨道交通项目产品特征

**1. 准公共产品**

产品分类理论把市场中的产品和服务分为私人产品、公共产品和准公共产品，其分类标准是消费是否具有竞用性和排他性。对于非竞用性，最经典的定义是保罗·萨谬尔森提出的"每个人对这种物品的消费不会导致别人对该物品消费的减少。"非排他性是指消费者消费某商品或服务的同时并不能通过技术手段排除其他消费者对该商品的消费权利。同时具备非竞用性和非排他性的产品或劳务属于公共产品，具备非竞用性和排他性的产品属于准公共产品，二者都不具备的属于私人产品。

城市轨道交通项目的职能是为每一位乘客提供舒适便捷的交通服务产品。城市轨道交通运营机构按照不同的乘坐体验和运送里程设置不同的价格区间，通过车票销售和检票系统实现对乘客购买产品的确认，具有明显的排他性。同时，当客流没有明显超出轨道交通承载范围时，额外增加一个乘客并不会对其他同车乘客的乘车体验产生太大影响，即在常规条件下轨道交通产品具有非竞用性。因此，城市轨道交通提供的是属于兼具非竞用性和排他性的准公共产品。排他性特征赋予了城市轨道交通项目由政府外主体按照进行市场化运营的可能性。

**2. 准经营性**

产品分类理论给出了不同产品的资源配置方式，进而确定了不同产品的提供方式。兼具排他性和竞用性的产品，因其生产成本和消费效用内化，从而具备收费机制和利润核算基础，被定义为经营性项目。经营性项目主要通过市场机制确定价格和产量，以实现利润最大化为目标。公共产品存在"免费搭车"现象，不具备收费能力，但产品具有明显的社会价值，被划分为非经营性项目，主要由政府或其指定机构提供。准公共产品具有排他性，具备一定的收费能力，可以通过市场经营活动获取较为稳定的现金流入。但是准公共产品的非竞用性特征在一定程度上限制了其市场经营活动，当准公共产品追求更多利润而盲目扩大产量时，拥挤效应将会导致非竞用性失效使得部分或者全部消费者的效用减少。因此，准公共产品被归为准经营性项目。

城市轨道交通项目本身具备通过售票和广告投放等途径获取经营收入的能力。在项目运营初期，因为政策性定价和客流不足等原因，项目的营业收入通常不足以抵消巨额投资和运营成本而长期处于亏损状态，定价权的丧失决定了项目无法通过市场调节实现利润最大化，需要政府给予适当的财政补贴或其他优惠政策以弥补亏损。运营初期的城市轨道交通项目属于典型的准经营性项目。随着外部环境的变化和项目运营效率的提高，城市轨道交通项目依靠自身经营性收入的增长和成本的控制实现了盈利，其应由准经营性项目转化为经营性项目，实现由政府投资向市场投资的转变。

城市轨道交通沿线配套工程项目的经营性质与功能各异。其中，收益平衡区项目是为了保障城市轨道交通建设资金需求而对项目沿线特定范围内土地的开发经营，其投资遵循市场竞争原则，属于典型的经营性项目。交通站点接驳工程和市政工程中的道路、绿地、照明、广场等项目是政府提供的公共产品，属于非经营性项目。供水、供电、供气等项目则属于准经营性项目。因此，城市轨道交通系统工程的经营性质具备多样性和阶段演变性，可以采取政府投资和私人投资相结合的方式进行决策。

**3. 外部性**

外部性是指消费行为或生产行为给其他人造成了影响却没有反映在价格之中。当消费或生产行为造成的社会收益大于私人收益时产生正外部效应，反之当消费或生产行为造成的私人成本大于社会成本时产生负外部效应。当社会收益大于私人收益而没有在价格中得到体现时，私人产品供给数量就会低于社会产品数量，导致市场失灵。此时政府应当主动介入，通过提供补贴的方式增加该种产品的供给，实现资源有效配置。

城市轨道交通项目具有明显的正外部性。城市轨道交通项目的投资和建设，除了自身的经营性收益之外，还可以带来巨大的外部收益，例如：能够显著降低居民出行成本，减少出行时间，改善交通拥堵，降低单位能源消耗。投资与建设城市轨道交通项目，有助于降低企业物流成本、增加人员和资金流量，形成新的商业中心，提高沿线土地价值，优化资源空间布局。因此，城市轨道交通项目属于公共投资项目，其投资目的具有公益性，正的外部性特征决定了政府投资的主体性。

综上所述，城市轨道交通产品具有明显的正外部效应，对于促进经济发展、优化空间布局具有重要投资价值。经营性和准经营性的混合经营方式决定了城市轨道交通及沿线配套工程投资可以采取政府主导、市场参与的混合投资模式。

## 三、城市轨道交通项目投资决策的范围

**1. 投资决策的主体选择**

（1）政府主体模式

城市轨道交通项目投资决策的主体是在建设阶段以投资者的身份投入资金并承担项目投资风险的单位或个人。传统的投资理论认为，基于城市轨道交通产品的准公共产品和外部性特征，私人企业部门没有足够的动机进行独立投资和运营，只能以政府作为唯一的投资主体。但是，政府投资主体的唯一性并不意味着投资资金来源的单一性。在实践中，政府可以通过安排财政资金、成立政府信用融资平台、发行政府债券和政策性贷款等方式向社会或私人机构筹资项目建设资金。

（2）企业主体模式

在此模式下，企业作为城市轨道交通项目投资主体，通过市场化运作模式进行资金筹措、项目建设和运营管理。但企业主体模式并不意味着政府完全放弃对城市轨道交通项目投资和运营的监管。香港地铁是企业主体模式的典型成功案例。香港地铁投资企业通过市场化方式筹集资金进行项目建设，并使用政府赋予的地铁沿线土地特许经营权进行商业开发，借助土地增值收益回收投资并成功实现盈利。企业主体模式对拟建项目的经济和社会环境以及企业的运营管理能力有着很高的要求。

（3）政府与企业合作模式

政府与企业合作模式下，政府和企业是城市轨道交通项目的共同投资主体。有投资意向的企业需要按照常规程序完成对城市轨道交通项目的立项和可行性研究决策，并通过竞标环节成为政府的合作伙伴，按照平等协商的原则签订合同，明确双方在出资、建设、运营和项目移交等各个环节的权利和义务关系。相对于政府主体模式，政府与企业合作模式中企业不仅仅承担部分资本金的出资责任，同时享有合同资产在规定区域和时间范围内的特许收益权，并承担项目投资与运营全过程产生的风险。政府在引入社会资本减轻投资压力的同时，可以利用企业

的专业运营能力提高公共产品供给水平,实现政府和企业的双赢。

**2. 投资决策的客体范围**

城市轨道交通工程项目投资决策的客体,即投资对象主要包括三部分:城市轨道交通工程投资、站点接驳工程投资与市政配套基础设施工程投资。

(1)城市轨道交通工程投资

1)建筑工程投资,包括全线车站、区间、轨道、车辆基地等土建工程的建筑工程费。根据《城市轨道交通工程设计概算编制办法》(建标〔2017〕89号)规定,城市轨道交通项目工程费用包括车站、区间、轨道、通信、信号、供电、综合监控、火灾自动报警、环境与设备监控、安防与门禁、通风空调与供暖、给水排水与消防、自动售检票、站内客运设备、站台门、运营控制中心、车辆基地、人防工程等十六个项目组成。建筑工程投资是城市轨道交通投资的主体部分,其投资费用占总投资的60%左右。

2)设备及安装投资,包括车辆、供电、通风空调(含供暖)、通信、信号、给排水与消防、防灾与报警、机电设备监控、自动售检票、自动扶梯和电梯、站台屏蔽门、旅客信息等系统设备及其控制管理设施,车辆基地的维修设备等项目的投资支出。

(2)站点接驳工程投资

城市轨道交通的直接服务范围有限,通过与其他出行方式的有效接驳可以最大限度地延伸服务半径。常见接驳方式包括步行、非机动车、公交车、出租车和社会车辆等五种。在综合交通枢纽中还需要安排与高铁等快速交通工具接驳的必要设施。

步行是最常见的接驳方式,但单纯的步行方式可达范围较小,通常作为与其他接驳方式互联互通的过渡渠道。主要包括城市轨道交通站点内部的走廊、进出车站通道和人行横道。作为步行方式的延伸需要在进出站点附近建设地面非机动车停车区和配套公交及BRT车站。出租车和社会车辆是短途接驳方式的有效补充,需要建设出租车停靠点和社会车辆蓄车区。

(3)市政配套基础设施工程投资

市政配套基础设施投资范围包括六类:一是对外道路、桥梁、涵洞工程;二是综合管廊工程,包括给水、雨水、污水、燃气、电力、通信、热力等七种管线的敷设;三是道路绿化和景观工程;四是智能交通监控工程;五是照明控制工程;六是通信控制工程。

**3. 投资决策的时间分配**

城市轨道交通工程属于大型基础设施工程项目,投资金额大,施工周期长,施工工序复杂，规范标准和严格执行的决策流程管理是实现项目投资科学决策的重要保证。在城市轨道交通项目建设流程中，投资决策位于前期阶段，包括机会研究、编报项目建议书、初步可行性研究、详细可行性研究和评估与决策等五部分内容。为了提高投资决策效率，保证各决策环节既能充分开展决策活动，又能实现有效衔接，不同的决策阶段需要遵循既定的进度安排。具体时间安排如表3-1所示。

决策阶段时间分配　　　　　　　　　　　　　　　　表3-1

| 决策阶段 | 时间安排 |
| --- | --- |
| 机会研究 | 1～3个月 |
| 初步可行性研究 | 4～6个月 |
| 项目建议书 | 1～2个月 |
| 详细可行性研究 | 8～12个月 |
| 评估与决策 | 2～4个月 |

## 四、城市轨道交通项目投资决策内容

投资决策的内容是通过对项目市场需求前景的预测和资源约束条件的分析确定投资的规模和结构，评估可选方案并做出最终选择的过程。具体而言，投资决策的内容分布在以下几个决策环节。

**1. 投资机会研究**

投资机会研究是为了寻求更有价值的投资机会而进行的调查研究，通常聚焦于社会急需的产品和与项目相关的基础条件。根据研究层次机会研究分为一般机会研究和特定项目机会研究。一般机会研究通常由国家有关部门根据产业和行业发展规划，结合地区发展计划进行相关研究并发布规划建议，属于较高层次的宏观方向性研究。特定项目机会研究是根据一般机会研究的建议，结合地域、部门和资源情况，划定具有投资潜力的开发项目。具体到城市轨道交通项目，需要根据国家发布的《综合交通规划》以及《城市总体规划》编制而成的《城市轨道交通建设规划》确定投资机会。

投资机会研究阶段对于潜在投资项目只进行粗略的大致估算，其投资额和经营成本等关键数据的测算一般可通过对既有项目进行类比调整得出，误差率可以扩大到 ±30%。

**2. 初步可行性研究**

初步可行性研究是对具有投资机会的项目在市场前景、资金需求、技术方案和自然环境方面的投资可行性进行初步分析，以初步确定该项目是否具备投资价值和需要进一步详细估算的关键环节。在这一阶段中对于投资额和经营成本的估算更加精确，估算精度一般控制在 ±20% 左右，对于其他经营性指标的估算可适当放宽。

**3. 项目建议书**

项目建议书是投资主体就拟建项目做出总体设想并向项目主管部门提交审批的建议文件。文件主要从国家宏观规划的角度出发分析项目投资建设的必要性，并提出项目建设规模和选址的初步设想，对项目的投资规模、资金筹措和还本付息计划做出合理估算，对项目的直接经济效益和间接社会效益进行初步估计，对项目的环境影响进行初步评估，以论证项目投资建设的可行性。

城市轨道交通项目建议书编制完成后，由省级发展改革委会同城乡规划和住房和城乡建设的相关部门进行初审，按程序向国家发展改革委报送并经国务院审批。批复后的项目建议书是后续详细可行性规划的重要依据。

**4. 详细可行性研究**

详细可行性又称技术经济可行性研究，其主要任务是在对项目投资的必要性展开充分论证的基础上，利用详尽的财务数据对项目可选方案的技术可行性和经济可行性进行计算和评价并给出投资建议，为项目的最终决策提供科学依据。

按照国家现行有关规定，城市轨道交通项目的详细可行性研究一般包括如下内容：

（1）项目建设背景

说明项目名称和地点、建设单位概况，基于城市和交通规划明确上位规划对于项目的影响。分析项目背景和研究依据，从总体宏观规划和地区经济发展的角度论证项目建设的必要性和紧迫性。

（2）市场分析

分析项目沿线交通路网分布与衔接情况，定位项目在交通路网中的职能。预测客流量与分布特征，确定系统设计运输能力、行车组织、运营管理、运营服务、运营安全系统等总体技术标准和管理方案。

（3）项目建设方案

总括说明项目建设总体方案，分项说明土建工程、设备系统和项目实施方案。说明项目与其他交通设施接驳的设计与施工方案。

（4）专项设计

分项说明项目在能源节约措施与预期效果；预测建设施工过程对环境产生的影响，提出环境保护和文物保护措施。分析并提出卫生防疫、防洪与人防等方面的专项措施与方案设计。

（5）征收补偿与安置方案

说明征收项目和征收数量，测算补偿费用，给出征收补偿及安置方案。

（6）投资估算及资金筹措

正确估算工程建设投资费用，安排资金筹措和贷款偿付。

（7）建设项目财务评价

根据工程项目投资估算、收入和成本费用预测数据，计算项目的相关指标，从企业的视角考察项目的盈利能力和偿债能力等经济特征，评价项目的财务可行性。

（8）建设项目国民经济评价

以项目的财务数据为基础，利用影子价格、影子工资、影子汇率和社会折现率等测算相关指标，从宏观资源配置的角度考察项目给国民经济带来的效益和费用，评价项目的经济可行性。

**5. 评估与决策**

项目投资主体组织相关专家对详细可行性研究报告提供的信息进行最终的比较和判断，确定选择最优投资方案的过程。评估过程中应该明确项目投资建设的紧迫性和必要性，审视建设项目与相关城市规划和交通规划文件的合规性，评估项目总体技术标准的合理性，确定项目建设方案的可靠性，核实投资额和成本费用等关键财务数据的稳健性，保证项目的经济性，关注项目的创新性，以做出是否进行项目投资的最终结论。

## 第2节　投资决策理论方法与应用

### 一、静态投资决策理论

静态投资评价是早期发展起来的投资决策理论，是在不考虑时间价值的情况下，通过投资额、收益、成本、利息和利润等财务数据构建指标对项目进行评价的决策方法。静态投资决策理论最大的特点是计算方法简单，评价标准明确。在不需要精确计算的项目建议书阶段或者投资期限较短且每年收益大致变动不大的投资项目，静态投资决策方法尤为适用。静态投资决策理论的不足之处是评价指标较多地使用了利润、收入等财务数据，而财务数据是依据基于"权责发生制"

设计的财务会计制度的相关规定计算得出,容易受到政策变更的影响,具有一定程度的主观性。静态投资决策理论的评价指标主要有:

**1. 静态投资回收期($P_t$)**

静态投资回收期,是指利用项目的净收益回收总投资所需要的时间期限,一般从项目建设年度开始计算。静态投资回收期指标能够较好地反映项目的投资风险大小和资金周转能力。缺点是不涉及回收期后续期间项目的收益分布情况,无法确定项目在整个寿命期内的盈利水平,不能全面反映项目的真实收益。在实践中经常被视为一种辅助指标,不能单独使用。静态投资回收期的计算,如式(3-1)所示。

$$\sum_{t=0}^{P_t}(CI-CO)_t = 0 \qquad (3-1)$$

式(3-1)中,$P_t$——静态投资回收期

$CI$——第t年的现金流入量

$CO$——第t年的现金流出量

**2. 总投资收益率(ROI)**

总投资收益率,是指项目在经营期间正常年份的息税前利润或者年平均息税前利润与总投资的比值,用以反映每一单位投资通过经营活动创造的价值增值。总投资收益率越高,从项目所获得的息税前利润就越多,项目的盈利能力越强。总投资收益率指标的计算与资金来源和融资方案无关,常用于项目融资前分析。总投资收益率的计算,如式(3-2)所示。

$$ROI = \frac{EBIT}{TI} \times 100\% \qquad (3-2)$$

式(3-2)中,$ROI$——总投资收益率

$EBIT$——息税前利润

$TI$——项目总投资

**3. 资本金净利润率(ROE)**

资本金净利润率,是指项目运营期间年净利润与项目资本金的比率。资本金净利润率反映单位资本金可为投资者创造价值的能力。资本金净利润率越高,项目的盈利能力越强。资本净利润率的计算,如式(3-3)所示。

$$ROE = \frac{NP}{EC} \times 100\% \qquad (3-3)$$

式(3-3)中,$ROE$——资本金净利润率

$NP$——运营年份年平均净利润

$EC$—项目资本金

### 4. 利息备付率（$ICR$）

利息备付率，是指在项目借款偿还期内，每年得息税前利润与当期应付利息费用的比率，反映项目收益覆盖债务利息的能力。利息备付率越大，说明偿付利息的能力越强。通常要求项目的利息备付率应该大于1。利息备付率的计算，如式（3-4）所示。

$$ICR = \frac{EBIT}{PI} \times 100\% \quad (3\text{-}4)$$

式（3-4）中，$ICR$—利息备付率

$EBIT$—息税前利润

$PI$—入当期费用得应付利息

### 5. 偿债备付率（$DSCR$）

偿债备付率，是指在项目借款偿还期内，每年可用于还本付息的资金与当期应还本付息金额的比值。偿债备付率反映项目可用于偿还债务本息的资金对于当期待偿债务的保障能力。偿债备付率数值越高，说明项目偿付本息的能力越强。通常要求项目的偿债备付率应该大于1。偿债备付率的计算，如式（3-5）所示。

$$DSCR = \frac{EBITDA - Tax}{FD} \quad (3\text{-}5)$$

式（3-5）中，$DSCR$—偿债备付率

$EBITDA$—息税前利润加折旧和摊销

$Tax$—企业所得税

$FD$—当期应付本息额

### 6. 资产负债率（$LOAR$）

资产负债率，是指项目负债总额与资产总额的比值。资产负债率反映所有资产的账面价值对债务总额的保障能力。通常情况下，资产负债率数值越小，表明项目总体偿债能力越强。资产负债率的计算，如式（3-6）所示。

$$LOAR = \frac{TL}{TA} \times 100\% \quad (3\text{-}6)$$

式（3-6）中，$LOAR$—偿债备付率

$TL$—期末负债总额

$TA$—期末资产总额

## 二、现金流量折现法

### 1. 现金流量折现法的概念

现金流量折现法,是基于货币时间价值的理念,利用项目的现金流量数据和构建指标体系对项目的财务可行性进行评价的方法,也称为动态评价方法。现金流量折现法能够有效地避免静态投资决策方法的不足,是项目决策中最常用的方法。现金流量折现法之下,常见的评价指标有:

(1) 现金流量

财务评价中的现金,包括企业库存现金、银行存款、其他货币资金和现金等价物以及其他资产的变现价值。现金流量($CF$)是投资项目在其计算期内各个时点上的现金流出或现金流入。现金流出($CO$)是在某一时点上流出项目的货币量,包括投资、运营成本和税收等。现金流入($CI$)是在某一时点上流入项目的货币量,包括销售收入、变现收入和回收流动资金等。净现金流量($NCF$)是现金流入和现金流出之差。

现金流量以"收付实现制"为基础进行统计核算,计算结果比较客观,不受财务制度变动的影响,有利于做出科学的决策。

(2) 资金时间价值

资金时间价值,是一定数额的资金随着时间的推移而产生的增值。从投资者的角度理解,是资金作为生产要素被投入到再生产与交换过程中,通过劳动者在生产过程中创造的剩余价值实现资本的增值。从消费者的角度看,资金的时间价值体现为对放弃现期消费的损失所做出的必要补偿,其实质是对剩余价值的分享。

由于资金时间价值的存在,相同金额的资金在不同的时间点具有了不同的价值,使得通过计算项目的收入、成本费用和投资数据进行静态加总计算得出的投资结论并不能很好地反映项目的真实投资价值。需要通过等值换算,将项目周期内所有时点的数据统一计算到某一特定时点再进行加总计算,使投资评价具备可比基础。资金时间价值的相关计算如式(3-7)到式(3-10)所示。

(1) 一次支付终值计算,如式(3-7)所示。

$$F = P(1+i)^n \tag{3-7}$$

(2) 一次支付现值计算,如式(3-8)所示。

$$P = F(1+i)^{-n} \tag{3-8}$$

(3)等额支付终值计算,如式(3-9)所示。

$$F = A\left[\frac{(1+i)^n - 1}{i}\right] \quad (3-9)$$

(4)等额支付现值计算,如式(3-10)所示。

$$P = A\left[\frac{(1+i)^n - 1}{i(1+i)^n}\right] \quad (3-10)$$

式(3-7)到式(3-10)中,$P$——现值

$F$——终值

$i$——基准折现率

$n$——计息周期次数

$A$——等额支付金额

**2.现金流量折现分析方法**

(1)净现值法($NPV$)

净现值法是利用净现值的大小评价方案的可行性的方法。净现值是指按事先确定的基准折现率,把项目寿命期内各年的净现金流量折现到基期求得的现值之和。净现值法考虑了整个计算期的现金流入、流出情况和货币的时间价值,是最常用的动态投资评价方法。净现值的计算,如式(3-11)所示。

$$NPV = \sum_{t=1}^{n}(CI - CO)(1+i)^{-t} \quad (3-11)$$

式(3-11)中,$NPV$——净现值

$CI$——现金流入量

$CO$——现金流出量

$i$——基准收益率

$n$——项目寿命期

(2)内部收益率法($IRR$)

内部收益率是使项目计算期内的净现值等于零时的贴现率。按照这种贴现率,项目的所有投资和利息在寿命期末正好可以全部收回。内部收益率的大小是由项目的初始投资额和运营期内的净现金流量的大小和时间点分布决定的,不依赖于金融市场资金利率的变动,是一种客观收益率。其他条件不变的情况下,内部收益率越高,方案的经济性越好。因此,内部收益率常被视为项目进行金融市场融资的最低收益率。其计算如式(3-12)所示。

$$\sum_{t=1}^{n}(CI - CO)(1+IRR)^{-t} = 0 \quad (3-12)$$

式（3-12）中，*IRR*—内部收益率

*ICI*、*CO*、*n* 同式（3-11）。

（3）敏感性分析

净现值法和内部收益率法都遵循共同的假设条件：项目评估过程中使用的所有现金流量数据都是确定会发生的，即在确定性条件下进行的投资决策。投资决策阶段作为前期阶段，其使用的所有数据都是基于预测的最有可能发生的数据，当投资、销售收入、经营成本、销售价格、建设期等关键因素中的一个或者多个发生变化时，净现值或者内部收益率的计算结果就会发生偏移，导致项目的可行性受到影响，甚至结论发生反转。因此，为了保证项目评价结论的稳健性，需要对项目进行不确定性分析。

敏感性分析是项目不确定性分析中的一种常用方法，是在确定性分析的基础上，选择未来最可能发生变动的因素作为不确定性因素，进一步分析不确定性因素的变动对投资项目的评价指标的影响程度。按照分析过程中同时变动的不确定因素的数量，敏感性分析分为单因素敏感性分析和多因素敏感性分析。单因素敏感性分析是最常使用的方法，其假定不确定因素之间是相互独立的，一个因素的变动不会对同时的其他因素产生影响。假设所有的不确定因素同时发生相同的变动幅度，然后逐个计算单一因素引起的评价指标的变动幅度，通过比较敏感度系数来对敏感因素进行排序。敏感度系数的绝对值数额越大，则评价指标对该因素越敏感。敏感度系数的计算，如式（3-13）所示。

$$\beta = \frac{\Delta A}{\Delta F} \tag{3-13}$$

式（3-13）中，$\beta$—敏感度系数

$\Delta A$—A指标的变动率

$\Delta F$—F要素额变动率

除了根据敏感度系数对不确定因素进行排序，有时候还需要计算不确定因素变动的临界值，即不确定因素做不利方向变动从而导致项目不再可行的最大范围。通过敏感性分析，可以筛选出敏感度高的决策因素，通过对这些因素的进一步详细分析和采取必要措施，保证项目的可行性，从而提高项目投资决策的可靠性。

（4）风险评价

敏感性分析通过定量分析的方法帮助投资者确定了在方案实施过程中需要重点控制和关注的因素，并对因素发生不利变化时对评价指标的影响程度进行了核算，但没有考虑到不同因素发生不利变化的概率问题。即可能存在这样一些可能：

某些敏感系数高的因素发生变动的可能很低，对项目的实际影响有限。而某些敏感系数较低的因素发生不利变动的概率却很高。因此，为了科学决策，需要对不确定因素进行风险评价，常见的风险评价方法有决策树法和蒙特卡洛模拟法。

1) 决策树法

决策树法是一种概率分析方法，适用于只有一个或两个呈离散分布的随机变量情况下的风险分析。决策树由两种节点和分支组成。在决策树根部的节点是决策点，从决策点引出的分支称为策略分支，每个策略分枝代表一种可选方案。从策略分支上衍生出来的节点是状态点，状态点可以继续引出概率分支。在风险决策中，首先需要在投资、经营成本和销售价格等因素中筛选风险因素，然后分析各种风险因素可能发生的各种状态及相应状态的分布概率，将相关数据分别标记在概率分支上。继续求取对应状态及概率下的各因素的现金流量分布及对应评价指标的数额，通过加权计算得出该方案的损益值并标记于状态点。最后对不同的状态点两两比较进行剪枝，损益值最大的方案即为决策点的最优方案。决策树法的基本形式如图3-1所示。

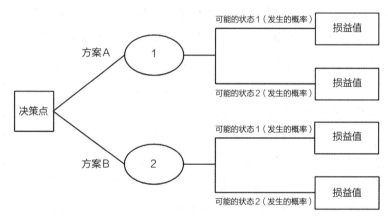

**图3-1 决策树**

2) 蒙特卡洛模拟法

蒙特卡洛模拟法是一种常用的定量风险分析工具，是在项目的敏感性分析的基础上选取风险随机变量，然后计算该变量在离散或连续分布情况下的概率分布并对照随机数表求取变量的随机数模拟输入变量。确定项目的经济评价指标并根据相关基础数据的变动区间计算评价指标值，最后根据模拟结果得到评价指标的概率分布及累计概率计算表，通过项目评价指标值与预期目标值的偏离程度对项目的风险大小做出判断。

**3. 现金流量折现法的缺陷**

现金流量折现法计算过程简单，指标含义明确。在项目投资金额受限，且项目投产后的运营年限和年净现金流量等基础数据相对准确的情况下，按照可行的基准收益率计算得出的动态投资指标具有较大的可信度和投资决策参考价值。但是，现金流量折现法也存在明显的不足，主要表现在以下几个方面：

（1）经济环境、政治环境和自然环境是动态变化的，投资项目的投资支出和未来投资收益具备不确定性，使得依赖确定性条件进行决策的现金流量折现法的效果不够准确。现金流量折现法可以通过调整风险收益或者调整风险收益率的方式在一定程度上弥补这个缺陷，但这两种调整方式对于未来风险较大同时风险收益较高的项目，或者前期风险收益较小后期风险收益较大的项目的计算结果偏低，依据计算结果对于未来存在巨大投资潜力的新兴项目存在误判的可能。

（2）投资的部分不可逆性。传统投资决策理论对于投资存在两个潜在假设：一是，当项目的净现值大于零时，在期初的时点进行投资是可行的，反之则放弃投资，不存在中途改变投资决策的可能。二是，投资完成后的运营期间内任何时点终止项目时，都可以在有效市场收回初始投资，即投资是完全可逆的。基于资产专用性的特点，大多数投资过程是不可逆或者部分不可逆的。而现金流量折现方法忽视了这种特征，导致在市场经营环境发生较大的不利变化的情况下，部分期初被断定为可行的投资项目的后续运营出现困难，产生较大的经营损失。资产专用性的特征导致投资剩余价值无法回收或者延缓回收，丧失投资调节能力。

（3）投资项目的柔性决策。现金流量折现法假定项目在全寿命周期内的现金流量分布与期初预测时保持一致，无论是投资还是经营期间的数据都不发生变化。这意味着项目的管理层不存在调整投资和运营的动机。但事实上，追求利润最大化的理性项目管理者更倾向于采取柔性决策策略。即在项目期初，基于当期所获得的最可能信息做出了投资的决定，同时根据后续经营管理过程中市场环境的变化和企业经营业绩的情况对今后项目的投资价值进行持续修正，及时做出继续投资或退出清算的调整意见。柔性决策要求现金流量折现法保持动态调整以便对项目的投资价值做出科学判断。

（4）敏感性分析中经常采用的是单因素敏感性分析法。事实上各种不确定性因素之间并不是相互独立的，多因素敏感性分析在理论上是更有效的选择。但是，在实践中多因素同时变动的敏感性分析计算较为复杂，并且随着敏感因素的增加，从中识别每一个具体因素的敏感系数和临界点变得越发困难。

（5）决策树分析方法能够直观地展示不同要素的概率分布与损益结果。但是当决策变量增加或者变量呈现连续分布的情况下，决策树可能变得更加繁杂从而降低了决策效率。蒙特卡洛模拟法克服了决策树法的缺陷，可以用于进行连续分布变量的风险分析，但是也存在一定的局限性。要提高蒙特卡洛概率拟合的精确程度，需要掌握对于拟投资项目敏感因素的概率分布、期望值、方差等指标的客观数据。这些数据通常通过对项目历史资料的整理或类似项目的比对的途径取得，但是对于城市轨道投资项目而言历史资料难以获取，且类似项目往往因为区位差异降低了数据的可比性。数据的不可得性限制了蒙特卡洛模拟方法的适用性。

### 三、实物期权投资决策方法

传统投资决策方法没能很好地考虑现实中的不确定性因素，其投资决策的参考价值在某些情况下受到限制。更重视不确定性条件下金融产品投资决策行为的期权概念被引入到了实物投资领域，发展出了实物期权投资决策理论。

**1. 实物期权的概念**

期权是在金融市场上由期货发展出来的一种金融衍生工具，其核心是赋予合约所有人在规定时间按照规定的价格买入或卖出标的资产的权利。金融期权理论被广泛用于充满不确定性的金融产品决策，其实质是对于选择权的决策。1977年，麻省理工学院的斯图尔特·迈尔斯教授最早认识到金融期权理论对于实物资产投资项目的指导意义，强调了一个投资项目所能产生的现金流量价值来自目前所持有的资产的使用和未来投资机会的选择。企业可以取得一项在未来以一定价格取得或出售某项实物资产的权利，而此项权利的价格可以利用金融期权定价模型计算得出。因为标的资产为实物资产，所以称之为实物期权[①]。

根据实物期权的定义，一项实物投资的价值等于其在确定性条件下的投资价值加上未来不确定性决策带来的实物期权价值。实物期权大致分为六种类型：扩张投资期权、增长投资期权、延迟投资期权、收缩投资期权、放弃投资期权和转换投资期权，分别对应项目投资和运营的不同阶段所面临的不确定条件应采取的投资调整策略。与传统投资理论相比，实物期权投资理论更加注重对未来不确定性条件下投资价值的动态战略调整决策。

**2. 实物期权投资决策理论的适用条件**

实物期权理论的初衷是配合柔性管理，评估项目投资中面临的不确定带来的价值变动情况。当项目本身具有很强的确定性，或者虽然存在一定的不确定性，但不确定性不会对项目的投资价值产生显著影响的情况下，传统的投资决策方法

---

① 参考Myers《Government intervention in investment by Chinese listed companies that have diversified into tourism》，1997。

就可以做出有效的决策，此时并不需要使用实物期权方法。当项目未来的投资和运营存在明显的不确定性，且不确定性价值的存在足以对原有的投资决策产生重大影响，以致需要采取延迟、停止、转换或扩张投资等战略转换的情况下，使用实物期权投资决策方法能够有效地弥补传统评价方法的不足。

具体而言，当项目投资周期较长，需要进行多阶段的投资决策，或项目未来现金流量波动性较大、不易准确预测的，或者是否存在决策机会暂时不能准确确定[①]，需要观察事态进展再做出决策调整的情况下，实物期权法拥有独特的决策优势。

城市轨道交通项目具有投资金额巨大，建设和施工周期长，未来投资回报不确定性强等显著特征，作为城市骨干基础设施同时存在不可逆和不可转换的投资属性。在实际的投资过程中，城市轨道交通通常按照城市交通规划的要求施行分线建设，分段施工，组网运行。每一个在建城市轨道交通项目的投资和运营情况，都可以作为下一个项目进行投资策略选择的重要参考依据，具备期权价值。因此，城市轨道交通项目适合参照实物期权理论进行投资决策。

### 3. 实物期权投资决策方法

（1）实物期权定价原理

按照标的资产的价值变化特征，期权理论先后发展出了两种定价模型：布莱克和斯科尔斯于1973年创立的Black-Scholes模型（简称B-S模型），以及考克斯、罗斯、鲁宾斯坦于1979提出的二项式定价模型。

B-S模型是资产价值连续变动条件下的期权定价模型。布莱克等人基于有效市场的连续交易、不存在无风险套利机会、股票价格遵循几何布朗运动等七条严格假设条件，推导出了风险中性条件下看涨期权和看跌期权的定价公式。模型的分析过程显示，金融期权的价格主要由股票的现在价格、股票的执行价格、期权的有效期、股票价格的不确定性和无风险利率等因素决定的。所有这些因素的数据都可以通过对金融市场标的股票等观察得到。

二项式定价模型是离散条件下的期权定价模型。该模型构建了一个无套利机会下的股票与期权的无风险投资组合，在有效市场中，无风险组合的收益率一定等于市场无风险收益率。因此通过观察市场无风险收益率和股票价格的变动情况，就可以计算得出某一确定日期的某项期权的价格。

在金融期权定价理论应用于实物期权的过程中，大多数金融期权定价因素都

---

① 参考Amram与Kulatilaka合著《Real Opitions：Managing Strategic Investment in an Uncertain World》，Harvard Business School Press，1998。

可以在实物期权中找到替代因素，相关变量对应关系如表3-2所示。但是不同于股票等金融资产，实物资产或项目通常不存在可观察到的连续交易市场，即项目价值的波动率通常难以直接获取。梅森和默顿等学者根据复制原理，提出"孪生证券"的原理，即在金融市场上寻找与标的实物资产具有相同或者相似风险特征的证券，利用该证券的价格波动信息替代标的实物资产的价值波动率。如果不存在孪生证券，也可以通过对比类似投资项目的波动率获取相关信息，但是信息的联系性和可比性会受到较大影响。

**金融期权与实物期权变量对应表** 表3-2

| 变量 | 金融期权 | 实物期权 |
| --- | --- | --- |
| 标的资产 | 股票价格 | 期望现金流量的现值 |
| 执行价格 | 固定股票价格 | 投资成本的现值 |
| 到期时间 | 固定日期 | 投资机会消失为止 |
| 风险类型 | 股票价值的波动率 | 项目价值的波动率 |
| 利率选择 | 无风险利率 | 无风险利率 |

（2）实物期权决策程序

对于不确定性价值的计算是实物期权法的最大优势。因此，实物期权决策理论将确定条件下的净现金流贴现法和不确定条件的实物期权法相结合，可以实现对投资项目价值的全面准确核算。项目的投资价值计算，如式（3-14）所示。

$$ENPV = NPV + C \tag{3-14}$$

式（3-14）中，$ENPV$—项目投资价值

$NPV$—净现值

$C$—实物期权价值

基于式（3-14），特里杰奥吉斯等人提出了一种较为完整的实物期权分析框架。其中，项目净现值的计算参照传统方法完成。以城市轨道交通项目投资决策为例，对于实物期权价值的计算按照如下程序进行。

第一，进行不确定性分析。分析投资项目在政策法规、市场前景、技术方案、营业收入、运营成本、修缮维护和商业开发等环节存在的不确定因素，对不确定因素进行深入剖析，选取对项目投资价值存在重大影响的不确定因素作为价值评估对象，并确定这些因素在投资决策中的期权价值类型。

第二，根据项目特点选择适当的期权定价模型。城市轨道交通项目建设和运营周期较长，其价格变动时持续进行的，可以选择B-S模型进行价值评估。

第三，搜集数据实施评估。实物期权价值计算所需要的数据中，标的资产的现值利用项目现金流量表通过净现值法计算得出，投资成本的现值通过投资计划

表的数据计算得出，到期时间按照评估目标选取投资项目的建设时间或者运营时间，项目价值的波动率选取同类上市公司的股票的同期价格波动率替代，无风险利率通常用同期国债利率表示。将相关数据代入期权定价模型即可得出项目在选定日期的期权价值。

第四，计算项目价值，做出投资决策。根据式（3-14），计算得出项目在考虑不确定性条件下的价值。当项目价值大于项目的执行成本时，可采取执行项目或者扩大投资的决策以扩大收益。如果项目价值小于执行成本，应当适时做出延迟投资甚至放弃投资的决策以及时止损。

实物期权理论对于不确定性条件下投资主体柔性决策的描述与现实中的投资决策过程更加吻合，因此理论上利用实物期权决策方法计算得出的项目投资价值更加接近项目的真实价值。但在实践中轨道交通项目的交易频率通常远远低于孪生证券的交易频率，其投资价值通常也并不满足几何布朗运动的假设，计算过程相对复杂。理论与实践的错位在一定程度上降低了实物期权理论在实际决策中的应用价值。

## 第3节　城市轨道交通投资决策的评价

### 一、财务评价

财务评价是从企业的角度出发对拟建项目的财务可行性做出的判断。一般是基于对项目的投资支出、经营收入、成本费用等因素的测算构建反映项目的盈利能力和偿债能力的经济指标，对比相关指标的判别规则，给出拟建工程项目财务状况的评价意见。按照《建设项目经济评价方法与参数》(第三版)中的说明，对有营业收入的项目应进行财务评价。

**1. 财务评价规则**

（1）盈利能力指标

1）投资回收期指标（$P_t$）。该指标是反映项目盈利能力的反向指标。投资回收期越短，回收速度越快，项目风险越小。投资主体通常会预设基准回收期 $P_c$。当 $P_t \leqslant P_c$，项目可行；反之则不可行。

2）投资收益率（ROI）。该指标是反映项目盈利能力的正向指标。指标值越大，项目盈利能力越强。当项目的总投资收益率高于以行业收益率为基础设定的目标收益率时，则判别该项目盈利能力达标。

3）资本金净利润率（ROE）。该指标是反映项目盈利能力的正向指标。指标值越大，项目盈利能力越强。当计算出来的总投资收益率高于以行业收益率为基础设定的目标收益率时，则判别该项目盈利能力达标。

4）净现值（NPV）。该指标是反映项目绝对盈利能力的正向指标。指标值越大，项目盈利能力越强。评价单一投资方案时，当NPV≥0，表明投资方案在财务上是可行的。当用净现值指标进行多方案选优时，在所有可行的方案中，选择净现值最大的方案作为最优方案。

5）内部收益率（IRR）。该指标是反映项目相对盈利能力的正向指标。当指标被用于单一投资项目的财务评价时，其评判规则是：项目的内部收益率大于投资方设定的基准收益率时，则该项目可行。对于多个投资项目的优选，内部收益率指标较大的项目，并不一定是最优的选择，还需要结合净现值等指标进行综合评判。

（2）偿债能力指标

1）利息备付率（ICR）。该指标是反映项目短期偿债能力的正向指标。指标值越大，项目短期偿债能力越强。一般而言，项目的利息备付率至少应该大于1。

2）偿债备付率（DSCR）。该指标是反映项目长期偿债能力的正向指标。指标值越大，项目短期偿债能力越强。一般而言，项目的利息备付率大于1时，其债务保障能力较强。

**2. 财务评价的程序**

在财务评价活动中，以利润核算为中心的静态财务评价指标容易受到财务会计制度变更的影响，评价结果带有一定的主观性。以现金流量为基础计算的动态财务指标客观性强，适用范围更强。利用动态财务指标进行财务评价的实施程序，如下：

（1）计算工程项目各阶段的现金流量

1）投资估算

工程项目总投资是指从建设前期的准备工作到项目建成竣工投产为止所发生的全部投资费用，通常由建设投资、建设期利息和流动资金投资组成。具体包括：

①设备及工器具投资

设备购置费是指为建设工程购置或自制的，满足固定资产标准或特征的设备、工具、器具的费用。工具、器具及生产家具购置费是指新建项目或扩建项目必须购置的不够固定资产标准的设备、仪器、工卡模具、器具、生产家具和备品备件的费用。

②建筑安装工程投资

建筑安装工程投资由建筑工程费和安装工程费两部分组成,包括直接费用、间接费用、利润和税金。

直接费用包括直接工程费和措施费。直接工程费包括施工过程中耗费的人工费、材料费和施工机械使用费。措施费是指为完成工程施工发生在非实体项目的费用,包括环境保护费、文明施工费、安全施工费、临时设施费、夜间施工费、二次搬运费、大型机械设备进出场及安拆费、施工排水、降水费、已完工程及设备保护费、钢筋混凝土模板及支架费、脚手架费等费用。

间接费用主要包括规费和企业管理费。其中,规费是按照政府和有关部门规定交纳的费用,包括工程排污费、工程定额测定费、社会保险费和住房公积金。企业管理费是指投资部门组织施工和经营管理所需费用,主要包括管理人员工资、办公费、固定资产使用费、劳动保险和职工福利费、检验试验费、工会经费和职工教育经费等费用。

③工程建设其他费用

指除设备及工器具购置费用和建筑安装工程费用之外,为保证工程项目的正常建设和使用而发生的各项费。包括建设单位管理费、工程建设监理费、前期工作咨询费、勘察费、设计费、工程保险费、招标代理费、环境影响咨询服务费、施工图审查费、竣工图编制费、建设场地准备费、造价咨询费、地震安全评估费、水土保持咨询服务费、联合试运转费、第三方基坑监测费等。费用金额按照政府规定相应基数和提取比例计提。

④预备费

在初步设计和设计概算中,考虑建设期可能发生的风险因素而增加的建设费用。包括基本预备费和涨价预备费。基本预备费用于项目建设过程中难以预料的支出,包括设计变更和不可抗力等导致的费用增加。涨价预备费用于项目建设期间因要素价格变化引起投资增加,包括人工、材料、施工机械的价差费和利率、汇率调整等增加的费用。

⑤建设期贷款利息

项目在建设期内因使用债务资金而支付的利息。因贷款发放和使用的具体时间不明确,因此一般假设贷款在当年平均支用。建设期贷款利息的计算,如式(3-15)所示。

各年应计利息=(年初借款本息累计+本年借款/2)× 有效年利率　　　（3-15）

2）费用估算

运营期总成本是项目投产后为了维持正常运营而消耗的资源价值。包括外购原料、燃料和动力成本、工资及福利费成本、固定资产折旧费、无形资产摊销费、修理费、运营期利息和其他费用。总成本费用扣除折旧费、摊销费和利息支出之后的剩余部分被称为经营成本，用于核算经营期项目的现金流出金额。

3）收入估算

营业收入是项目投产后通过销售商品或提供劳务所获得的资源流入，通常由预期的产品销售价格与产品销售量计算得出。营业收入构成投资项目现金流入的主要部分。

4）计算增值税金及附加

增值税金及附加是项目经营过程中生产或购买应税商品或劳务而产生的纳税义务。一般包括增值税、消费税、城市维护建设税、教育费附加和地方教育费附加、资源税。在这些项目中，增值税属于价外税，其税额计算影响项目当期现金流入和流出金额，但不影响净现金流量。其他税种的发生会导致现金流出。

5）计算利润并进行利润的分配

利润反映了一定期间内生产经营活动的经营成果。在项目投资决策时，通常假定项目运营期间没有其他业务发生，也不存在政府补贴和债券投资收益，项目的所有现金流量均来自产品生产和销售。则利润等于营业收入减增值税金及附加减总成本费用。

（2）编制财务报表

根据相关数据编制建设投资估算表、流动资金估算表、营业收入和增值税金及附加估算表、利润表、总成本费用估算表等辅助报表。在项目的投资决策阶段主要进行的是融资前分析，即在不考虑融资比例和融资条件的情况下，考察项目自身的净现金流量对投资成本的覆盖情况。

（3）计算财务评价指标

使用财务数据和现金流量数据，按照投资项目性质分别选用国家指定使用的基准利率或者行业分类参考基准的收益率作为折现率，计算静态投资回收期、总投资收益率、资本金净利润率等静态指标和财务净现值、财务内部收益率、动态投资回收期等动态指标。

（4）判断项目财务可行性

## 二、国民经济评价

### 1. 国民经济评价的概念

国民经济评价是在合理配置社会资源的前提下,从国家经济整体利益的角度出发,计算项目对国民经济的贡献,分析项目的经济效率、效果和对社会的影响,评价项目在宏观经济上的合理性。对于关系公共利益、国家安排和市场不能有效配置资源的经济和社会发展的项目,除应进行财务评价之外,还应进行国民经济评价[1]。

为了提高投资决策的科学性和规范程度,2006年7月,国家发展改革委会同建设部组织相关单位和专家共同编制完成了《建设项目经济评价方法与参数》(第三版)。这本书参考借鉴国际上不同国家投资项目评价的经验做法,结合我国投资评价实践,修正和制定了一套完善的经济评价方法与参数体系,成为指导不同行业进行财务评价和国民经济评价的权威纲要。

城市轨道交通项目属于国家重大基础设施建设项目,能够为社会提供准公共产品,并且具有降低要素成本以推动长期经济增长的正外部性特征,因此需要对城市轨道交通投资项目进行国民经济评价。

### 2. 国民经济评价的内容

城市轨道交通项目国民经济评价一般是在财务评价的基础上进行的,和财务评价遵循共同的评价原理。但这两种评价方法在评价内容上也存在一些区别,主要包括两点:一是国民经济评价主要通过识别并比较投资项目的国民经济效益和国民经济费用来对项目进行评价。这一点是与财务评价的根本区别。所谓投资项目的国民经济效益是该投资项目对国民经济而不是项目投资者所做出的贡献,而国民经济费用是国民经济为项目所付出的代价[2]。因此国民经济评价的重点是有效识别效益和费用要素并使用影子价格对其价值进行调整。第二点区别是国民经济评价采用较为统一的社会折现率而不是项目折现率计算评价指标。

(1) 搜集基础数据

第一类数据是宏观经济数据,主要包括项目所在地区及沿线项目辐射地区的

---

[1] 国家发展改革委,建设部《建设项目经济评价方法与参数》,中国计划出版社,2005。
[2] 参考"铁路投资项目国民经济评价问题研究"课题组《铁路投资项目与国民经济的相关性及费用效益识别——铁路投资项目国民经济评价问题研究之三》,数量经济技术经济研究,2001。

市场经济机制完善程度、经济社会发展水平、就业和物价水平、人力资源和水力资源等资源要素分布和环境承载能力等宏观背景资料。第二类数据是项目的收入和费用数据。城市轨道交通项目的收入数据主要包括公里票价、日均乘客发送量和到达量、广告和出租收入等。费用数据包括主要包括资金来源与融资金额、还本付息费用、土地拆迁安置费用、土建费用、固定资产分项投资计划、配套流动资金、运营成本包括职工人数和工资价格、用电数量及单位电价、维护和维修费用等数据。

（2）经济效益和经济费用的价值调整

对搜集到的数据分类整理，识别项目的经济效益和经济费用。基本原则是能够进行定量计算的因素尽量进行货币化计量，计量时优先使用影子价格进行增量调整，没有指定影子价格的因素可以通过项目的间接效应进行替代调整。不能量化计算的因素应该进行定性说明。使用项目的财务数据时需要剔除属于国民经济内部部门之间转移支付的税收、补贴和利息等数据。

1）土地拆迁安置补偿费用的调整。城市轨道交通项目通常选址于城市辖区内部空间，占用空间范围的主要是城市地下空间和部分地面土地，部分情况下会涉及对于集体耕地或非耕地的占用补偿。城市轨道交通项目一般会选取经济基础较为雄厚的地区进行投资，当地通常存在成熟的活跃的房地产交易市场，因此，当通过市场竞标方式获得土地时，财务价格等于影子价格。通过其他方式获得土地时，可以根据投资项目所在城市的分级土地基准地价为基础结合项目所在区位特征进行修正的方法，确定对占用土地的补偿价值。价值中不应包含涨价预备费。

2）固定资产投资的调整。包括对城市轨道项目配套房屋建筑的投资、机车车辆和路网设备投资、土木建筑工程和设备安装工程投资和辅助设备投资的价值调整。对于进口的整机机车车辆和成套配套设备需要剔除价格中包含的进口关税、增值税并使用影子汇率和影子运费对其进行调整，国内生产的设备则需要用影子价格和影子运费进行调整。配套房屋建筑和土木工程投资可采用分解法，按照当地工程施工定额对工程的人工费用、原料燃料等费用、机械施工费用分别采用影子价格进行调整。如果配套房屋建筑存在可比实例，也可以通过建筑工程影子价格换算系数直接调整建筑费用。固定资产价值调整完毕之后，相应调整折旧数据。

3）流动资金的调整。剔除流动资金中不占用经济资源的应收账款、应付账款和预收账款、预付账款以及现金资产数据。当使用影子价格方法对原材料和产品价格等流动资金的估算基数进行调整之后，流动资金也要随之进行调整。

4）运营成本的调整。城市轨道项目的运营成本是为了维护车辆的正常运行而发生的人工、材料、电力和维护检修等费用，分为车辆运营成本和路网运营成本。可以使用对应的影子价格对各种费用要素进行价值调整后再加总求取经营成本。

5）运营收入的调整。城市轨道交通项目收入一般包括提供交通运输服务获取的票务收入、广告收入、租金收入等形式。这些收入当中，广告收入和租金收入的价格通常是通过市场竞标的方式确定，其价格已经反映了资源使用的边际价值，可以不经调整直接计入国民经济效益。票务收入情况比较特殊，因为城市轨道交通作为城市基础设施通常需要承担部分公益责任，因此它的价格水平通常会低于相同产品的市场价格，即按照项目的财务收入通常低于其国民经济效益，需要进行价值调整。

调整的途径有两种：一是，直接使用票务收入乘以影子价格计算经济效益。这种方法要求相关部门发布的影子价格能够准确反映政府定价与市场定价的差异，并且随着经济社会的发展进行动态调整。该方法在实践中存在较大的困难。二是，对比"有投资项目"和"无投资项目"两种情况下的相同区间的运行时间和客流分布的变动，计算因城市轨道交通项目投资引起的项目自身和分流路网的运费节省以及乘客时间节省价值，用这种价值代替票务收入的经济效益。考虑乘客引流的时间节省效益计算方法如式（3-16）所示。

$$B = C \times \Delta T \times V \times \eta \tag{3-16}$$

式（3-16）中，$B$—节约时间效益

$C$—转移客流量

$\Delta T$—单程节约时间

$V$—人均小时国内生产总值

$\eta$—客流系数

（3）编制国民经济评价基础报表

依据经过调整的数据编制项目投资国民经济效益费用流量表，作为计算经济评价指标的依据，其大致格式如表3-3所示。

（4）计算经济评价指标

国民经济评价主要进行盈利能力分析，常用的评价指标有经济内部收益率和经济净现值。

1）经济内部收益率（EIRR）

经济内部收益率是投资项目在计算期内各年净效益流量的现值累计等于零时

国民经济效益费用流量表（单位：万元） 表3-3

| 项目 | 合计 | 建设期 | | 运营期 | | | | | |
|---|---|---|---|---|---|---|---|---|---|
| | | 1 | 2 | 3 | 4 | 5 | 6 | …… | n |
| （一）效益流量 | | | | | | | | | |
| 道路车辆运行成本节约效益 | | | | | | | | | |
| 道路时间节约效益 | | | | | | | | | |
| 路网车辆运行成本节约效益 | | | | | | | | | |
| 路网时间节约效益 | | | | | | | | | |
| 招租效益 | | | | | | | | | |
| 广告效益 | | | | | | | | | |
| 停车效益 | | | | | | | | | |
| 效益流量合计 | | | | | | | | | |
| 社会折现率 $i=8\%$ | | | | | | | | | |
| （二）费用流量 | | | | | | | | | |
| 固定资产投资 | | | | | | | | | |
| 维护费用 | | | | | | | | | |
| 管理费用 | | | | | | | | | |
| 费用流量合计 | | | | | | | | | |
| 社会折现率 $i=8\%$ | | | | | | | | | |
| （三）净效益流量 | | | | | | | | | |

的折现率。其计算如式（3-17）所示。

$$\sum_{t=1}^{n}(B-C)_t(1+EIRR)^{-t}=0 \qquad (3-17)$$

式（3-17）中，$B$—投资项目经济效益流入量

$C$—投资项目经济费用流出量

$t$—投资年份

$n$—计算期

$EIRR$—投资项目经济内部收益率

经济内部收益率是反映项目地国民经济投资效率的相对指标。当经济内部收益率大于或等于社会折现率时，表明该项目从全社会资源配置的角度来看存在投资价值。按照《建设项目经济评价方法与参数》（第三版）的要求，社会折现率暂定为8%。即投资项目的内部收益率大于等于8%时项目是可行的。反之则不可行。

2）经济净现值（ENPV）

经济净现值是将投资项目计算期内各年的净效益流量按照社会折现率折现到建设期初的现值之和。其计算如式（3-18）所示。

$$ENPV = \sum_{t=1}^{n}(B-C)_t(1+i)^{-t} \quad (3\text{-}18)$$

式（3-18）中，$ENPV$—社会净现值

$i$—社会折现率

$B$、$C$、$t$、$n$ 同式（3-17）

经济净现值是反映项目地国民经济投资效果的绝对指标。当项目的经济净现值等于或者大于零，说明投资项目存在超额收益，项目可行；反之，则不可行。

（5）进行敏感性分析

参考财务评价的方法选取存在不确定性的关键因素，给定可接受的不确定因素的变动区间，计算经济净现值或者经济内部收益率等指标对敏感因素的敏感度系数，并计算各因素变动的临界点，选择最敏感因素重点关注并采取对应的风险控制措施。

（6）判断经济可行性

结合国民经济评价指标的计算结果和敏感性分析的结论，对投资项目的经济可行性做出判断，为项目的投资决策提供参考意见。

**3. 社会评价**

城市轨道交通项目具有明显的外部性。这些外部效应除了可以量化的效益和费用之外，还存在不能或不易量化的效益和费用，需要采用定性研究的方式加以阐述。其中的经济效益如下几个方面：

（1）优化城市空间布局，带动轨道交通沿线经济均衡发展，提升社会公平感

城市轨道交通项目通过提供快速、安全、便捷的交通服务，降低了交易成本，提高了资源的可达性，扩大了城市公共服务的覆盖空间，引导生产要素在交通沿线成本节省的地区增加投资，逐步实现投资沿线经济的均衡发展，提升居民共享经济发展成果的公平感。

（2）产业联动，促进相关产业技术升级

城市轨道交通是兼具资金密集型和技术密集型特点的高新技术项目。随着城市轨道交通项目投资的推进，巨大的投资空间和更高的技术标准会引导上游和下游关联企业有针对性地追逐技术前沿，提高产品技术水平，从而实现产业链条的结构和技术升级。

（3）减少环境污染，降低能源消耗，优化城市生活空间

城市轨道交通项目一般经过城市人口密集和商业繁华区域，存在对交通的刚性需求。通过在地下空间封闭运行的方式实现对地面传统交通工具的替代，减少了社会运营车辆和私家车的出行频率，增加了对步行和非机动车出行的需求，改善了交通拥堵情况，有助于构建慢性生活空间，提高城市居民的生活幸福度。

城市轨道交通项目投资过程中也会产生一些不易量化的费用，主要包括项目施工过程中必然会产生的噪声污染、灰尘污染、环境改变和短期交通拥堵。在运营期间中因车辆高速通行而产生的振动污染和电磁辐射污染也导致国民经济费用增加。这些因素产生的费用与其他环境和经济社会因素掺杂在一起，因而不易单独量化。施工过程导致的污染和拥堵可以通过采取必要的技术措施和安排合理的施工进度进行控制，其影响一般都是暂时性和一次性的。通过规定设计标准可以把运营过程中产生的振动和电磁辐射对建筑和人体的危害控制在安全范围之内。通过规范的施工和运营可以有效降低间接的经济费用。

**4. 国民经济评价与财务评价结果比较**

财务评价和国民经济评价分别从市场的微观视角和国民经济的宏观的视角评价了项目的经济可行性。由于这两种方法的目的不同，使用数据的处理口径和折现系数也不相同，导致对同一个投资项目财务评价与国民经济评价的结论可能出现差异。理论上，对于城市轨道交通投资项目，国民经济评价的结果会大于财务评价的结果，导致政府认可的长远得利的项目得不到当前市场投资主体的青睐。这种情况下通常需要政府对项目提供更多的支持，提高项目的可行性。

# 第4节 城市轨道交通收益平衡区基础设施投资决策案例

## 一、济南新东站片区电力管沟规划设计

电力管沟是用于集中敷设电力管线的地下通道。相较于直埋、穿管和架空等敷设方式，电力管沟具有初期投资规模大，施工周期长，建设标准高、维护成本低的突出特点。作为济南新东站综合交通枢纽工程的重要市政配套项目，电力管沟工程有助于完善城市基础设施水平，保障济南东站和周边片区的用电需求，为东站片区的近远期发展提供有力保证。

规划设计中新东站片区共规划有枢纽西进场路、枢纽东进场南路、枢纽东进场北路、公交保养基地联络道、龙东路、龙西路、田园大道、北环路、南环路、站北路、站东路、站西路、滩九路、凤凰路、钢化路、钢化北路共十六条道路的电力管沟，如图3-2所示。按照电力规划要求分别采取单沟、双沟和三沟形式，对应管沟长度分别为16510m、11330m和8350m，合计总长度36190m。项目完工之后，将有效连接项目范围内的七座变电站，构建完善的电力输变站网络，为西至大辛河、北至济青高速、东至绕城高速、南至胶济铁路，总用地面积约46.5km²的新东站片区提供可靠的电力保障。

图3-2 电力沟区位位置示意图

## 二、济南新东站片区电力沟项目投资估算

项目依据中华人民共和国建设部《全国市政工程投资估算指标》HGZ 47—101—2007和中华人民共和国建设部《市政工程可行性研究投资估算编制办法》（2007）的相关规定，采用指标估算法进行投资估算。首先根据新东站片区电力系统现状和片区电力管网规划，结合变电站布局及负荷点分布，确定采用电力沟方式施工的路线范围，将项目纵向划分为16个单项工程。再根据各单项工程项目的管线综合横断面图和电力管沟断面图，分别确定对应电力沟的管沟管径及敷设方式，详细计算电力沟开挖、回填、结构设计以及隧道通风、照明、防水、防火等工程技术参数。然后将每个单项工程项目投资按照费用性质横向划分为建筑工程费和工程项目其他费。其中建筑工程费包括电力管沟、基坑降水、钢板桩支

护和电力支架费用，分别依据各项目的计量单位和工程量套用单价指标估算得出。工程项目其他费包括技术咨询费和建设管理费，按照国家有关部门和济南市政府发布的文件中的规定费率估算。按照以上两项费用之和乘以10%估算基本预备费，再加上建设期利息，合并得到本项目的总投资。

经估算，项目建筑工程费用约9.8亿元，工程建设其他费用约0.7亿元，基本预备费约1亿元，建设期利息约0.3亿元，建设总投资约11.8亿元。

## 三、济南新东站片区电力沟项目投资评价

先进完善的电力系统对于济南东站交通枢纽以及济南地区经济社会发展的贡献是显而易见的。电力管沟工程项目作为市政配套项目的一部分，其社会效益是在与济南东客站枢纽工程项目和其他市政工程的配合使用中实现的综合效益，项目自身的个体社会效益无法有效分离并独立量化，因此仅对项目的经济和社会效益进行定性分析。

项目具有显著的直接效益。电力管沟的建设，可使管沟与道路同时施工，加快了东站片区的建设进度，节省了施工时间。还可以避免将来因扩容、维修电力管线而引起的道路二次开挖，直接降低了道路的二次建设和维护费用，提高了市政设施的维护能力和利用效率。同时还减少了将来对城市交通的干扰，保证了道路交通的畅通，保持了路面的完整性和耐久性，节省了交通管制时间。

项目的公共物品属性决定了项目会产生明显的间接效益。电力管沟施工实现了架空管线入地，美化了城市环境。管沟内工程管线布置紧凑合理，节约了城市用地，有效利用了道路下的空间，提高了东站片区可持续发展的能力。

# 第四章 城市轨道交通沿线配套工程建设准备

## 第1节 建设准备范围与内容

建设准备阶段是从工程项目决策立项之后，直到工程项目正式开工的期间。建设准备阶段的主要目标是为工程项目按时开工和顺利完工做好必要准备。建设单位，即业主方负责主导推进建设准备阶段各项工作的完成。施工单位，即承包方主要负责工程项目施工的准备工作，如施工机械设备准备、施工技术文件编写与论证等。施工准备工作亦属于建设准备的范畴。

不同的工程领域，由于工程系统的差异性，建设准备阶段工作任务和过程有一定的差异。为实现工程项目的按时开工与顺利施工，需要在该阶段准备的工作可分为四类：一是法定条件，满足相关法律法规和地方政府的规定；二是技术条件，包括岩土岩石技术、水文地质技术与工艺技术要求的条件；三是现场条件，场地满足施工要求；四是人员物资条件，满足施工所需的人员、机械设备与材料要求。以上四类条件，即为建设准备工作需要完成主要任务。具体可表述为：

**1. 工程建设管理组织的筹建**

基于项目法人制的要求，工程经审批立项后，应正式组建工程建设管理组织，也就是通常意义上的业主(需具备法人资格)，由其负责工程的建设管理工作。

**2. 土地的获取**

工程在建设前必须获得在相应土地上建设工程的法律权力，即土地使用权。土地可通过出让或划拨的方式获取。国有土地出让，是指国家以土地所有者的身份将土地使用权在一定年限内让与土地使用者，并由土地使用者向国家支付土地使用权出让金的行为。划拨，是指经县级以上人民政府依法批准，在土地使用者缴纳补偿、安置等费用后，取得的国有土地使用权，或者经县级以上人民政府依法批准后无偿取得的国有土地使用权。出让与划拨，都是针对国有土地。如果需要使用集体土地，必须经过征用，使之转为国有土地后才能通过出让或划拨取得使用权。农村集体经营性建设用地可依据《土地管理法》规定，以"符合规划"与"用途管制"为前提入市。

**3. 工程规划**

工程规划，是在城市规划的基础上，对整个工程系统进行总体布局，又叫工程系统规划。工程的规划文件必须经过政府规划管理部门的审批，这样工程建设才有法定的效力。在以后的设计、施工中必须严格按照政府规划管理部门批准的规划文件执行。

**4. 工程勘察工作**

工程勘察是指采用专业技术手段和方法对工程所在地的工程地质情况、水文地质情况进行调查研究，对工程场地进行测量，以对工程地基做出评价。工程勘察对工程的规划、设计、施工方案、现场平面布置等有重大影响。

**5. 工程技术系统设计**

按照工程规模和复杂程度的不同，工程技术系统设计工作阶段划分会有所不同，一般经过方案设计、初步设计、技术设计、施工图设计阶段。

**6. 编制工程实施计划**

由项目的工程建设管理组织对工程建造过程进行全面系统的计划，做出周密的安排，当然也可委托专业工程咨询机构编制计划。

**7. 施工前准备工作**

施工前准备工作包括承包商提出开工申请或业主通过工程师签发开工令；按照红线定位图、规划放线资料对工程进行定位、放线和验线；现场平整和临时设施搭设，使现场具有可施工条件；图纸会审和技术交底；编制施工组织计划；组织施工资源进场，并按照施工计划要求保障资源持续供应。

## 第2节 建设程序准备

### 一、建设工程审批制度

建设工程审批制度，又称为行政批准或行政许可。行政审批的实质是行政主体同意特定相对人取得某种法律资格或实施某种行为，实践中表现为许可证的发放。行政审核与行政批准经常联系起来使用，只有符合有关条件才能获得许可证，而且还需定期检验，如果没有违反规定的情况出现，就由有关机关在许可证上盖章，表示对相对人状态合法性的认可。总之，行政审批是根据法律规定的条件，由法定执法部门来审核是否符合条件的行为。建设工程前期审批，是对建设工程是否符合国民经济发展规划，地方建设计划，是否符合相关法律法规规定的建设条件进行的审查与认定。

党的十八大以来，党中央、国务院大力推进简政放权、放管结合、优化服务改革，强化落实企业投资自主权，调动社会资本积极性，释放经济活力，降低企业投资成本。2016年7月5日，《中共中央国务院关于深化投融资体制改革的意见》正式印发，明确提出要"改进和规范政府投资项目审批制"，为我国政府投资项目审批制度改革奠定了基础。2018年，国务院办公厅以国办发〔2018〕33号文件印发《国务院办公厅关于开展工程建设项目审批制度改革试点的通知》，以推进政府治理体系和治理能力现代化为目标，对工程建设项目审批制度进行全流程、全覆盖改革，努力构建科学、便捷、高效的工程建设项目审批和管理体系。

《通知》在对全国现有的审批事项进行统一、简化与优化的基础上，首先将工程建设项目全流程审批（包括从立项到竣工验收和公共设施接入服务）时间压减至120个工作日；其次，将工程建设项目审批流程主要划分为立项用地规划许可、工程建设许可、施工许可、竣工验收等四个阶段，致力于构建科学、便捷、高效的工程建设项目审批和管理体系。

## 二、建设工程的审批内容

工程实践中，一般认为开始施工之前的阶段均属于建设工程前期阶段，即工程项目的立项、土地、规划与设计等手续均属于工程前期需要审批的内容。基于《国务院办公厅关于开展工程建设项目审批制度改革试点的通知》中审批阶段与事项的划分，立项用地规划许可阶段主要包括项目审批核准备案、选址意见书核发、用地预审、用地规划许可等；工程建设许可阶段主要包括设计方案审查、建设工程规划许可证核发等。

**1. 立项用地规划许可阶段**

立项用地阶段的主要审批事项包括建设项目用地预审、建设项目选址意见、建设项目可行性研究审批、建设用地规划许可等；在以上审批事项办理过程中，可并行审批，即同时穿插审批的事项，包括固定资产投资节能审查、招标方案核准等相关内容。在此阶段负责行政审批的行政主管部门包括自然资源和规划行政主管部门，负责工程投资管理的行政主管部门，以及生态环境管理的行政主管部门等。

（1）建设项目用地预审与选址意见，一般同时进行，是指国土资源管理部门在建设项目审批、核准、备案阶段，依法对建设项目涉及的土地利用事项进行地审查。重点审查用地选址是否符合土地利用总体规划，是否符合土地管理法律、法规规定的条件，是否符合国家和省供地政策，用地选址是否合理等。用地预审是办理土地使用权的前置程序。

（2）可行性研究报告审批，是负责工程投资管理的行政主管部门，一般为发展和改革委员会，简称发改委，对工程项目投资必要性、技术可行性，以及经济合理性所进行的审查核准。可行性研究报告是否能够获得审批、核准或者备案，直接决定了工程项目是否能够投资。

（3）建设用地规划许可，是经城乡规划行政主管部门确认建设项目位置和范围符合城乡规划的法定凭证，是建设工程用地的法律凭证。

（4）节能审查，是负责工程投资管理的行政主管部门，即发改委，对拟建工程项目的节能情况进行审查，重点审查是否符合节能有关法律法规、标准规范、政策；项目用能分析是否客观准确，方法是否科学，结论是否准确；节能措施是否合理可行；项目的能源消费量和能效水平是否满足本地区能源消耗总量和强度"双控"管理要求等。

（5）环境影响评价，是生态环境保护主管部门，对建设工程项目选址、设计、施工等过程，特别是运营和生产阶段可能带来的环境影响进行预测和分析，提出相应的防治措施，为项目选址、设计及建成投产后的环境管理提供科学依据。

**2. 工程建设许可阶段**

工程建设许可阶段的主要审批事项包括设计方案联合审查、建设工程规划许可证、初步设计审查以及初步设计概算审查等；并行事项包括建设工程规划验线、建设工程招标备案等相关内容。除自然资源和规划行政主管部门外，还涉及工程投资行政主管部门、住房和城乡建设主管部门等。

（1）设计方案联合审查，是指权责行政主管部门共同对建设工程项目的规划设计，人防、消防、绿化、交通、海绵城市、环卫、教育等公共配套设计，以及水电气暖等市政基础设施设计所进行的联合审查。

（2）建设工程规划许可，是建设工程符合城市规划要求的法律凭证，没有建设工程规划许可证的建筑属于违章建筑，完成了建设工程规划许可证的办理意味着当地规划行政主管部门认可此地块的项目建设，可以进行施工招标以及施工许可证的办理。

（3）初步设计与初步设计概算审查，初步设计方案是决定项目投资的基础条件，为了有效控制工程投资，而对初步设计方案与初步设计概算是否全面合理所进行审查。政府投资项目的初步设计概算审查作为政府财政拨款与投资计划管理的依据。

（4）建设工程规划验线，是对建设工程施工放线是否符合建设工程规划许可证要求的检验，是建设工程规划报批后管理的重要环节，重点对建筑物、构筑物与管线的位置、标高进行复核。

（5）建设工程招标备案，分政府财政资金或国有资金投资项目的招标组织与实施方式审核备案，强制招标范围之内项目进入公共资源交易中心的招标审查备案与招标结果备案。招标备案是对符合招标投标法与实施条例规定项目招标合法性的审查。

## 三、工程用地审批与许可[①]

**1.土地预审与土地申请**

（1）土地预审

在建设项目审批、核准、备案阶段，建设单位应当向建设项目批准机关的同级自然资源主管部门提出建设项目用地预审申请。

受理预审申请的自然资源主管部门应当依据土地利用总体规划、土地使用标准和国家土地供应政策，对建设项目的有关事项进行预审，出具建设项目用地预审意见。

（2）土地申请

在土地利用总体规划确定的城市建设用地范围外单独选址的建设项目使用土地的，建设单位应当向土地所在地的市、县自然资源主管部门提出用地申请。

建设单位提出用地申请时，应当填写《建设用地申请表》，并附具下列材料：建设项目用地预审意见；建设项目批准、核准或者备案文件；建设项目初步设计批准或者审核文件。

建设项目拟占用耕地的，还应当提出补充耕地方案；建设项目位于地质灾害易发区的，还应当提供地质灾害危险性评估报告。

（3）申请先行用地

国家重点建设项目中的控制工期的单体工程和因工期紧或者受季节影响急需动工建设的其他工程，可以由省、自治区、直辖市自然资源主管部门向自然资源部申请先行用地。

申请先行用地，应当提交下列材料：省、自治区、直辖市自然资源主管部

---

① 参考李祥军等著《一本书读懂建设工程》，法律出版社，2022。

门先行用地申请；建设项目用地预审意见；建设项目批准、核准或者备案文件；建设项目初步设计批准文件、审核文件或者有关部门确认工程建设的文件；自然资源部规定的其他材料。

经批准先行用地的，应当在规定期限内完成用地报批手续。

**2. 受理申请**

市、县自然资源主管部门对材料齐全、符合条件的建设用地申请，应当受理，并在收到申请之日起30日内拟订农用地转用方案、补充耕地方案、征收土地方案和供地方案，编制建设项目用地呈报说明书，经同级人民政府审核同意后，报上一级自然资源主管部门审查。

（1）在土地利用总体规划确定的城市建设用地范围内，为实施城市规划占用土地的，由市、县自然资源主管部门拟订农用地转用方案、补充耕地方案和征收土地方案，编制建设项目用地呈报说明书，经同级人民政府审核同意后，报上一级自然资源主管部门审查。

（2）在土地利用总体规划确定的村庄和集镇建设用地范围内，为实施村庄和集镇规划占用土地的，由市、县自然资源主管部门拟订农用地转用方案、补充耕地方案，编制建设项目用地呈报说明书，经同级人民政府审核同意后，报上一级自然资源主管部门审查。

（3）报国务院批准的城市建设用地，农用地转用方案、补充耕地方案和征收土地方案可以合并编制，一年申报一次；国务院批准城市建设用地后，由省、自治区、直辖市人民政府对设区的市人民政府分期分批申报的农用地转用和征收土地实施方案进行审核并回复。

（4）建设只占用国有农用地的，市、县自然资源主管部门只需拟订农用地转用方案、补充耕地方案和供地方案；建设只占用农民集体所有建设用地的，市、县自然资源主管部门只需拟订征收土地方案和供地方案；建设只占用国有未利用地，按照《土地管理法实施条例》第24条规定应由国务院批准的，市、县自然资源主管部门只需拟订供地方案；其他建设项目使用国有未利用地的，按照省、自治区、直辖市的规定办理。

（5）建设项目用地呈报说明书应当包括用地安排情况、拟使用土地情况等，并应附具下列材料：经批准的市、县土地利用总体规划图和分幅土地利用现状图，占用基本农田的，同时提供乡级土地利用总体规划图；有资格的单位出具的勘测定界图及勘测定界技术报告书；地籍资料或者其他土地权属证明材料；为实施城市规划和村庄、集镇规划占用土地的，提供城市规划图和村庄、集镇规划图。

（6）农用地转用方案，应当包括占用农用地的种类、面积、质量等，以及符合规划计划、基本农田占用补划等情况。

补充耕地方案，应当包括补充耕地的位置、面积、质量，补充的期限，资金落实情况，以及补充耕地项目备案信息。征收土地方案，应当包括征收土地的范围、种类、面积、权属、土地补偿费和安置补助费标准，需要安置人员的安置途径等。供地方案，应当包括供地方式、面积、用途等。

**3. 审核审查**

（1）有关自然资源主管部门收到上报的建设项目用地呈报说明书和有关方案后，对材料齐全、符合条件的，应当在5日内报经同级人民政府审核。同级人民政府审核同意后，逐级上报有批准权的人民政府，并将审查所需的材料及时送该级自然资源主管部门审查。

对依法应由国务院批准的建设项目用地呈报说明书和有关方案，省、自治区、直辖市人民政府必须提出明确的审查意见，并对报送材料的真实性、合法性负责。

省、自治区、直辖市人民政府批准农用地转用、国务院批准征收土地的，省、自治区、直辖市人民政府批准农用地转用方案后，应当将批准文件和下级自然资源主管部门上报的材料一并上报。

（2）有批准权的自然资源主管部门应当自收到上报的农用地转用方案、补充耕地方案、征收土地方案和供地方案并按规定征求有关方面意见后30日内审查完毕。

建设用地审查应当实行自然资源主管部门内部会审制度。

农用地转用方案和补充耕地方案符合下列条件的，自然资源主管部门方可报人民政府批准：符合土地利用总体规划；确属必需占用农用地且符合土地利用年度计划确定的控制指标；占用耕地的，补充耕地方案符合土地整理开发专项规划且面积、质量符合规定要求；单独办理农用地转用的，必须符合单独选址条件。

征收土地方案符合下列条件的，自然资源主管部门方可报人民政府批准：被征收土地界址、地类、面积清楚，权属无争议的；被征收土地的补偿标准符合法律、法规规定的；被征收土地上需要安置人员的安置途径切实可行。

建设项目施工和地质勘查需要临时使用农民集体所有的土地的，依法签订临时使用土地合同并支付临时使用土地补偿费，不得办理土地征收。

供地方案符合下列条件的，自然资源主管部门方可报人民政府批准：符合国家的土地供应政策；申请用地面积符合建设用地标准和集约用地的要求；只占用国有未利用地的,符合规划、界址清楚、面积准确。

(3)农用地转用方案、补充耕地方案、征收土地方案和供地方案经有批准权的人民政府批准后,同级自然资源主管部门应当在收到批件后5日内将批复发出。

未按规定缴纳新增建设用地土地有偿使用费的,不予批复建设用地。

**4.实施**

经批准的农用地转用方案、补充耕地方案、征收土地方案和供地方案,由土地所在地的县级以上人民政府组织实施。

(1)发布土地征收等公告

征收土地公告和征地补偿、安置方案公告,按照《中华人民共和国土地管理法》及《中华人民共和国土地管理法实施条例》的有关规定执行。

首先,县级以上地方人民政府因公共利益需要,确需征收农民集体所有的土地,且符合《土地管理法》第45条规定的,应当发布征收土地预公告,并开展拟征收土地现状调查和社会稳定风险评估。征收土地预公告应当包括征收范围、征收目的、开展土地现状调查的安排等内容,预公告时间不少于十个工作日。

其次,县级以上地方人民政府依据社会稳定风险评估结果,结合土地现状调查情况,组织自然资源、财政、农业农村、人力资源和社会保障等有关部门拟定征地补偿安置方案。征地补偿安置方案应当包括征收范围、土地现状、征收目的、补偿方式和标准、安置对象、安置方式、社会保障、办理补偿登记的方式和期限、异议反馈渠道等内容。征地补偿安置方案拟定后,需在拟征收土地所在的乡(镇)和村、村民小组范围内公告,公告时间不少于三十日。

再次,征地补偿安置方案确定之后,县级以上人民政府应当组织有关部门与拟征收土地的所有权人、使用权人签订征地补偿安置协议,并依照《土地管理法》第46条的规定向有批准权的人民政府提出征收土地申请。

最后,征收土地申请经依法批准后,县级以上地方人民政府应当在十五个工作日内在拟征收土地所在的乡(镇)和村、村民小组范围内发布征收土地公告,公布征收范围、征收时间等具体工作安排,对个别未达成征地补偿安置协议的应当作出征地补偿安置决定,并依法组织实施。

(2)签订土地出让合同

以有偿使用方式提供国有土地使用权的,由县级以上人民政府自然资源主管部门与土地使用者签订土地有偿使用合同,并向建设单位颁发《建设用地批准书》。

（3）缴纳土地使用费、办理土地证

土地使用者缴纳土地有偿使用费后，依照规定办理土地登记。

以划拨方式提供国有土地使用权的，由县级以上人民政府自然资源主管部门向建设单位颁发《国有土地划拨决定书》和《建设用地批准书》，依照规定办理土地登记。《国有土地划拨决定书》应当包括划拨土地面积、土地用途、土地使用条件等内容。

建设项目施工期间，建设单位应当将《建设用地批准书》公示于施工现场。

# 第3节　前期工程采购[①]

## 一、勘察人采购

**1. 工程勘察类型**

根据工程建设基本程序与《岩土工程勘察规范》，房屋建筑与构筑物的岩土工程勘察可分为可行性研究阶段勘察、初步设计阶段勘察（初勘）、施工图设计阶段详细勘察（详勘）和施工勘察。

拟建工程场地的选择和确定对建设工程安全稳定、经济效益影响很大，可行性研究阶段勘察结果是决定工程选址的重要依据之一，选择有利的工程地质条件，可以避免工程地质灾害，降低工程造价，实现工程安全。可行性研究阶段勘察，首先是搜集拟建工程所在区域的地质、地形地貌、地震、矿产、岩土工程和建筑经验等资料，并在资料分析基础上通过实地踏勘了解拟建工程场地的地层、构造、岩性、不良地质作用和地下水等工程地质条件，以对拟建工程场地的稳定性和适宜性做出评价。资料分析或实地踏勘中发现拟建场地工程地质条件复杂，则需要组织进一步的工程地质测绘和勘探工作。若存在多个备选的拟建工程场地时，尚需要进行场地的比选与论证。

初步设计阶段勘察，是在已有工程地质资料和地质测绘调查结果的基础上，对拟建工程场址进行勘探和测试。建设工程的场址选择确定之后，需要进一步查明建筑场地不良地质现象的成因、分布范围、危害程度及其发展趋势，对场地内各建筑地段的稳定性做出评价，以便使场地主要建筑物的布置避开不良地质现象

---

[①] 参考参考李祥军等著《一本书读懂建设工程》，法律出版社，2022。

发育的地段，为建筑总平面布置提供依据。

经过选址勘察和初步勘察之后，能够基本查明场地工程地质条件。详勘的任务是根据规划范围内的建筑地基或具体的地质问题，为施工图设计和施工提供设计计算参数和可靠依据。因此，施工图设计阶段详细勘察主要以勘探、原位测试和室内土工试验为主，必要时，可补充部分物探、工程地质测绘或勘察工作。对安全等级为一级、二级的建筑物，应根据建筑物的主干轴线或建筑物的外围和中点布置详细的勘察点。无论建筑物，亦或构筑物、市政基础设施，其常为人所见的是地上部分。基础部分虽不影响美观，但是建设工程不可或缺的组成部分。所谓，基础不牢，地动山摇，即为基础工程之重要性的体现。工程设计人员选择基础形式、基础处理方式的前提，是建设工程所选场地之下及周边的地质、水文条件。此即为基础工程设计之所需勘察资料。由此可见，施工图阶段的勘察是工程施工图设计的直接依据。施工勘察是工程施工的依据。施工勘察是对岩土工程条件复杂或有特殊使用要求的建筑物地基，在施工过程中现场检验、补充或在基础施工中发现岩土工程条件有变化或与勘察资料不符时进行的补充勘察，是针对施工方法、施工措施的特殊要求或施工过程中出现的工程地质或岩土工程问题，开展的勘察工作，其勘察工作内容和工作成果应当满足施工阶段设计和施工的相关要求。

**2. 勘察人的选择**

勘察人，即勘察单位，是指持有建设行政主管部门颁发的勘察资质证书，从事工程测量、水文地质和岩土工程等工作的企业或机构。现有法律法规，除了对从事建设工程勘察活动的单位实行资质管理制度之外，还对从事建设工程勘察活动的专业技术人员，实行执业资格注册管理制度。

根据《建设工程勘察设计管理条例》的规定，建设工程勘察人的选择应当依照《中华人民共和国招标投标法》的规定实行招标发包或者直接发包。其中，不经过招标投标程序直接发包的，需要经有关行政主管部门批准，并属于以下特定情形之一：采用特定的专利或者专有技术的；建筑艺术造型有特殊要求的；国务院规定可以直接发包的其他建设工程的勘察。

勘察人选择评价的标准或依据是勘察人的业绩，勘察人的信誉，勘察专业技术人员的能力，勘察方案的优劣，以及勘察商务报价。

勘察人可以在取得采购人的同意之后，将采购人委托的勘察任务中除建设工程主体部分的勘察分包给其他具有相应资质等级的建设工程勘察单位。

## 二、设计人采购

**1. 工程设计的类型**

建设工程起始于投资意图,投资人的投资意图经过可行性研究论证具备经济上可行、技术上合理、获利的可能性之后,随即进入图上产品(图纸)的创作阶段,此为建设工程设计。建设工程是一个周期长、资源消耗量大、不可逆的过程,多专业交叉,其所需造价亦非常之高。因此,需要通过图上产品创作进行充分地论证,以保证与投资人的建设意图相吻合。

建设工程设计是在可行性研究确定建设工程项目具备可行的前提下,以投资人建设意图为依据,通过规划设计、方案设计、技术设计,落实投资人建设意图中的相关指标,以解决指标实现过程中具体工程技术问题和经济问题。

建设工程设计,是指根据投资人的建设意图,对建设工程所需的技术、经济、资源、环境等条件进行综合分析、论证,编制建设工程设计文件,以实现投资价值的活动。其具体的任务,包括:

(1)方案设计

根据投资人的建设意图,收集规划相关指标要求,结合拟建工程所处位置环境、地方文化特征,综合考虑技术经济条件和建筑艺术要求,对拟建工程的建筑总体布置、空间组合进行可能与合理的安排,编制形成多个(两个以上)方案设计文件,以供投资人选择。方案设计是对建筑造型、外观的设计,是对建筑结构的设计,是使建筑物满足使用功能的设计,使建筑物具有外部造型美观、功能适用、使用安全的设计。设计人编制的方案设计文件均应当满足编制初步设计文件和控制概算的需要。

(2)初步设计

初步设计为拟建建设工程决策后的具体实施方案,是对拟建项目进行施工准备的主要依据。初步设计阶段的具体任务包括:完善、细化选定的设计方案;按照建设工程所需,分专业设计进行设计并做好专业设计之间的衔接。编制形成的初步设计文件,应当满足编制施工招标文件、主要设备材料订货和编制施工图设计文件的需要。

(3)施工图设计

施工图设计是通过图纸,把设计者的意图和全部设计结果表达出来,作为工程施工的依据,它是设计和施工工作的桥梁。施工图设计的主要任务是满足建设工程施工要求,在初步设计基础上,综合建筑、结构、设备各专业,工程所需材料、设备与技术等条件，把满足工程施工的各项具体要求反映在图纸上。编制施工图设计文件，应当满足设备材料采购、非标准设备制作和施工的需要，并注明建设工程合理使用年限。

**2. 设计人的选择**

设计人是指取得建设行政主管部门颁发的工程设计相关资质，可以承接相关行业与等级的建设工程设计业务、从事建设工程可行性研究与工程咨询等工作的企业或机构。

依据《建筑工程设计招标投标管理办法》，建设工程设计发包依法实行招标发包或者直接发包，建设工程设计的招标应当依照《中华人民共和国招标投标法》规定进行公开招标或者邀请招标。采购人一般是将建设工程的方案设计、初步设计和施工图设计一并进行招标，选择一家设计人完成全部设计。如项目或采购人有特定需求，需要另行选择设计人承担初步设计、施工图设计的，采购人需要在招标公告或者投标邀请书中予以明确。

建设工程设计招标可以采用设计方案招标或者设计团队招标，采购人可以根据项目特点和实际需要选择。其中，设计方案招标，是指主要通过对设计人提交的设计方案进行评审确定中标人；而设计团队招标，是指主要通过对设计人拟派设计团队的综合能力进行评审确定中标人。

对于通过直接发包方式选择设计人的，需要满足下列条件之一，并且需要经发改委或建设行政主管部门批准，具体批准的行政主管部门，如果是项目审批、核准阶段，则由发改委批准直接发包，如果是在项目审批、核准之后，则由建设行政主管部门批准。可以直接发包的情形有：

（1）采用特定的专利或者专有技术的；

（2）建筑艺术造型有特殊要求的；

（3）国务院规定的其他建设工程的设计。

除了因以上所述特定原因之外，采购人对于设计人的选择，主要从设计人的业绩、信誉，设计人的专业技术人员所具备的执业资格与能力，以及设计方案的优劣为选择考虑因素，按照招标文件所设置的标准或分值进行综合评定。

## 三、施工总承包人采购[①]

**1. 施工总承包人**

施工总承包人,是指具有建设行政主管部门核发的相应施工承包资质,与采购人签订施工总承包合同或协议,承包建设工程施工任务的企业。所谓施工总承包,即承包人承担了建设工程的全部施工任务,包括建设工程的土建、安装与装饰等施工任务。百年大计、质量第一,建设工程质量问题直接关系着公众的生命和财产安全。要保证工程质量,从事工程施工的总承包人必须具备相应的资质条件,包括:相应数量的具备相关专业知识的专业技术人员和具有相关工作技能的技术工人,与其从事的施工任务相适应的资金和技术装备等。同时,由于各个建设工程项目的性质、规模和技术复杂程度等各有不同,对工程承包单位应具备的具体条件的要求也不相同。工程规模越大、技术要求越高,对施工总承包人的资金、技术、管理水平等条件的要求也随之越高。

原则上一个建设工程项目只有一个施工总承包人,但对于工程量特别巨大或者结构复杂的建设工程,采购人可以将该建设工程项目拆分成多个独立的部分,并分别发包给不同的施工总承包人。这种情况下,一个建设工程中可能出现多个施工总承包人。根据建筑法的规定"大型建筑工程或者结构复杂的建筑工程,可以由两个以上的承包单位联合共同承包",即由两个以上的企业共同组成非法人性质的联合体,并以该联合体的名义承包某项建筑工程的承包形式。在联合承包形式中,由参加联合的各承包人共同组成的联合体作为一个单一的承包主体,与采购人签订承包合同,承担履行合同义务的全部责任。在联合体内部,则由参加联合体的各方以协议约定各自在联合承包中的权利、义务,包括联合体的管理方式及共同管理机构的产生办法、各方负责承担的工程任务的范围、利益分享与风险分担的办法等。

施工总承包人承包建设工程全部施工任务之后,可以根据自身条件和需求,将其总承包的建设工程项目中某一部分或某几部分,如装饰与安装部分施工任务在法律法规相关规定许可条件下分包给第三方施工企业,由第三方的分包企业完成对应施工任务。施工总承包人亦可以将完成建设工程施工任务所需之劳务分包给第三方劳务企业,第三方劳务企业仅向施工总承包人提供建设工程施工所需的劳务、小型机具与工具,以及部分低值易耗材。施工总承包人自主完成所需分包

---

[①] 李祥军等人编著《建设工程合同管理》,中国建筑工业出版社,2019。

企业的选择，但分包之前需要取得采购人的许可。

**2. 施工总承包人的任务**

施工总承包人在建设工程施工和履行合同过程中应遵守法律和工程建设相关的标准规范，并履行以下义务：

（1）办理法律规定应由施工总承包人办理的许可和批准，如夜间施工、临时停水、临时占用道路、大型车辆进出许可等，施工总承包人需将办理结果书面报送发包人留存；

（2）完成设计图纸与合同约定范围内建设工程的施工，并在合同所附建设工程质量保修协议之下承担约定保修期限内对应保修项目的维修义务；

（3）按法律规定和合同约定采取施工安全和环境保护措施，如安全设施、扬尘治理、节能设备等，并为参与项目的人员办理相关保险，确保工程及人员、材料、设备和设施的安全；

（4）在合同约定施工进度目标基础上完成合同约定范围之内的各项任务，且施工质量达到规范标准与合同要求，确保工程及其人员、材料、设备和设施的安全，防止因工程施工造成的人身伤害和财产损失；

（5）负责施工场地及其周边环境与生态的保护工作，在进行合同约定的各项工作时，不得侵害发包人与他人使用公用道路、水源、市政管网等公共设施的权利，避免对邻近的公共设施产生干扰；

（6）将采购人按合同约定支付的各项价款专用于合同工程，且应及时支付其雇用人员工资，并及时向分包人支付合同价款；

（7）保修期内，及时维修建设工程出现的质量问题。

**3. 施工总承包人的采购**

施工总承包人采购选择时，主要参照的依据或评价的标准，包括：企业所具备的工程施工资质，企业的资金实力（含注册资本金额度和流动资金额度），工程承包业绩（含一般工程承包业绩和同类工程承包业绩），企业针对采购工程的报价，企业对采购工程进度、质量、环保等方面的承诺等。

施工总承包选择方式确定，参照的依据包括：

（1）建设工程项目资金来源。当建设工程项目所需资金来自财政资金，施工总承包人选择方式需要满足政府采购法中有关工程采购的规定；如果根据政府采购法应当选用招标方式的，需按照招标投标法规定完成施工总承包人的采购。当建设工程项目所需资金全部或者部分来自国有资金，或来自国际组织、外国政府贷款、援助资金，施工总承包人的选择则需要满足《招标投标法》关于采购方式的限制，即达到《必须招标的工程项目规定》规定之施工单项合同估算价在

400万元人民币以上的限额时,必须通过招标方式选择施工总承包人。社会资金投资的建设工程,如果属于大型基础设施、公用事业等关系社会公共利益、公众安全的项目,施工总承包人的采购方式同样要受到招标投标法的限制。

(2)采购人对于竞价充分性的要求。当建设工程所需技术成熟,无需特殊型号的材料设备,施工所处环境的不确定性较低,且同类项目较为普遍,采购人对于竞价充分性要求高,一般采用公开招标的方式。因为,公开招标方式更加开放,有利于降低采购价格。反之,当建设工程技术复杂,需特殊型号的机械设备,施工所处环境的不确定性较高,且具备施工总承包能力的企业较少,或者项目报价无直接可参照的经验数据时,基于价格竞争的公开招标方式并不适用。此种情况下,可适用邀请招标或直接发包的方式确定施工总承包人。

(3)现有法律法规界定的特定情形。比如《招标投标法》及《招标投标法实施条例》中所界定的:涉及国家安全、国家秘密、抢险救灾或者属于利用扶贫资金实行以工代赈、需要使用进城务工人员等特殊情况;需要采用不可替代的专利或者专有技术;采购人依法能够自行建设、生产或者提供;已通过招标方式选定的特许经营项目投资人依法能够自行建设、生产或者提供;需要向原中标人采购工程、货物或者服务,否则将影响施工或者功能配套要求等项目,可以不进行招标,通过直接发包的方式选择施工总承包人。

(4)竞争性谈判或竞争性磋商的采购方式。根据《政府采购法》的规定,竞争性谈判或竞争性磋商方式,适用于货物或服务的采购。而且,政府采购法规定了适用竞争性谈判或竞争性磋商方式的特定条件,包括:招标后没有供应商投标或者没有合格标的或者重新招标未能成立的;技术复杂或者性质特殊,不能确定详细规格或者具体要求的;采用招标所需时间不能满足用户紧急需要的;不能事先计算出价格总额的。满足以上条件,采购人需要通过与多家供应商(不少于三家)进行谈判,最后从中确定中标供应商。但是,在施工总承包人的选择过程中,也有采用竞争性谈判或竞争性磋商方式的。一般是社会资金投资建设的工程项目,且工程性质并不属于强制招标范围之内的;或者非传统运作模式中对施工总承包人的采购,如公私合营运作模式的项目等。

## 四、咨询服务人采购

工程项目建设的技术复杂性、内容多样性与过程风险性,导致对建设决策与管理的专业性要求高。作为采购人,很难根据建设决策与管理的专业性要求配备齐全各种各样的高水平专业人员,以确保建设决策与管理的科学性。基于此需求,诞生了专门为采购人提供各类专业服务的咨询人员和机构,即建设工程咨询服务机构。

不同性质的建设资金,不同的建设工程专业类别,不同的建设技术要求,其采购人所需专业咨询服务有所差异。根据当前建设工程市场资源配置情况,工程咨询服务范围可根据项目建设阶段和服务差异,分为如下类别。

**1. 规划设计咨询**

建设工程之中所需的规划设计咨询一般是指城市规划咨询中的修建性详细规划。编制城市修建性详细规划,必须依据已经依法批准的控制性详细规划,对所在地块的建设提出具体的安排和设计。

**2. 投资决策综合性咨询**

投资决策综合性咨询是工程咨询人在投资决策环节,就投资项目的市场、技术、经济、生态环境、能源、资源、安全等影响可行性的要素,结合国家、地区、行业发展规划及相关重大专项建设规划、产业政策、技术标准及相关审批要求进行分析研究和论证,为投资人提供综合性、一体化、便利化的咨询服务。开展投资决策综合性咨询服务的目的是深化投融资体制改革、优化营商环境、促进投资高质量发展。

**3. 评估咨询**

评估咨询是指由各级政府及相关行政管理部门委托的,对建设工程的规划设计、项目建议书、可行性研究报告、项目申请报告、资金申请报告、PPP项目实施方案、初步设计文件的评估,规划设计和项目中期评价、后评价,项目概预决算审查,以及其他履行投资管理职能所需的专业技术服务。

**4. 工程勘察设计咨询**

工程勘察设计咨询,包括工程勘察、工程勘察设计技术咨询、工程设计、工程勘察设计管理活动。实际委托的工程勘察设计咨询应为其中的某一类或多类的组合。

(1)工程勘察。工程咨询人编制工程勘察设计工作方案和进度计划,并按经采购人或投资人审查通过的工程勘察设计工作方案和进度计划实施工程勘察设计活动。

(2)工程勘察管理。工程咨询人根据既有工程资料、工程勘察相关标准及拟建工程范围和设计需求,编制工程勘察任务书,检查工程勘察方案及勘察进度计划执行情况,督促勘察人完成勘察合同约定的工作内容,审查工程勘察人提交的勘察成果报告。

(3)工程设计。工程设计是指一家或多家具有相应工程设计资质和能力的工程咨询人完成方案设计、初步设计和施工图设计。

（4）工程设计管理。工程咨询人根据项目可行性研究报告、工程建设标准及拟建工程范围和采购人或投资人需求，编制工程设计任务书，检查各阶段工程设计进度计划执行情况，督促设计人完成设计合同约定的工作内容，按计划时间提交相应设计成果。

**5.工程招标采购咨询**

工程招标采购咨询，是指工程咨询人根据采购人或投资人委托所开展的工程监理、施工招标代理及材料设备采购管理咨询。

（1）工程监理招标代理。工程咨询人负责进行工程监理招标策划，划分工程监理标段和选择工程监理招标方式，合理设定工程监理投标条件，基于策划组织工程监理招标事宜，并协助采购人或投资人与拟中标监理人进行合同谈判，签订工程监理合同。

（2）工程施工招标代理。工程咨询人负责进行工程施工招标策划，合理设定施工合同边界和划分工程施工标段，选择工程施工招标方式，合理设定工程施工投标条件，组织工程施工招标事宜，协助采购人或投资人与拟中标施工承包人进行合同谈判，签订工程施工合同。

（3）材料设备采购代理。工程咨询人受托提供材料设备采购管理的，应先制定材料设备采购计划，并应根据需要分别制定直接采购、询价采购和招标采购管理制度，经采购人或投资人批准后实施，并在合同谈判基础上，结合合同示范文本，协助采购人或投资人签订材料设备供货合同，并可监督管理材料设备供货合同履行。

**6.工程监理与施工项目管理服务**

在工程施工阶段，工程咨询人可根据工程咨询合同从事工程监理或施工项目管理服务活动，也可从事工程监理与项目管理一体化服务活动。工程咨询人受采购人或投资人委托实施工程监理时，应按相关法律法规及标准要求选派注册监理工程师担任项目总监理工程师，并应对施工监理服务实行总监理工程师负责制。工程咨询人受采购人或投资人委托提供施工项目管理服务时，可协助采购人或投资人办理工程施工许可等相关报批手续。工程咨询人受采购人或投资人委托提供工程监理与项目管理一体化服务时，施工监理服务应实行总监理工程师负责制。

**7.全过程工程咨询**

在项目投资决策、工程建设、运营管理过程中，具备相应条件的工程咨询人，基于采购人或投资人的委托，可采用多种服务方式组合，为项目决策、实施和运营持续提供综合性、跨阶段、一体化的咨询服务，即为全过程工程咨询服务。全过程工程咨询，是采购人或投资人将多类（项）的咨询服务打包委托给一家工程咨询人或工程咨询联合体，其涵盖的范围和阶段由采购人或投资人通过合同界定。工程实践中，全过程工程咨询服务的范围一般是从项目立项之后开始，直至项目建设完成并移交运营，但是勘察与设计是否包含在其中并不一定。

**8. 其他专项咨询**

（1）项目融资咨询，工程咨询人根据工程咨询合同约定，为采购人或投资人提供项目融资咨询服务。项目融资咨询可以是综合考虑各类融资模式的总体咨询，也可以是针对某一特定融资模式的专题咨询。

（2）工程造价咨询，工程咨询人可根据工程咨询合同约定，为采购人或投资人提供覆盖项目投资决策和建设实施全过程或其中若干阶段的造价咨询服务。

（3）信息技术咨询，工程咨询人可根据工程咨询合同约定，针对信息技术系统集成或某一特定信息技术应用，为采购人或投资人在项目投资决策、建设实施乃至运营维护阶段提供数字化解决方案。以建筑信息建模技术为核心，综合集成地理信息系统、物联网、大数据、人工智能等现代信息技术，为采购人或投资人提供数字化整体解决方案。

（4）风险管理咨询，工程咨询人可根据工程咨询合同约定，针对项目投资决策、建设实施及运营维护阶段或其中若干阶段风险管理为采购人或投资人提供咨询服务。采用科学、适宜的方法和工具，按照风险识别、风险评估、风险应对程序为采购人或投资人提供咨询服务。

（5）项目后评价咨询，工程咨询人可根据工程咨询合同约定，为采购人或投资人提供包含项目过程评价、效益评价及可持续性评价的综合评价或针对项目建设或运行中某一问题的专题评价咨询服务。项目过程后评价应考虑对项目投资决策、项目实施准备、项目设计和施工及项目投产运营各阶段工作的总结评价。

（6）建筑节能与绿色建筑咨询，工程咨询人可根据工程咨询合同约定，针对建筑节能或绿色建筑解决方案为采购人或投资人提供咨询服务。建筑节能与绿色建筑咨询应依据有关法律法规、政策、标准及工程咨询合同进行，并应符合上位规划（即更高级别规划）对于项目所在片区建筑节能、绿色建筑相关规定。

（7）工程保险咨询，工程咨询人可根据工程咨询合同约定，为采购人或投资人提供多项工程保险或某一特定工程保险的咨询服务。进行工程保险方案设计，包括保险标的、保险险种、保险费率、承保人、受益人、保险期限等的确定。

根据《招标投标法》规定，拟进行工程咨询人采购的建设工程属于以下三类项目之一的，即大型基础设施、公用事业等关系社会公共利益、公众安全的项目；全部或者部分使用国有资金投资或者国家融资的项目；使用国际组织或者外国政府贷款、援助资金的项目。并且，满足《必须招标的工程项目规定》中勘察、设计、监理等工程咨询服务的采购，单项合同估算价在100万元人民币以上，必须依法进行招标。不在《招标投标法》所列强制招标工程范围之内的，或属于强制招标工程范围之内，但是合同估算额小于100万元人民币的，采购人可自主决定工程咨询人的选择方式，招标或直接委托。如果，采购人决定采用招标方式的，仍需要根据《招标投标法》规定的程序组织采购。

招标与直接委托方式之外，如果工程建设所需资金来源于财政资金，根据《政府采购法》第30条的规定，符合下列情形之一的工程服务，可以采用竞争性谈判方式采购工程咨询人：

（1）招标后没有工程咨询人投标或者没有合格标的或者重新招标未能成立的；

（2）技术复杂或者性质特殊，不能确定详细规格或者具体要求的；

（3）采用招标所需时间不能满足用户紧急需要的；

（4）不能事先计算出价格总额的。

竞争性谈判，是指采购人通过与多家工程咨询人（不少于三家）进行谈判，最后从中确定中选工程咨询人，并与选定的工程咨询人以书面形式签订委托咨询合同。合同中应当明确履约期限，工作范围，双方的权利、义务和责任，咨询酬金及支付方式，合同争议的解决办法等。

工程咨询人选择过程中需要坚持"能力评价为主、价格竞争为辅"的原则。无论全过程工程咨询，还是专项咨询均属于智力密集型的服务，或称之为高智能技术服务。工程咨询服务质量的高低对于建设工程目标的实现具有重要影响，相对于其在目标实现过程中的关键作用和所创造的价值，工程咨询费用占比不足8%。因此，在选择工程咨询人时，不应把工程咨询费用高低作为一个重要标准，更不能作为唯一标准，而应把主要权重放在对工程咨询人的能力以及其为建设工程提供咨询服务的质量评价上。尤其对于规模较大、复杂程度较高的项目，以FIDIC为代表的国际惯例在选择工程咨询时，强调两个方面，一是基于质量的选择（Quality Based Selection），二是价格由协商产生。意味着，在以质量为标准的前提下，通过双方协商而不是投标报价的方式确定工程咨询费用。采购人应首先根据建设工程情况鉴别潜在的具备相关经验的工程咨询人，并基于能够提供的工程咨询服务质量进行排序。接下来，邀请排序最靠前的工程咨询人进行协商洽谈，结合合同与法律要求、工程进度、支付方式及双方对风险的合理分担等，商定工程咨询的服务范围。

### 五、建设工程材料采购

**1. 建设工程材料类别**

建设工程材料可笼统划分为结构材料、装饰材料和某些专用材料。结构材料，是指制造工程受力构件所需要使用的材料，包括：木材、竹材、石材、水泥、混凝土、金属、砖瓦、陶瓷、玻璃、工程塑料、复合材料等。装饰材料，是指用于装饰建筑物内外墙壁、制作内墙，并在装饰的基础上实现部分使用功能的材料，又可分为两类：室内装饰材料与室外装饰材料。按照材料材质及形状来分，室内装饰材料可以分为板材、片材、型材、线材，而材料则有涂料、实木、压缩板、复合材料、夹芯结构材料、泡沫、毛毯等；室外装饰材料主要有水泥砂浆、剁假石、水磨石、彩砖、瓷砖、油漆、陶瓷面砖、玻璃幕墙、铝合金等。专用材料是指专用于建设工程防水、防潮、防腐、防火、阻燃、隔声、隔热、保温、密封等的材料。

**2. 建设工程材料的采购供应**

建设工程材料采购，可选用的采购方式，包括招标、竞争性谈判、询价和单一来源采购。建设工程中材料可以由承包人采购，也可以由发包人（即建设单位）采购。如果材料清单与价格已经在承包人合同价格中明确（即不属于暂估价），承包人可自由选择采购方式。如果材料是由发包人采购或者承包人合同价格中材料费是暂估价的，其采购方式选择，需要符合相关法律法规的限制。具体如下：

（1）招标采购

工程实践中，需要通过招标采购的材料，比较少见。建设工程材料采购，如果同时满足以下条件的，需要通过招标方式完成采购，即：

1）属于大型基础设施、公用事业等关系社会公共利益、公众安全的项目；或全部或部分使用国有资金投资或者国家融资的项目；或使用国际组织或使用外国政府贷款、援助资金的项目。

2）材料采购单项合同估算价在200万元人民币以上。

此外，属于依法必须进行招标的项目范围（满足以上条件第1）项），且以暂估价形式（未经过实质竞争）包括在项目总承包范围内的材料，且达到单项合同估算价在200万元人民币以上的，也必须依法进行招标。

(2) 竞争性谈判

建设工程材料经招标采购后没有供应商投标或者没有合格标的或者重新招标未能成立的；或者技术复杂或者性质特殊，不能确定详细规格或者具体要求的；或者采用招标所需时间不能满足用户紧急需要的；或者不能事先计算出价格总额。符合上述情形之一，采购人即可通过与多家供应商（不少于三家）进行谈判，最后从中确定中标材料供应商。

(3) 询价采购

对于采购现成的而并非按采购人要求的特定规格特别制造或提供的标准化建设工程材料，货源丰富且价格变化弹性不大的采购内容。采购人可通过询价采购方式，即通常所说的货比三家，完成建设工程所需材料的采购。询价是一种相对简单而又快速的采购方式。询价就是采购人向有关材料供应商发出询价通知书让其报价，然后在报价的基础上进行比较并确定最优材料供应商的一种采购方式。与其他采购方式相比有以下两个明显特征：一是邀请报价的供应商数量应至少有三家；二是只允许材料供应商报出不得更改的报价。

(4) 单一来源采购

单一来源采购，也称直接采购，它是指达到了限额标准和公开招标数额标准，但所购建设工程材料的来源渠道单一，或属专利、首次制造、合同追加、原有采购项目的后续扩充（添购金额不超过原合同采购金额的百分之十）和发生了不可预见紧急情况不能从其他材料供应商处采购等情况。该采购方式的最主要特点是没有竞争性，采购活动处于一对一的状态，且采购人处于主动地位。

## 六、建设工程设备采购

**1. 建设工程中需要采购的设备**

工程设备是指构成或计划构成永久工程一部分的机电设备、金属结构设备、仪器装置及其他类似的设备和装置，包括：基本建设项目中的设备（新建的或扩建的）；企业技术改造中的设备。

建筑设备是保证建筑物正常使用或环境舒适的必要设备，是建筑物的重要组成部分，包括：

（1）电气动力照明系统，以提供照明为基础的系统，包括自然光照明系统、人工照明系统及二者结合构成的系统，常见之电气动力照明系统有配电室、配电线路，配电柜箱。

（2）给水排水系统，是为人们的生活、生产、市政和消防提供用水和废水排除设施的总称，由供水设备、排水设备；消防给水设备、喷淋给水设备组成。

（3）空调系统，用于改善室内的温度、湿度、洁净度和气流速度，由空调机组、水箱、加压水泵、循环水泵、水处理设备、末端设备、水管风管构成。

（4）综合布线，是指按标准、统一、简单的结构化方式编制和布置各种建筑物（或建筑群）内各种系统的通信线路，还包括建筑物外部网络或电信线路的连接点与应用系统设备之间的所有线缆及相关的连接部件，如电话网络、监控保安、有线电视。

（5）智能化设备，是为了实现建筑物的安全、高效、便捷、节能、环保、健康等属性，以建筑物为平台，各类智能化信息感知设备与仪器的综合应用，常见如设备运行监视监控、智能停车系统、智能安防等。

（6）电梯设备，是一种以电动机为动力的垂直升降机，装有箱状吊舱，用于多层建筑乘人或载运货物。也有台阶式，踏步板装在履带上连续运行，俗称自动扶梯或自动人行道。现代电梯主要由曳引机（绞车）、导轨、对重装置、安全装置（如限速器、安全钳和缓冲器等）、信号操纵系统、轿厢与厅门等组成。

**2. 建设工程设备的采购**

《招标投标法》与《政府采购法》中建设工程设备采购与建设工程材料采购是一体化的规定，即设备与材料的采购方式、采购程序与限制性规定是完全相同的。所以，建设工程设备采购可选用的采购方式，包括招标、竞争性谈判、询价和单一来源采购等。建设工程合同相关示范文本也将设备与材料的采购供应作了一体化规定，即建设工程设备与材料一样，可以由承包人采购，也可以由发包人（即建设单位）采购。

建设工程设备采购与材料采购差异之处，主要表现在：

（1）部分建设工程设备需要根据工程设计要求进行订制式生产，此类情形下的设备采购，实质上是前置的订单式采购，即设备是为建设工程所特别订制的，采购时要预留设备的生产与交付周期。

（2）设备采购达到一定规模的，或属于企业长期多次重复采购的设备，在建设工程实践中多采用集中采购的方式，如房屋建筑项目中电梯设备，企业根据一年内计划采购的电梯设备总量，进行集中一次或多次采购，各项目只要向集中采购的中选供应商提交电梯技术指标与安装要求即可，不再运作采购流程。

# 第4节 工程勘察[1]

## 一、工程勘察程序

工程勘察在建设工程建设中起龙头作用，是提高建设工程投资效益、社会效益与环境效益的基础手段。工程勘察需要查明、分析、评价建设工程场地的地质地理环境特征和岩土工程条件，一般分为可行性研究勘察、初勘、定测和补充定测四个阶段。每个勘察阶段都有其特定作用与目的，但四个勘察阶段所遵循的基本程序为：通过可行性研究勘察，对拟建场地的稳定性和适宜性进行评价，确定建设工程选址的可行性。初勘是对选址场地地质水文情况做一个大致勘察，并对场地内拟建建筑地段的稳定性做出评价。详勘是要弄清楚选址场地每一个地层岩土情况，通过做原位实验、土工实验，确定地基承载力，进而采取合适的基础形式和施工方法。详细勘察应按单体建筑物或建筑群提出详细的岩土工程资料和设计、施工所需的岩土参数；对建筑地基作出岩土工程评价，并对地基类型、基础形式、地基处理、基坑支护、工程降水和不良地质作用的防治等提出建议。

## 二、工程勘察方法

工程勘察方法需要根据勘察阶段、勘察内容和深度不同加以选择。其中，可行性研究勘察是在规划阶段所选定的建筑区内进行的，其任务是选定工程地质条件最有利的建筑场地，应符合建设工程场地选择与确定的要求，并为建筑物类型和规模的确定提供工程地质资料，勘察方法以资料收集为主。初步勘察以符合初步设计或扩大初步设计要求为目的，以地质调查和测绘为主，有重点地进行勘察与实验。详细勘察以符合施工图设计为目的，以勘探和试验为主，对重点和初勘未查明的地段进行工程地质调查和测绘。场地条件复杂或有特殊要求的工程，需要进行施工勘察。场地较小且无特殊要求的工程可合并勘察阶段。当建筑物平面布置已经确定，且场地或其附近已有岩土工程资料时，可根据实际情况，直接进行详细勘察。

---

[1] 参考李祥军等著《一本书读懂建设工程》，法律出版社，2022。

**1. 勘察资料收集**

工程勘察需要收集的资料，包括：地域地质资料，如地层、地质构造、岩性、土质等；地形、地貌资料，如区域地貌类型及主要特征，不同地貌单元与不同地貌部位的工程地质评价等；区域水文地质资料，如地下水的类型、分带及分布情况、埋藏深度、变化规律等；各种特殊地质地段及不良地质现象的分布情况，发育程度与活动特点等；地震资料，如沿线及其附近地区的历史地质情况、地震烈度、地震破坏情况及其与地貌、岩性、地质构造的关系等；气象资料，如气温、降水、蒸发、温度、积雪、冻积深度及风速、风向等；其他有关资料，如气候、水文、植被、土壤等；工程经验、区内已有公路、铁路等其他土建工程的工程地质问题及其防治措施等。

**2. 工程地质调查与测绘**

工程地质调查与测绘的范围应包括拟建场地及其附近地区，工作内容包括搜集、研究已有的地质资料并进行现场踏勘、调查和必要的测绘，通过调查，查明地形、地貌特征，地貌单元形成过程及其与地层、构造、不良地质现象的关系，划分地貌单元；明确岩土的性质、成因、年代、厚度和分布。对岩层应查明风化程度，对土层应区分新近堆积土、特殊土的分布及其工程地质条件；在城市应注意调查冲填土、素填土、杂填土等的分布、回填年代和回填方法以及物质来源等；注意调查已被填没的河、塘、滩地等的分布位置、深度、所填物质及填没的年代；还要注意井、墓穴、地下工程、地下管线等的分布位置、深度、范围、结构形式、构筑年代和材料等；查明岩层的产状及构造类型，软弱结构面的产状及其性质，包括断层的位置、类型、产状、断距、破碎带的宽度及充填胶结情况，岩、土层接触面及软弱夹层的特性等，第四纪构造活动的形迹、特点与地震活动的关系；查明地下水的类型、补给来源、排泄条件，井、泉的位置、含水层的岩性特征、埋藏深度、水位变化、污染情况及其与地表水系的关系等；搜集气象、水文、植被、土地最大冻结深度等资料；调查最高洪水位及其发生时间、淹没范围等；查明岩溶、土洞、滑坡、泥石流、崩塌、冲沟、断裂、地震灾害和岸边冲刷等不良地质现象的形成、分布、形态、规模、发育程度及其对工程建设的不良影响；调查人类工程活动对场地稳定性的影响，包括人工洞穴、地下采空、大填大挖、抽水排水以及水库诱发地震等。类似工程和相邻工程的建筑经验和建筑物沉降观测资料，改建、加层建筑物地基基础、沉降观测等资料。

工程地质测绘的基本方法，包括：

（1）路线法：沿着一些选择的路线穿越测绘场地，并把观测路线和沿线查明的地质现象，地质界线填绘在地形图上。路线形式有直线形式与"S"线形等，一般用于各类的比例尺测绘。

(2)布点法：根据地质条件复杂程度和不同的比例尺，预先在地形图上布置一定数量的观测点及观测路线，布点适用于大、中比例尺测绘。

(3)追索法：沿地层、构造和其他地质单元界线布点追索，以便查明某些局部的复杂构造，追索法多用于中、小比例尺测绘。

已有航摄资料可用于绘制工程地质图的方法：

(1)主体镜判释：立体镜是航空相片立体观察仪器。利用判断标志，结合所需测绘区域地质资料，将判明的地层、构造、岩性、地貌、水文地质条件、不良地质现象等，调绘在单张相片上，并据以确定需要调查的地点和路线。

(2)实地调查测绘：对判释的内容通过实地调查测绘进行核对、修改与补充。重要的地质点应刺点记录。

(3)绘制工程地质图：根据地形、地貌、地物的相对位置，将测绘在相片上的地质资料，利用转绘仪器绘制于等高线图上，并进行野外核对。

**3. 工程地质勘探**

工程地质勘探的主要任务是探明地下有关地质情况，如地层、岩性、断裂构造、地下水位、滑动面位置等。为深部取样及现场原位试验提供场所，利用勘探坑孔可以进行某些项目的长期观测工作以及物理地质现象处理工作。工程地质勘探的方法，包括：

(1)挖探

挖探是工程地质勘探中最常用的一种方法，可分为剥土、探坑、探槽、探井（分竖井、斜井）、平硐等，它就是用人工或机械方式进行挖掘坑、槽、井、洞等，以便直接观察岩土层的天然状态以及各地层之间接触关系等地质结构，并能取出接近实际的原状结构土样。该方法的特点是地质人员可以直接观察地质结构细节，准确可靠，且可不受限制地取得原状结构试样，因此对研究风化带、软弱夹层、断层破碎带有重要的作用，常用于了解覆盖层的厚度和特征。

坑探、槽探的缺点是可达的深度较浅，易受自然地质条件的限制，而探井、平硐工期长、费用高，一般在地质条件复杂，用其他手段难于查明情况时才采用。这里只介绍常用的坑探和槽探，探井和平硐请参考相关手册和书籍。

1)坑探：用机械或人力垂直向下掘进的土坑，浅者称为试坑，深者称为探井。

坑探断面根据开口形状可分为圆形、椭圆形、方形、长方形等。其断面积有 $1m \times 1m$，$1.5m \times 1.5m$ 等不同的尺寸。它的选用是根据土层性质，用途及深度而定。坑探深一般为 $2 \sim 4m$。

2）槽探：挖掘成狭长的槽形，其宽度一般为0.6～1.0m，长度视需要而定，深度通常小于2m，槽探适用于基岩覆盖层不厚的地方，常用来追索构造线，查明坡积层、残积层的厚度和性质，揭露地层层序等。槽探一般应垂直于岩层走向或构造线布置。

（2）钻探

在工程地质勘察工作中，钻探是广泛采用的一种最重要的勘探手段，它可以获得深部地层的可靠地质资料，一般是在挖探、简易钻探不能达到目的时采用。为保证工程地质钻探工作质量，避免漏掉或寻错重要的地质界面，在钻进过程中不应放过任何可疑的地方，对所获得的地质资料进行准确的分析判断。用地面观察所得的地质资料来指导钻探工作，校核钻探结果。

但在山区道路勘察中使用钻探方法，往往进场条件较为困难，"三通一平"等辅助工作量较大，勘察成本高，周期长，钻探主要用于桥梁、隧道、大型边坡及滑坡等不良地质现象的勘探。路基勘察工作中钻探工作量布置尽可能减少，应与地调、物探等其他勘察手段配合使用，以达到减低成本、提高勘察精度的目的。根据钻进时破碎岩石的方法，钻探可分为冲击钻进、回转钻进、冲击—回转钻进、振动钻进、冲洗钻进。

1）冲击钻进：是利用钻具的自重，反复自由下落的冲击力，使钻头冲击孔底以破碎岩石而逐渐钻进，该方法不能取得完整岩芯。

2）回转钻进：是在轴心压力作用下利用钻具回转方式破坏岩石的钻进，机械回转钻进可适用于软硬不同的地层。

3）冲击—回转钻进：钻进过程是在冲击与回转的综合作用下进行的。适用于各种不同的地层，能采取岩芯，在工程地质勘察中应用也较广泛。

4）振动钻进：是利用机械动力所产生的振动力，使土的抗剪强度降低，借振动器和钻具的自重，切削孔底土层不断钻进。

5）冲洗钻探：是通过高压射水破坏孔底土层从而实现钻进。该方法适用于砂层、粉土层和不太坚硬黏土层，是一种简单快速的钻探方式。但该方法冲出地面的粉屑往往是各种土层的混合物，代表性很差，给地层的判断、划分带来困难，因此一般情况下不宜采用。

**4. 室内实验**

室内试验，包括岩、土的物理、水理、力学、化学等试验内容，室内试验一般在中心试验室进行。如工程规模大、试验多，可考虑在现场设置工地试验室，就地进行试验。室内试验虽然具有边界条件、排水条件和应力路径容易控制的优点，但是由于试验需要取试样，而土样在采集、运送、保存和制备等方面不可避免地受到不同程度的扰动，特别是对于饱和状态的砂质粉土和砂土，可能根本取不上土样，这使测得的力学指标严重"失真"。因此，为了取得可靠的力学指标，在工程地质勘察中，必须进行一定的相应数量的野外现场原位试验。室内试验的项目应根据工程需要、工况等综合确定，具体试验方法详见有关规范及手册等，在此不再赘述。

**5. 工程地质原位测试**

岩土力学测试的主要项目有：载荷试验、静力触探试验、动力触探试验、标准贯入试验、十字板剪切试验、旁压试验、现场剪切试验、波速测试、岩土原位应力测试、块体基础振动测试等。水文地质试验的主要项目有：抽水试验、注水（压水）试验、渗水试验、连通试验、弥散试验（示踪试验）、流速、流向测定试验等。此外，还有岩体中地应力的测试及地基工程地质试验。

**6. 长期观测**

长期观测主要指短期内不能查明的、需要进行多年的季节性观测工作才能掌握其变化规律的工程地质条件。观测工作可以在勘测设计阶段进行，也可以在施工阶段进行，还可以在运营阶段进行。长期观测针对工程需要进行安排，主要内容有以下几方面：

（1）与工程有关的地下水的动态观测；

（2）对不良地质活动情况的观测与监测；

（3）对岩土受到施工作用及其反映情况的监测；

（4）对施工和运营使用期的工程监测；

（5）对环境条件在施工过程中可能发生的变化进行监测。

## 三、工程勘察设备

根据建设部在工程勘察企业资质管理中对技术装备的要求，工程勘察需要使用到的技术装备包括室内实验设备、原位设备和物探测试检测设备三类。

**1. 室内试验设备**

工程勘察企业需要装备的室内试验设备主要有：

（1）固结仪，分为高压固结仪和中低压固结仪。主要用于测定在不同载荷和有侧限的条件下土的压缩性能，可以进行正常慢固结试验和快速固结试验，测定前期固结压力和固结系数，可以做三种类型的试验：原状土—现场取土；重塑土—泥浆预固结土；重压制土—静压实或是动压实、控制以及后处理。

（2）三轴仪，主要用途是测定土的强度和应力应变有关参数，也常用来测定土的静止侧压力系数、消散系数、渗透系统等。仪器构造复杂、操作麻烦。除了作研究用外，很少被岩土工程师用于实际的工程勘察设计。

（3）渗透仪，具体设备有常水头渗透仪，用于测定砂质土及含水量砾石的无凝聚性土在常水头下进行渗透度试验的渗透系数；土壤渗透仪，可供测定黏质土在变水头下渗透的试验等。

（4）四联直剪仪，主要用于测定土的抗剪强度，通常采用四个试件在不同的垂直压力下，施加剪切力进行剪切，求得破坏时的剪应力，根据库仑定律确定抗剪强度系数、内摩擦角和凝聚力。

（5）无侧限压缩仪，适用于测定饱和软黏土的无侧限抗压强度及灵敏度。

（6）万能材料试验机，又称万能拉力机或电子拉力机，适用于金属材料及构件的拉伸、压缩、弯曲、剪切等试验，也可用于塑料、混凝土、水泥等非金属材料同类试验的检测。

（7）压力试验机，也称电子压力试验机，主要适用于橡胶、塑料板材、管材、异型材、塑料薄膜、电线电缆、防水卷材、金属丝、纸箱等材料的各种物理机械性能测试。

（8）岩石三轴仪，是研究岩石在多种环境下力学特性及剪切特性的试验设备。

（9）岩石点荷载仪试验设备，是一种用于岩石点荷载试验、测定岩石点荷载强度指数的测试仪器。

室内试验设备还包括磨石机。

**2. 原位实验设备**

原位测试是在岩土原来所处的位置上或基本上在原位状态和应力条件下对岩土性质进行的测试。常用的原位测试方法有：载荷试验、静力触探试验、旁压试验、十字板剪切试验、标准贯入试验、波速测试及其他现场试验。原位测试设备包括：

（1）载荷试验设备，用于静载荷试验，根据试验对象可分为地基土浅层平板载荷试验、深层平板载荷试验、复合地基载荷试验、岩基载荷试验、桩（墩）基载荷试验、锚杆（桩）试验；根据加载方式可分为：竖向抗压试验、竖向抗拔试验、水平载荷试验。试验使用设备：千斤顶、荷重传感器、位移传感器、百分表，最重要的试验设备是静载荷测试仪。

（2）旁压设备，可测试土壤的原位水平总应力以及有效应力、主应力和次应力方向、初始剪切模量、正交和切向剪切模量、不排水剪力、剪应力/剪应变曲线、空隙水压力、水平固结系数；沙的剪阻力角、扩张角、正交和切向剪切模量等。

（3）静力触探设备，用来查明地层在垂直和水平方向的变化；进行力学分层；确定天然地基承载力和估算单桩承载力；判别砂土液化的可能性；确定软土的不排水抗剪强度；提供软土地基承载力和斜坡稳定性的计算指标。

原位测试设备还包括：扁铲和现场剪切设备。

### 3.物探设备

物探测试，即利用重力、磁、电阻、地震等方法来探测地下目标体的地球物理勘探方法，主要用来探测金属矿藏、石油天然气等能源的分布情况。物探测试检测设备包括：

（1）电法仪，用于寻找地下水，解决人、畜饮用水及工农业用水问题，水文、工程、环境的地质勘探，找断裂带及陷落柱、山体滑坡、煤矿采空区以及金属与非金属矿产资源勘探、能源勘探、城市物探、铁道及桥梁工程勘探。

（2）面波仪，可用于面波、高密度地震映像、脉动测量、折射、剪切波测量、城市爆破震动安全评价桩基检测等。

（3）地震仪，是一种监视地震的发生，记录地震相关参数的仪器。

（4）工程检测仪（波速检测仪），是根据地表脉冲源激震产生的瑞雷面波，基于直达波（P波、S波）在弹性分层的半空间介质中传播速度的差异，测试地基土层的动力性质，以评价其动力性能及其对地震反应可能产生的影响。

（5）声波测井仪，是指利用声波在不同岩石地中传播时，速度、幅度及频率的变化等声学特性来研究钻井的地质剖面，判断固井质量的一种测井方法。

（6）探地雷达，是一种无损探测技术装备，利用天线发射和接收高频电磁波来探测介质内部物质特性和分布规律的一种地球物理方法。

（7）桩基动测仪，被广泛应用在桩身的完整性检测中，但是桩头的处理、激震锤的选择等问题都会影响桩身检测的结果和质量。

（8）地下管线探测仪，能在不破坏地面覆土的情况下，快速准确地探测出地下自来水管道、金属管道、电缆等的位置、走向、深度及钢质管道防腐层破损点的位置和大小。

### 4.其他设备

除以上设备之外，在工程勘察过程中还需要：

（1）全站仪，即全站型电子测距仪，是一种集光、机、电为一体的高技术测量仪器，是集水平角、垂直角、距离（斜距、平距）、高差测量功能于一体的测绘仪器系统。

（2）钻探设备是能够完成钻孔所必需的一切技术装备的总和，一般包括钻机、钻探用泵、空气压缩机、动力机和传动装置以及与之配套的钻塔、拧管装置等。钻探设备按其装载方式，可分为整体式和组装式；钻探设备依据岩土钻探设备用途可分为工程地质、水文水井、工程施工、岩芯和取样钻探设备等。

## 四、工程勘察具体要求

**1. 初勘布点要求**

初步勘察的勘探工作应符合下列要求：

（1）勘探线应垂直地貌单元、地质构造和地层界线布置；

（2）每个地貌单元均应布置勘探点，在地貌单元交接部位和地层变化较大的地段，勘探点应予加密；

（3）在地形平坦地区，可按网格布置勘探点；

（4）对岩质地基，勘探线和勘探点的布置，勘探孔的深度，应根据地质构造、岩体特性、风化情况等，按地方标准或当地经验确定。

**2. 详勘布点要求**

详细勘察的勘探点布置，应符合下列规定：

（1）勘探点宜按建筑物周边线和角点布置，对无特殊要求的其他建筑物可按建筑物或建筑群的范围布置；

（2）同一建筑范围内的主要受力层或有影响的下卧层起伏较大时，应加密勘探点，查明其变化；

（3）重大设备基础应单独布置勘探点；重大的动力机器基础和高耸构筑物，勘探点不宜少于3个；

（4）勘探手段宜采用钻探与触探相配合，在复杂地质条件、湿陷性土、膨胀岩土、风化岩和残积土地区，宜布置适量探井。

详细勘察的单栋高层建筑勘探点的布置，应满足对地基均匀性评价的要求，且不应少于4个，对密集的高层建筑群，勘探点可适当减少，但每栋建筑物至少应有1个控制性勘探点。

**3. 勘察报告**

根据《建筑地基基础设计规范》GB 50007—2011，地基基础设计前应进行岩土工程勘察，编纂的岩土工程勘察报告应达到以下要求：

（1）查明场地和地基的稳定性、地层结构、持力层和下卧层的工程特性、土地应力历史和地下水条件以及有无影响建筑场地稳定性的不良地质作用，评价其危害程度；

（2）提供满足设计、施工所需的岩土参数，确定地基承载力，预测地基变形性状；

（3）建筑物范围内的地层结构及其均匀性，各岩土层的物理力学性质指标，以及对建筑材料的腐蚀性；

（4）地下水埋藏情况、类型和水位变化幅度及规律，以及对建筑材料的腐蚀性；

（5）在抗震设防区应划分场地类别，并对饱和砂土及粉土进行液化判别；

（6）提出地基基础、基坑支护、工程降水和地基处理设计与施工方案的建议；提供与设计要求相对应的地基承载力及变形计算参数，并对设计与施工应注意的问题提出建议；

（7）对于抗震设防烈度等于或大于6度的场地，进行场地与地基的地震效应评价。

当工程需要时，尚应提供深基坑开挖的边坡稳定计算和支护设计所需的岩土技术参数，论证其对周边环境的影响；基坑施工降水的有关技术参数及地下水控制方法的建议；用于计算地下水浮力的设防水位等。

根据《岩土工程勘察规范》，岩土工程勘察报告应根据任务要求、勘察阶段、工程特点和地质条件等具体情况编写，并应包括下列内容：

（1）勘察目的、任务要求和依据的技术标准；

（2）拟建工程概况；

（3）勘察方法和勘察工作布置；

（4）场地地形、地貌、地层、地质构造、岩土性质及其均匀性；

（5）各项岩土性质指标，岩土的强度参数、变形参数、地基承载力的建议值；

（6）地下水埋藏情况、类型、水位及其变化；

（7）土和水对建筑材料的腐蚀性；

（8）可能影响工程稳定的不良地质作用的描述和对工程危害程度的评价；

（9）场地稳定性和适宜性的评价。

此外，岩土工程勘察报告应附下列图件：

（1）勘探点平面布置图；

（2）工程地质柱状图；

（3）工程地质剖面图；

（4）原位测试成果图表；

（5）室内试验成果图表。

当需要时，可另外再附综合工程地质图、综合地质柱状图、地下水等水位线图、素描、照片、综合分析图表以及岩土利用、整治和改造方案的有关图表、岩土工程计算简图及计算成果图表等。

# 第5节　施工开工准备[①]

## 一、施工许可制度

**1. 施工许可的范围**

根据住房和城乡建设部《建设工程施工许可管理办法》规定，各类房屋及其附属设施的建造、装饰，配套的线路、管道、设备的安装以及城镇市政基础设施工程，在施工开始之前，都需要由工程的建设单位，向工程所在地县级以上地方人民政府住房和城乡建设主管部门申请领取施工许可证。其中，总投资额在30万元以下或者建筑面积不足300m²的建设工程项目，可以不申请施工许可。另外，按照国务院规定的权限和程序，已经履行了开工报告批准程序的建设工程项目，亦无须再领取施工许可证。

施工许可证是建设工程项目合法合规开工的凭证，可视为建设工程开工的必要条件之一。

**2. 施工许可证申领条件**

申请领取建设工程施工许可证，建设工程项目需要具备下列条件，并提交相应的证明文件，方能获得颁发建设工程施工许可证：

（1）依法应当办理用地审批手续的，已经办理建设项目用地审批手续，含建设工程用地预审、建设工程用地许可证明等。

（2）建设工程处于城镇规划区之内的，建设工程已取得城乡规划主管部门颁发的建设工程规划许可证。

（3）施工现场，以及水、电、路等条件基本达到施工的需求，确需征收房屋的，其征收房屋及拆迁的进度符合施工要求。

（4）已走完招标采购的相关程序，确定了工程施工单位，根据项目规模与国家规定，需要具备相应执业资格的人员已经就位，如项目经理人选确定。

---

[①] 参考李祥军等编著《工程项目管理》，中国建筑工业出版社，2020。

（5）建设工程勘察设计等技术资料满足施工需求，施工图设计文件已按规定审查合格，达到工程施工与采购的要求。

（6）应采取具体措施确保工程质量和安全。施工单位编制的施工组织设计具有根据建设项目特点制定的相应质量安全技术措施。建立项目质量安全责任制并实施。专业工程项目制定了专项质量、安全施工组织设计，并按规定办理了工程质量、安全监督手续。

（7）按照建筑法规定，在强制监理范围之内的工程，已经通过招标采购等程序委托了监理，按照规定需要具备监理工程师执业资格的人员，如总监理工程师、专业监理工程已经就位。

（8）建设工程项目所需资金已到位。工期不足一年的，已到位资金原则上不低于合同价款的50%；工期在一年以上的，到位资金原则上不低于合同价款的30%。建设单位应当提供自申请日起未拖欠工程款的承诺书或者其他未拖欠工程款的材料，以及银行出具的资金到位证明，并可在条件许可的情况下实施银行付款担保或其他第三方担保。

（9）国家相关法律与行政法规对施工许可规定了其他需要具备条件的，需按照规定一并完成。

## 二、施工的现场条件

建设工程施工开始之后，施工机械与作业人员需要进入现场开展施工作业，其中作业人员还需要在现场工作与生活。所以，工程项目的施工需要满足技术资料条件，必要的生活条件，以及相应的作业条件。具体可表述如下：

**1. 技术资料条件**

施工需要具备的技术资料条件，包括设计图纸资料会审与交付，施工质量和安全保障条件等，具体有：

（1）施工图已经审核完成，设计单位、施工单位、监理单位和建设单位已经进行了图纸的会审，设计图纸中隐含的问题已经处理完成，设计对工程所涉重大质量与安全的技术方案进行了建议与说明。

（2）用于测量放线的水准点与坐标控制点资料齐全，交付施工单位，并且建设单位、施工单位与咨询单位共同完成水准点与坐标控制点的复核，达到拟建工程定位、定点与放线的要求。

（3）施工场地范围内存在水、电、气以及通信电缆等地下管线的，建设单位已经收集完整、真实的地下管线资料，满足施工过程中对地下管线资料保护与确保施工安全的需求。

（4）施工单位已经编制完成可用于工程施工质量与安全保障的相关制度、体系与方案，部分技术方案根据现行法律法规需要经过专家论证和（或）监理等咨询审批的，已经完成了专家论证和（或）审批。

**2.现场人员生活与作业条件**

（1）现场最基本的生活与作业条件是有水可用、有电可用、有住宿与办公的临时设施，能够保证行人与车辆（包括材料设备运输的大型车辆）进出现场的道路。

（2）基于地方政府安全文明施工管理要求的，现场作业人员生活、休闲必须设施，如安全围挡、消防安全设施、淋浴房、文化活动室、夜校等。

（3）基于国家和地方政府环保要求的，拟制扬尘、进出场车辆清洗、排水排污等设备与设施。

（4）现场具备材料设备进场之后可以按照材料设备保养、存放规定进行存储、加工、检测的设施与条件，相应的加工制作机具就位。

（5）材料设备吊装以及施工过程中需要垂直于水平运输的机械设备进场就位，如自行式或塔式起重机械等。

（6）根据建设工程安全生产管理条例及相关规范，现场具备充足的安全防护装具、设施和设备，包括安全帽、安全网、安全带、设备安全防护装具、作业安全防护设施等，能够确保现场人员生活与作业安全。

（7）施工作业所需的工程材料与构配件的生产、运输能够保证工程连续施工作业的需求。

## 三、开工的审批

所谓开工审批，一般是指工程施工开工的审批，即建设单位或其所聘用的咨询工程师对建设工程是否具备开始施工的条件进行审核，做出开工时间认定的过程。开工审批之目的，一是确定对参建各方有约束力的实际开工时间，用以推动与约束各参建方按照合同推动建设工程进展；二是确保达到条件再开始施工作业，防止条件不具备下的仓促开工可能导致的施工中断与暂停。

开工审批一般起始于建设工程的总承包方，即施工企业提出开工申请，如表4-1所示。施工企业在开工申请之中，需要详细列明施工企业已经具备的施工资源与条件，包括到场的机械设备、劳务作业人员数量、管理人员数量，以及进场的材料、构配件等。如果施工企业所具备的资源与条件达到工程开工要求，而建设单位或其聘用的咨询工程师不能签发开工通知的，施工企业可以根据开工申请之中所列资源进行费用和利润的索赔。所以，从建设单位角度出发，无论是否能够签发开工通知，建设单位均需要组织人员或要求咨询工程师对施工单位所列资源进行核实。按照默认原则，建设单位未对施工单位上报开工申请中所列资源进行核实的，视为建设单位对施工单位资源到位属实的认可。

开工报审表　　　　　　　　　　　表4-1

工程名称：　　　　　　　　　　　　　　　　　　　　　　　　　　编号：

致：
　　　我方承担的＿＿＿＿＿＿＿＿＿＿＿＿＿＿＿＿＿＿＿＿＿＿工程，已经完成了以下各项开工准备工作，具备了开工条件，特申请开工，请核查并核发开工指令。
　　　完成的开工准备工作有：
　　　1.
　　　2.
　　　……

施工单位（章）：
项目经理：
日期：

附件：相应证明材料

开工申请的审核，由建设单位的管理人员或其聘用的咨询工程师负责对施工单位的开工申请进行审核。审核内容包括两个方面：一是审核施工单位在开工申请之中所列出的资源与条件是否属实，是否达到工程开工需要；二是核查建设单位是否做好了工程开工的准备。只有以上两个方面的核实与核查均没有问题，才能做出同意开工的许可或通知，否则只能做出延期开工的通知。从实践之中来看，无法按期开工的原因多属于建设单位没有做好开工的准备，如没有获得建设行政主管部门颁发的施工许可，建设单位应当提供的设计图纸没有就绪，建设工程场地范围内拆迁没有完成，建设单位没有接入水电等公共服务设施等。因建设单位原因延期开工的，施工单位可以就延期内的损失向建设单位提供索赔。

施工单位没有在合同约定时间内递交开工申请的，建设单位自身的开工准备条件已经完成，此时建设单位或其委托的咨询工程师可直接向施工单位下达开工通知。即使施工单位不能在通知时间开工的，通知时间仍视为正式开工日期，合同工期开始计算，如果因为施工单位不能在通知时间开工原因致使完工时间延误的，施工单位需要承担工期违约责任。

# 第6节　城市轨道交通站点接驳工程建设准备案例

## 一、城市轨道交通站点的公交接驳

济南新东站片区交通枢纽是集高速铁路、城际铁路、城市轨道、长途客运、公共交通和出租换乘于一体，多种交通方式无缝衔接的立体化、现代化综合客运枢纽。客运公交与BRT公交在济南新东站站点接驳中占据主要人流疏导功能的交通方式。济南新东站共规划14条公交线路，分别是快线，摆渡线，大站快车，常规公交等线路，如图4-1所示。济南新东站中客运公交与BRT公交站点分别设置在东客站南广场东侧地面和南广场西侧地面的位置，公交及BRT车站总建筑面积10908$m^2$，公交车站及BRT配套管理用房面积共1124$m^2$。在新东站综合交通枢纽之下，可实现从公交到高铁平均点换乘131m，平均点换乘1.3min的换乘，从公交到地铁108m，3.1min的换乘，从公交到长途客车140m，1.4min的换乘。

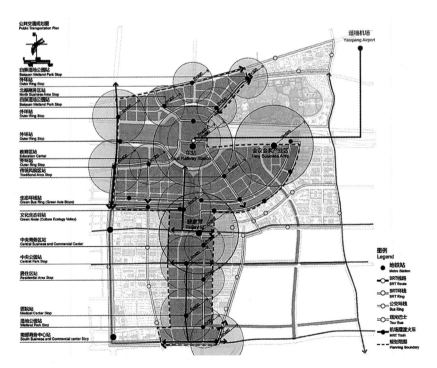

**图4-1　新东站片区中公交站点及线路规划**

## 二、公交接驳项目建设准备

规划设计中对于公交规划设计主要考虑无缝换乘，近大远小，布局集约，适应交通主流向，站场分离因素，首先计算铁路客流，长途汽车客流，周边旅客分布，分别采用国内同类项目经验类比的方法来预测铁路客流，长途汽车客流，周边旅客分布，到2040年，铁路年旅客发送量为2240万人次，高峰小时旅客发送量为11415人次/h。长途汽车客流设计日均旅客发送量为2.3万人次，高峰小时发送量5700人/h。东客站周边旅客日出行量为207万人次/d，送迎客量为3.76万人次/d。对铁路客流，长途汽车客流，周边旅客分布数据，高峰小时系数分析，采用标杆城市法预测2040年铁路客流2283人次/h，长途客流1710人次/h周边客流1200人次/h。从首末线每班车运载35人，中间线每班车运载15人，线路发车频率6min考虑，远期2040年需设置15条公交首末线路，提供15个上客位，15个蓄车位。其中，南广场需要配置至少9条首末线路，北广场需要配置至少6条首末线路。通过规划设计最终达到落实上位规划，加强对外客运枢纽衔接，提升城市服务功能；提高交通服务水平，促进济南东部新城发展；推动"绿色出行、公交优先"，助推城市的可持续发展；综上，本项目的建设是提高济南东部新城交通服务水平，促进新城发展的需要；对支持济南城市规划近期重点区域发展，加强重要对外客运枢纽衔接意义重大；是推动"绿色出行、公交优先"城市建设模式，提升城市环境品质，解决交通矛盾的需要。因此，无论从城市发展还是交通需求来看，本项目的建设都是十分必要的。

公共交通项目所占用地及线路规划需经过济南自然资源与规划局的论证与审批，单独办理相关的济南东客站综合交通枢纽工程项目选址规划许可与济南东客站综合交通枢纽工程项目用地证明。

在公交接驳项目的前期建设准备过程中，公交总公司提需求，比如，公交场站的设置、公交线路的设置、公交站点的设置等。设计院在设计图纸时要考虑公交公司等多方面因素，图纸设计完成之后由公交总公司确认是否符合要求，如不符合，双方进一步协商，直到满足要求为止。

## 三、公交接驳项目建设过程

公交线路建设由济南市城乡交通运输局承办与实施，由申办人自备初步设计、施工图设计、施工图设计纸质版原件向济南市城乡交通运输局提起申报，交通局在接收之后在9个工作日内对于申报材料进行审查，审查通过之后5个工作日内给出批复文件，最后1个工作日内办结出件。在公交接驳项目建设过程中，公交总公司可以提要求。在验收环节，公交总公司要参与验收。

# 第五章 城市轨道交通沿线配套工程设计管理

# 第1节　设计管理范围与内容

## 一、设计管理

　　设计管理属于工业设计领域的一个新兴学科,被视为引导企业整体文化形象的多维管理程序,用以实现企业发展战略和经营思想计划,是视觉形象和技术的高度统一的载体。英国设计师迈克尔·费尔在1966年出版的《设计管理》中首次提出设计管理的概念,其将设计管理定义为:发现设计问题,寻找合适的设计师,并且尽可能地使设计师在既定的预算内及时解决设计问题。迈克尔·费尔把设计管理视为解决设计问题的一项功能,是针对具体设计项目展开的管理工作。

　　1975年,美国成立了设计管理协会(DIM),设计管理协会主席鲍尔把设计管理定义为"以使用者为中心,对有效产品、信息和环境进行开发、组织、计划和资源支配"。在工业高速发展的欧美国家,企业的设计和管理部门日益重视设计管理工作,并有力实施设计管理工作,使企业的产品和自身品牌更具竞争力。随着经济全球化的加剧,如何合理利用全球的设计资源,积极调动设计师的创造性思维,在新产品中满足市场与消费者的需求,以更合理、更科学的方式影响和改变人们的生活,事关企业能否获得最大限度的利润。在此背景下,设计深入到企业的各个方面,设计与管理的结合成为必然,设计成为企业成功的关键要素。大型的跨国公司,如科勒公司、宝丽来公司、西门子公司等都以各自的方式推行设计管理,帮助他们在全球市场上不断取得成功。

　　工程项目的设计管理是使用相关的理论和技术,为实现预先拟定的设计目标,对于任务与资源开展科学的整合、指挥与协调等工作的管理活动。工程项目中参建主体较多,不同主体在项目中具有不同的角色和地位,其所赋予设计管理的内涵与侧重也有所不同。设计管理以工程设计的相关内容为基础,传统的设计管理的核心主体通常为业主方和设计方。1999年,国际咨询工程师联合会出版的《设计采购施工/交钥匙工程合同条件》,从设计管理的组织和沟通角度,规定了工程总承包方对设计的责任、权利以及义务。合同条款中明确业主要为合同中规定由业主负责或不可变的部分、对工程或其他任何部分的预期目的说明、竣工工程的试验和性能标准以及合同说明之外承包商不能核实的部分的正确性负责。此外，业主不对其余任何问题负责，承包商在除了业主应负责部分外要对业主要求的设计标准和计算的正确性负责。

工程项目设计管理工作伴随着工程项目建设的全生命周期，但按其规律和项目管理的实际需要，也应划分为不同的阶段，方能有助于设计管理工作科学、合理、有序地进行。按现行《建设工程项目管理规范》规定，项目设计管理按项目建设周期流程可依次分为以下四个阶段：

（1）前期决策阶段。包括投资意向、项目投资机会研究、项目建议书、建设选址、可行性研究、项目评估以及设计要求提出等分析决策过程。该阶段设计管理的重点是论证、确定工程的规模、功能、标准、投资总额与相关技术参数，作为后续设计的直接依据与前提条件。

（2）设计阶段。该阶段是根据工程项目基本的设计程序，依次展开设计工作，其中涵盖了设计筹备、方案设计、初步设计、施工图设计等。本阶段的设计过程管理是确保项目决策目标在设计中得到百分之百地实现，并在计划的时间和费用范围之内，完成全部的设计工作，达到施工所需设计深度要求。

（3）施工阶段。施工开始之前，设计人员需要向施工人员进行设计交底，帮助施工人员熟悉、了解设计意图、重难点与技术实现方式。施工过程中设计管理的重点是根据工程所需进行设计的优化调整与变更，并参与质量检查和验收，以确保设计方案和技术标准能够得到全面的实现。

（4）收尾阶段。设计管理的主要内容是根据实际施工情况，在原有设计文件基础上补充、修正，向业主和城市档案管理部门提供竣工图，以做工程项目运营中的维修、保养使用。除此之外，设计管理还包括设计的回访与总结评估等内容。

## 二、市政工程设计内容

### 1. 市政工程

市政工程是指市政基础设施的建设工程。市政基础设施则是指在乡镇和县（市）区城市规划内设置的、基于政府责任和义务兴建的、为市民提供有偿或无偿公共产品和服务的各种建筑物、构筑物及设备，包括桥梁工程、交通工程、热力工程、给水排水工程、燃气工程、绿化工程、电信工程、照明工程和电力工程等。

市政工程具有以下特点[①]：

（1）市政工程多样性特点

市政工程通常都有丰富多样的外观或结构形式，如道路工程，会根据项目不同的现场地形、周边环境、道路等级、特殊要求等呈现不同的外观或结构形式，包括项目位置、平纵面线性、路基路面结构等；而桥梁工程，也会因不同的功能与外观需求，采用不同的结构方案，如梁可以采用钢桁架、钢箱梁、预制小箱梁、现浇箱梁等。

（2）市政工程单件性特点

每个市政工程都在特定的地理环境中建筑，受到地形、地质、水文等自然条件；原料、材料、燃料等资源条件；功能技术要求；建设规模；建设标准；景观要求等多方面的制约与限制。这些制约与限制，决定了每个市政工程需要进行个别设计，需要一套单独的设计图纸。

（3）市政工程目标要求高

市政工程多分布在城市市区，与公众的日常生活密切相关，为满足公众日益增长的生活幸福感和满意度需求，市政工程建设与运行的质量需要随之提高。市政设施是改善居民外部条件和居住环境的建筑物，是政府形象的直接体现，关系着群众生活质量和城市的形象的提升，对项目质量的要求很高，很多重点工程都要求达到"创优"标准。

（4）市政工程投资大、使用周期长

市政工程规模不同、难度不同，投资也相差很大，投资额高的上至千万元，甚至过亿元。从规划、决策、设计、施工到竣工验收、投入生产或交付使用的整个建设过程，称为市政工程的建设周期。其与规模、难度有关，短的一两个月，长的数以年计。相对于建设周期，市政工程的使用寿命更长，目前，城市道路水泥混凝土路面一般设计年限是30年，沥青路面则为15年，桥梁工程的设计基准期是100年。

**2.市政工程设计**

根据业主对于拟建项目的具体经济、技术要求而进行的规划、设计、计算，并提供图纸、文本等成果的工作称之为工程设计。工程设计是施工的前提和必要条件。市政工程项目能否满足客观条件及业主提出来的要求，都由设计质量的好坏所决定，甚至还会影响到投资额大小及施工进度快慢。设计阶段是项目决策阶段之外至关重要的一个阶段。如同其他工程设计一样，市政工程的具体设计过程

---

① 参考裴治硕士论文《南京市南部新城市政工程设计管理》，2016。

一般可分为初步设计和施工图设计两个阶段:

(1) 初步设计

初步设计是根据批准的可行性研究报告进行编制,要明确工程规模、建设目的、投资效益、设计原则和标准,深化设计方案、确定拆迁、征地范围和数量,提出设计中存在的问题、注意事项及有关建议。设计深度应能控制工程投资,满足编制施工图设计、主要设备订货、招标及施工准备的要求。

初步设计文件应包括:设计说明书(包括设计依据、设计标准、研究过程以及各项设计内容等)、设计图纸(包括总体布置图、枢纽工程图以及主要工程的相关图纸等)、主要工程数量、主要材料设备数量(工程全部所需的三材和其他主要设备材料的名称、规格、数量以表格列出)和工程概算。工程概算的内容包括建筑安装工程费用和工程建设其他费用,有贷款的项目还要计算建设期贷款利息。工程概算的文件包括封面、编制说明、总概算表、各专业单位工程概算。

(2) 施工图设计

施工图应根据批准的初步设计进行编制,其设计深度应能满足施工、安装、加工及编制施工图预算的要求。

施工图设计文件应包括:设计说明书(包括初步设计批复、执行批复情况以及工程内容和施工规范等)、设计图纸(这个阶段的图纸包括合同要求所涉及所有专业的设计图纸)、工程数量、材料设备表(工程所用的全部材料和设备的名称、数量、规格以表格列出)、修正概算或施工图预算。施工图预算一般只计算建安工程费,预算文件包括封面、编制说明、总预算表、各专业单位工程预算。

施工图设计文件应满足施工招标、施工安装、材料设备订货、非标设备制作,据以工程验收。

## 三、市政工程设计管理

### 1.市政工程设计管理过程

市政工程的设计过程是从初步设计到施工图设计的过程,从设计管理的角度出发,管理过程如图5-1所示。

(1) 设计前期准备阶段,主要是编写设计任务书,并且进行设计任务的委托,择优确定最能达到设计要求的设计单位,设计合同的签订,协调各设计单位的工作,保证技术交流与沟通。设计前期准备阶段中设计管理的主要任务是编写设计任务书,并且委托设计任务。由于市政工程一般比较庞大,系统复杂,委托人由于自身专业条件的限制,可能对设计人员表述项目外观、功能等方面的要求

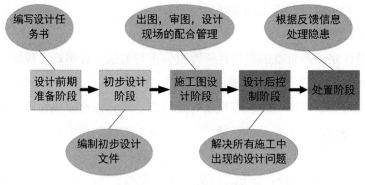

图5-1　设计管理的流程图

会不够清晰，因此，需要编制出具体的设计任务书，有效的架起委托人与方案设计人员沟通的桥梁。本阶段委托人的设计管理可能还要做好方案竞赛的工作，并且按照事先策划好的程序进行方案的评审和选定，以及相关单位的沟通协调等工作。另外，委托人的设计管理部门还需要策划合同结构并签订各类设计合同，并且采用一定的设计管理方法进行合同管理。在该阶段委托人同样需向建设行政主管部门办理各类审批及备案。

（2）初步设计阶段，初步设计文件的编制，达到规划与建设行政主管部门审批的基本要求。初步设计阶段是整个设计阶段较为关键的一个环节，在这个阶段将工程项目概念性、方案性的构思等逐步转化为技术可能、经济合理的动态的优化过程，是将比较抽象的设计想法转变为可施工性、可操作性的重要阶段。在这个阶段设计管理的主要工作是考察所确定的方案是否合适，组织相关专家对设计方案进行会审，通过各类专项设计审查会和各种设计管理方法优化设计方案，并且由于这个阶段接触到的参建方较多，还需要注意界面管理和信息的沟通协调，以减少后期的设计变更和各种纠纷。

（3）施工图设计阶段，包括出图，审图，以及设计现场的配合管理。施工图设计阶段是在初步设计的基础上，准确和清晰地表达出工程的具体外形轮廓、大小尺寸、结构构造和材料做法的图样，是委托人进行施工阶段的招标的依据，同时也是施工单位进行施工的依据。施工图设计阶段，设计人员与设计管理人员需要准确理解委托人的建设意图，并能够实现设计可施工性的要求。由此，在施工图设计阶段，设计人员、设计管理人员与委托人，设计人员、设计管理人员与参建施工单位之间的沟通尤为重要。设计人员、设计管理人员与委托人之间沟通效果决定了项目建设意图与约束性目标的实现程度；设计人员、设计管理人员与参建施工单位之间的沟通影响到施工的难易与便利程度。

（4）设计后控制阶段，项目开始施工就进入了设计"维护"和设计后服务阶段。进入施工阶段，施工人员需要和设计人员进行无障碍的交流，以便及时清楚设计图中的不清晰、不易理解的地方，设计人员同时也能够结合实际发现图纸中存在问题继续改进。所有的设计图纸都不是完美的，再好的设计文件也会因施工中环境和条件的改变，而需要做出调整。在这个过程中设计人员必须要解决所有施工中出现的设计问题，提供优质的设计后服务。

（5）处置阶段，该阶段是一个持续改进的过程，它是同上一个设计后控制阶段紧密联系在一起的。设计人员根据反馈回来的各种质量信息和审核审计报告、过程测量、顾客满意程度等信息，依据质量方案中规定的控制方法和纠正改进方法对各种隐患进行处理，通过设计质量的不断提升来提高客户的满意程度。并且在以后的项目设计中借鉴以往经验，对服务质量进行持续性提高。

**2. 市政工程设计管理内容**[①]

工程项目建设中的设计管理依据其核心目标和主体内容，主要体现在三个方面：

（1）设计进度管理。对于设计项目所开展的进度管理，是指有效控制设计前期、方案设计、初步设计与施工图设计等各阶段的具体进度。各阶段设计过程中，可能会受到规范调整、市场条件、委托人要求、现场水文地质情况等因素的影响，干扰设计的顺利进展，需要从整体出发控制设计的进度。设计进度控制依据为经过签署的设计进度计划与设计合同要求，控制重点是促使设计方按合同约定的设计工作进度，按时完成符合质量要求的设计出图与服务等，满足工程施工与采购进度的需求，以此来确保整体工程项目进度目标的顺利实现。

（2）设计质量管理。设计质量管理，是设计委托人及其咨询工程师针对设计方的设计过程与阶段设计文件所进行的质量管理活动。设计过程的质量管理是对设计人员的资格、能力、投入度所进行的检查与控制；阶段设计文件的质量管理是对分阶段出具的设计文件所进行的合规性检查与合理性论证。设计质量管理的主要依据为国家、行业以及地方发布的相关规范标准，设计任务书或设计大纲。设计质量管理的重点是审查设计文件是否满足国家法律、法规与规范标准的强制性要求，是否达到委托人对工程项目的功能、规模、标准以及投资额的要求。因为工程施工过程中，设计变更的普遍性，设计质量管理延伸到施工过程中设计变更服务的管理，包括变更及时性、变更设计质量等。

（3）工程投资额控制。工程项目设计投资额的控制是随着不同设计阶段展开的，方案设计阶段是依据可研报告中的投资额估算展开设计，且不能突破可研报

---

[①] 参考陶亮博士论文《建筑师视角下的工程设计管理策略研究》，2018。

告中的投资额,基于设计方案计算出来的投资额,一般称之为投资估算,作为初步设计的依据。投资估算额是初步设计投资控制的依据,基于初步设计方案计算出来的投资额,称之为工程概算,工程概算不能突破投资估算。施工图设计需要满足工程概算的限制,基于施工图设计文件计算的投资额称之为施工图预算,施工图预算不能突破工程概算。设计过程中投资额控制的重点是方案的比选,通过优化方案达成投资额的控制。

## 第2节 设计管理理论方法与应用

设计管理是使用工程设计相关的理论和技术,为实现预先拟定的设计目标,对于任务与资源开展科学的整合、指挥与协调等工作的管理活动。设计管理是设计与管理两个方面相结合的产物,随着市场化、法治化、国际化、信息化的高速发展,"设计"已不再含义单一,它包含了更多更全面的内容,提出了更高更科学的管理要求。设计的价值已与科学管理相融合,有效的设计管理理论和方法的应用成为确保设计成功的重要保证。

### 一、系统思维设计管理方法[①]

设计工作是艺术、功能、费用、质量等多目标集成性工作,目标之间对立统一的关系,需应用系统思维的辩证哲学观点进行统筹管理。系统思维就是运用系统观点,把互相联系的各个方面及其结构和功能进行系统认识的一种思维方法。整体性原则是系统思维方式的核心。整体性原则要求立足整体,从整体与部分、整体与环境的相互作用过程来认识和把握整体。系统思维是一种宏观的思维方式,是全面研究事物的内在联系和外延,从而避免陷入各种难以厘清的孤立问题,有助于从本质上抓住问题,提纲挈领地解决问题。如图5-2所示,系统思维的模式,是按照结果导向或外部导向来综合考虑在工程项目过程中所遇到的问题,然后再作出必要的设计决策,是从宏观的角度来抓住事物本质核心的思维方法。结果导向是以最终需要满足的项目建设目标为重点,也就是更好地去满足工程项目的预期功能,以项目的使用和运营为最终导向,而不是以设计图纸的控制

---

① 参考陶伟硕士论文《系统思维方式下的城市规划编制方法优化研究》,2013。

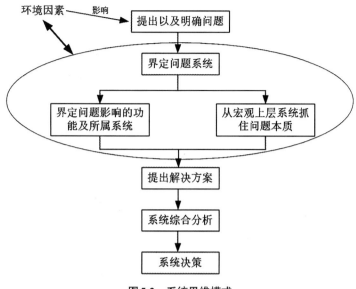

图 5-2 系统思维模式

为导向。

外部导向即从外部环境出发来考虑工程项目的思维模式，外部环境主要指社会环境、市场环境、人文环境、技术环境、经济环境、自然环境等。工程项目的建设始终是处于一个大的系统环境中，周边的环境必定会与工程项目相互联系、相互作用。那么，在工程项目建设中就不能针对单个问题来解决，而是要通过对问题外部环境的分析以及影响控制来找出解决的方法。

系统思维方式是把整个对象放在一定的系统中加以考察，以系统的视角，从系统整体与要素之间、系统与环境之间的相互联系、相互作用、相互制约的关系中综合地、精确地考察对象。从思维方式发展的历史印迹来看，朴素整体的思维方式和还原论的思维方式都是单一性思维模式，二者相互对立，相互补充，而系统思维方式则正是这两种思维的辩证统一，它的形成和演化依托于现代系统论的确立和发展，不仅不同于传统基于现象直观的整体思维方式，而且改进了完全侧重逻辑分析的思维方式，形成了唯物辩证的系统综合思维方式。

现代系统科学的创立，标志着系统思维方式的诞生，然而系统科学研究的进步与发展，也带动着系统思维方式内在演变与进化，其演化的根源在于科学研究中对系统对象的如何认知。

早期系统思维方式可以说是绝对理性的思维方式，其主要原因是因为系统科学源于对数理系统研究的缘故。老三论的基本思想是立足于简单数理系统，由于是过渡的初期，其思维方式中可以找到偏重还原论的影子；新三论则立足于简单巨系统，但同样是定量思维方式，即强调绝对理性概念，认为系统是可以借助数学概念进行完整模拟的。

随着系统论方法逐渐形成跨学科应用，对系统对象研究已经由传统自然科学领域跨向人文世界，出现了以人为本的系统思维方式的转变。这一过程中，首先表现为西方圣塔菲学派的复杂适应系统的研究，认为由于人的适应性造就系统复杂性，但其局限性在于，依然认为可以用数理来描述所有复杂性。而后，出现了钱学森开放复杂巨系统的基本概念，认为对系统研究方法是人机合一的技术方法，计算机和人工智能是未来发展的基础，但是其却不可能取代所有人的思维，对系统的描述既脱离不了人的自身作用，也需要借助理性工具来进行对应模拟分析，两者相辅相成，互为重要。

## 二、设计价值管理方法[①]

价值管理是建立在价值工程基础之上，价值工程涉及价值、功能和寿命周期成本等三个基本要素，即价值＝功能/成本。价值同功能是正比关系，同成本是反比关系：提高功能，则价值相应提高；压缩成本，价值也相应优化。所以，提升设计价值的路径有两条：一是提高功能为主，二是压缩成本为主。但与此同时，由于功能的实现必然依靠产品实体，而产品实体的实现必然依赖成本；提升功能时难免连带成本攀升，压缩成本时也会导致功能缩水，必须对价值进行综合分析与定义。

价值管理中对价值进行的定义，是对项目利益相关者的需求进行分析，并且通过不断地对项目的目标提出问题，对提供的设计方案提出问题，然后再去通过寻求这些问题的答案来寻找工程项目的价值。建设单位通过对设计阶段进行价值管理，可以有效约束设计单位在设计过程中既能有效控制造价，又能提高工程的功能。工程项目的成本受设计和功能要求的影响。在工程项目的设计过程中，建筑师或者工程师应该仔细考虑在工程项目汇总可能采用的方法和设备，拒绝那些会增加成本，但不会产生相当效益的要求。对于建筑师或者工程师的最后决定，应该结合施工方法和成本进行合理理解。

不同的工程项目在设计过程中要考虑的工程价值是不同的。目前，实际上很多时候设计都是以合同为基础进行设计的，或者是根据设计人员的专业知识为基础来进行设计的。那么，这样就会导致设计人员只懂其专业知识，而忽略了工程项目其他方面的价值体现。为了更好地理解工程项目设计阶段必须要考虑的一些

---

① 参考周正航博士论文《价值工程在房地产项目设计管理中的应用》，2019。

价值，就需要知道在设计中考虑什么价值和如何将价值转化为设计因素。一般具有代表性的价值评估方法可总结为"HECTTEAS"，是取每个英文单词的第一个字母来组合而成的：人文（human）、环境（environment）、文化（cultural）、技术（technological）、时间（temporal）、经济（economic）、美学（aesthetic），以及安全（safety）等各个价值因素，如图5-3所示。虽然不同的工程项目设计所要考虑的价值因素不同，但在一个设计方案最后确定之前，价值管理团队需要考虑的主要价值因素主要包括这些。现实中很多项目不能成为成功的项目，往往是由于忽视了价值因素的实现。

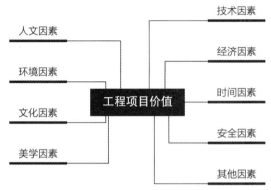

**图5-3 工程项目价值因素**

根据价值评估的任务，价值评估过程可分为三大阶段，即评估准备阶段、正式评估阶段和评估后阶段。正式评估阶段作为价值工程的核心阶段具体可以分为收集信息、方案创造、方案分析筛选、方案发展评价与形成提案五个具体步骤。

**1. 评估准备阶段**

在评估准备阶段，参与者需要明确价值工程研究的目标，选择参与价值工程研究的人员以及组建价值工程研究小组、统筹协调好价值工程研究的持续时间、地点等，并对后续收集信息等做准备。价值评估活动的开展依赖一定的组织协调体系，在开展价值评估之前需要组建一个研究小组。针对具体问题来对参与者的专业背景、人数等进行确定与优化，最终组建价值评估小组。

**2. 收集信息**

在本阶段，参与者对项目的信息概况有了具体的把握，对项目的基本定位、设计思路、约束条件等有充分的了解，并开始进行价值工程最关键的功能分析工作，包括了功能定义、功能分类、功能整理和功能评价等，通过此阶段理清各个功能间的逻辑关系，并对各个功能进行评价，对其重要性排序，确定每个功能的权重。功能定义需要把工程项目整体进行分割，通过明确几个组成部分的协同来实现项目的全部功能，随后以各个组成部分为基础，寻找每个部分的子功能，将一个复杂的系统问题分解成若干个清晰明了的功能对应问题。

**3.方案创造**

在功能分析和评价的基础上，针对不同的功能需求创造出尽可能多的方案，这一阶段所发挥出的创造性对价值工程具有关键影响。设计管理的工作特点对管理者提出的一大需求，就是对设计工作的深入理解，能够深度参与设计过程，同时又能避免不当的干预。设计工作是一种创造性的劳动，设计就是在现实条件的许可下，创造性地解决问题；因此设计的表现，也就是方案的质量，高度依赖于创造性，需要相匹配的内容安排和进度推行。方案创造可采用的方法包括：适用于设计内容中同视觉体验、空间体验等相关的头脑风暴法，鼓励不受任何陈规的限制，挑战各种看似不言自明的规矩；适用于设计进程中进行讨论的歌顿法，鼓励讨论者联想丰富的案例，同时鼓励其他讨论者从自己角度审视同一案例，提供新角度的解读，从而最大限度地集思广益，汲取出可资发掘的设计资源等。

**4.方案分析筛选**

为了保证方案分析筛选时的效率，需要确保各个方案的质量，每一个方案都以详细论据为依托。方案的分析筛选需要大量的时间，所以在此阶段要限制方案的数量。同时，本阶段也是综合考虑各种意见对方案进行细化的过程，有意识地尝试将各种方案的可取之处组合起来，保证方案的经济性和可实施性。在项目设计阶段，经常使用40小时工作法对项目方案进行分析筛选。40小时工作法是价值管理研究在建筑业中经常采用的方法，也是美国价值工程师协会最为推崇的方法。由一名价值工程师负责整个价值管理的研究工作，价值工程师选择外聘专家组成价值管理研究小组，价值管理小组集中工作40小时对设计方案进行研究。

**5.方案发展评价形成提案**

以第4阶段的方案为基础再次发展细化，特别是技术方面的深入研究，在经济费用预估、方案效果图等方面进行完善，作为方案评价工作的延伸，方案的潜在影响以及长期效益必须给予着重讨论，在多个建议中取长补短，形成最终的推荐方案。如果没有详细的分析计算，不经过严格的发展细化阶段，有些不可行的建议也可能被作为推荐方案提交给业主。如果设计人员经过进一步的分析计算，证明价值工程研究小组的某个提案不可行，其他方案在人们心目中的可信度就会下降，也会引起人们对价值工程研究的抵触情绪。而且，推荐了不可行的方案，也会影响设计进度，浪费设计人员的时间，对日益紧迫的设计进度而言，这种影响的代价是很大的。如果价值工程提案的描述不够详细，没有足够的数据支持，就很难被决策者准确理解，这种误解很容易导致方案被否决，尽管这可能确实是一个可行的、经济的方案。

**6.设计方案审核**

在设计工程需要满足的价值因素了解清楚后,对该项目初步设计即将完成的设计方案进行审核,主要是检验设计方案是否落实了委托人对工程的要求,由于委托人、设计人员、价值工程师共同组成价值管理研究小组,按价值管理工作的流程,如图5-4所示,对设计方案进行1~2d的研究,其主要工作内容如下:

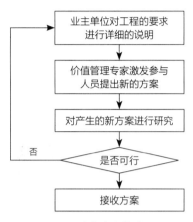

图5-4 设计方案审核流程图

(1)对工程需要满足的价值因素进行详细说明,根据说明价值管理,促进、激发设计单位提出新方案。

(2)对产生的新方案进行研究,确定是接受还是否决。

## 三、设计界面管理方法

**1.市政工程设计中的界面**

由于市政工程设计中存在多个专业,各个专业之间相互联系、交叉和制约,对于委托人方设计管理来说存在的界面也是非常多的,如水、电、气管线与市政道路的融合,市政道路与绿化,排水的融合等。初步设计阶段是项目前期方案的具体化以及后期施工图设计的基础,决定了设计管理的重要性,而设计界面管理是诸多问题中最重要也是最复杂的一个。在市政工程项目的环境下,初步设计阶段是设计管理风险的主要来源。

市政工程由于其特殊性,它的设计界面管理主要存在以下两个方面:

(1)各设计专业,如桥梁、道路、绿化、排水、涵洞、交通管理设施等工程在交界处会有设计冲突、遗漏,无法有效衔接。有些设计内容可能不同设计单位都有涉及,但是可能设计方法不同带来冲突;而有些边界设计内容,各个设计单位都没有做相关的设计，出现了设计的空白区，就会互相推卸责任，从而会导致委托人的设计管理效率低下。

（2）设计与施工脱节，设计的工程可施工性低。一些设计可能会比较新颖、独特，但是没有考虑实际的实施条件，设计得再好也会无法落地，需要重新进行设计，浪费了设计的资源，同时也会耽误设计的进度，造成设计索赔，设计单位的积极性也会受到极大的打击。

通常在设计阶段出现这些的问题会有三个方面的原因[①]：

1）合同界面原因

若未采用设计总包模式，市政工程专业设计合同可能比较多。如果合同内容不够完善或含糊、划分不合理，会出现设计工作范围遗漏、重叠，就会增加合同界面管理的困难。如果设计合同内容比较含糊，业主设计管理认为合同包含了此内容，而设计单位未必认为有这部分内容或者从自身利益出发而否认此内容包含在合同中。如果设计合同内容不够完善，会带来设计工作的遗漏，而这部分遗漏的内容与合同中相关的设计内容密切联系的，一般需要相关的设计单位来负责此部分的工作，这样会让设计单位对业主的额外增补设计感到不满，甚至会推卸责任或寻求补偿。如果业主另外去寻找新的设计单位承担这部分的设计工作，成本会比较高，而且工期也不允许。合同界面划分不合理会导致设计界面过多，会使设计界面协调难度高，工作量大。合同界面的问题是在设计合同管理中就需要解决的问题，这样不会影响到设计后期的管理。

2）组织界面原因

在市政工程设计中，不同的专业设计有不同的设计目标；像建筑师一般会从建筑的造型、空间为目标，力求建筑能够新颖、美观；作为结构工程师则会以建筑的安全可靠优先；景观工程师则会从造景、美化角度来考虑景观是否和谐；新时期的实证工程设计除了包含传统的道路总体设计、景观专项、管线综合专项之外，还加入了海绵城市应用、智慧城市应用、低碳生态技术材料应用等，加上地铁、综合管廊等地下工程，每一个专项都需要空间和时间。由于不同的设计目标，常常会出现各个设计专业有冲突和矛盾，会影响市政工程设计的系统化组织，使得各个设计专业在协同合作的道路上存在一定的障碍。

3）实体界面原因

由于在市政工程设计初始之时，设计单位会从相对理想的状况出发，尤其是一些经验不足的设计工程师，可能对于现场实际施工状况的判断与考虑欠佳，忽

---

① 参考边芳硕士论文《基于界面管理的业主方设计管理》，2012。

略了从设计文件到工程实际施工的界面与转换问题，尤其是对有特殊施工工艺要求或施工工艺选择适用限制的考虑，会造成设计的可施工性较差，甚至会导致设计文件无法施工实现的现象。基于设计的先期性，设计相比于施工处于更优先的地位，可能导致设计对于施工的考虑不足，引起设计和施工之间的潜在冲突。

**2. 市政工程设计界面管理协调**

在市政工程项目的设计过程中，各项目参与方在合同、组织、实体界面上出现冲突，通常是由于各个单位都是从本单位的立场出发来考虑问题。冲突的解决应当采取被认为是正确的方案，但是，双方的方案都有一定的合理性，这就比较难以解决了。对于冲突的解决，分别建立无等级协调和等级协调两种协调机制。

（1）无等级协调机制

在市政工程项目中，由于受买方市场或一些传统观念的影响，存在建设单位与设计、施工单位之间的地位不平衡问题，影响到工程项目参建各方之间组织关系与合同关系的平衡。委托人与设计单位在设计过程中严格履行合同的约定，是一种平等的合同关系，包括法律地位的平等，权利与义务的对等，不是管理与被管理的关系。基于专业细分，除主设计单位之外，在市政工程项目中还存在着数量不等的专业设计单位，包括景观设计单位、管线设计单位、照明设计单位、海绵专项设计单位，以及智能专项设计单位等，各设计单位之间存在着相互的工作交叉与重叠。项目利益诉求的差异，参与方之间可能会存在项目目标的差异，进而引发界面矛盾。界面矛盾解决的途径是通过项目组织结构的设计，将所有参建的设计单位形成一个有共同利益诉求的结合体，可以通过组织内部协商与协调，在没有强力的干预下，完成冲突的解决，即为无等级协调机制。

一般出现界面冲突时，在设计管理者的参与和主持下，冲突单位首先尝试进行无等级协调，对冲突问题进行平等地分析、探讨，最终达成一致意见，以最小的代价解决矛盾与冲突。

（2）等级协调机制

冲突各方对冲突问题有较大分歧或无法决定，不能通过无等级协调机制来解决时，为了提高决策的效率，可以采用专家协调机制也就是专家评审组来解决。通过建立专家评审组，通过专家评审会的方式对存在的问题进行分析、评价和决策。

## 四、建筑信息化技术的协同设计管理

以BIM为代表的建筑信息化技术是建筑领域的重大科技革命，正在从各个层面改变传统建筑工程的建设流程和方法。BIM使建筑工程信息数据化、智能化，把建筑行业带入到大数据时代，拥有了与制造业同样的发展环境。BIM技术有能力高效地将工程实体构建出多维度结构化的工程数据库（工程数字模型），这样就有了强大的工程数据计算能力和技术分析能力。只要维度参数能够确定，海量数据分析便可以快速完成，供各条线的精细化管理决策所用，各种技术应用也能较好实现，尤其是BIM与互联网的结合而产生的共享、协同和应用，将引领建筑业走向智慧。BIM技术的成熟和普及应用，将给建筑行业带来重大的革命性影响。

从设计步骤角度进行分析，BIM的应用达到了更为精准化的三维设计、提升了运转效率，达到数据信息的理想传输效果；从设计成果角度进行分析，有利于达到更高质量的交付工作，让模型在建筑和维护的环节中发挥更大功能；从设计性能角度进行分析，有利于实现理想的空间性能、材料性能等，更好地符合当下绿色建筑的要求，做好环保工作。

**1. BIM技术在初步设计阶段的应用**

初步设计是设计方案确定之后，或者对可行性研究报告进行分析之后，对具体设计方案的内容所进行的细化与调整。关键目标为实现不同专业方案的进一步深化，明确重点系统的设计、材料、尺度等，实施对应做法、合理布置不同界面和节点。该部分工作需要在全面的配合下完成，保持独立，同时保持合作。BIM技术在该设计时期运用中发挥了关键的价值，其能够实现对建筑目标的调整和整体优化，明确框架系统，设计不同方案的具体内容，对专业部分的空间关系合理设定。

在初步设计阶段中，采用BIM技术的设计方式后，形式上将设计过程与出图过程分离，设计过程将结合BIM模型实施，出图环节将按照BIM模型内容从而获得不同角度的视图，并且需要保障BIM模型具备的稳定性和联动性。

**2. BIM技术在施工图设计阶段的应用**

施工图设计为建筑实施的关键环节，利用BIM技术，该部分的设计工作在信息背景下出现了显著的改变：在符合实施需求的前提下，结合建筑、结构、运行设备等，保持高度协调，及时整理和核对，同时较传统二维施工图设计更加深入，并把相关材料供应、施工方法、建筑设备等相应标准和程序体现在BIM数据模型中。以BIM建筑数据模型为基础的设计载体，设计信息围绕数据库等方面展开工作，通过数据库模式取代一定的图纸形式工作，进而让建筑项目的数据能够被快速、准确地查找、更新、清除异己储存。

**3.设计协同管理**

BIM产生于IT、CAD和设计的文化，而整合设计出自另一种文化，但它们共同形成一种协作文化。整合设计有不同于BIM的文化，一个涉及环境、高性能设施建设、流水线化、精简和精益化的文化；一个关于效率和流动性的文化；一个旨在事半功倍且对业主有益的文化。BIM和整合设计都是过程，并在学习和体验之后，很容易看到它们是相辅相成的。BIM技术使整合设计成为可能，并与它完美搭配。正如"一切上升的事物必然会有交点"，随着时间的推移，BIM和整合设计也将产生交点，且这两个领域的重点会合二为一，并且相互依存，不分彼此，整合设计将成为BIM不可或缺的流程。

BIM与整合设计的结合，鼓励设计和施工队之间共享信息，并为之提供了手段和渠道。基于互相信任、信息共享、协作和透明的工作机制，引导设计团队的整合，团队的成功就等于项目的成功，团队成员会为了实现项目的利益而充分利用现有的先进技术。整合设计不会随BIM应用而出现，但与其他人合作的能力预示着BIM应用的成功。BIM实施的发展伴随着协作与项目信息共享的意愿而出现，转向行业广泛谈论的整合实践，这种协作的能力不仅是一种天赋和技能，而且是一种思维方式和态度。

事实上BIM和整合设计是齐头并进且相互融合的。二者相辅相成，技术带来了流程，使其成为可能甚至必需。现在对实现协作流程的建筑模拟和性能工具是有需求的。BIM和整合设计共同协助设计专业人员实现他们最终的目标，精心设计的建筑运作正常，向业主提供预期的结果，高性能的建筑使所有相关的人受益，甚至包括以后的人。可以认为整合设计是建造高性能建筑的前提，由于重要成员早期便参与其中，整合设计能确保每个人都在同一层面，在同一个时间，朝着同一个目标，实现同一个结果。而BIM为整合设计团队提供项目可视化、设计性能分析、规范检查、建筑系统干扰检查、工程量估算和施工方案落实的功能，同时BIM使业主能通过全项目周期建模来维护管理设施。

## 五、市政工程的施工图设计管理

**1.设计图纸管理**

工程设计图纸管理是工程设计管理的重要组成部分，市政工程在施工图设计阶段中，往往会产生大量的电子类图档信息，如不采取有效措施收集和整理这些宝贵的信息，往往会出现遗漏和混淆，难以保证设计图纸的安全性和完整性。工程设计图纸的管理中主要有两种方式，分别是：手工管理方式和计算机管理方式。手工管理方式是最传统的工程设计图纸管理方式,这种方式检索和查阅起来比较困难,而且储存和搬运难度大,图纸的利用率偏低,安全性低,也不易保存。因此,这种工程设计图纸的管理方式随着现代计算机技术的发展已经基本被淘汰了。

**2. 设计沟通管理策略**

在市政工程施工图设计阶段,设计单位要在初步设计的基础上去准确地表达出工程的外形轮廓、道路和桥梁的横断面布置、路面和桥梁结构设计、结构构造和材料做法的图样,这是委托人进行施工招标投标的依据,同时也是现场施工的依据。在施工图设计阶段,委托人需要组织一些专家和相应的各参建单位将施工的经验和知识反映给设计单位,与设计单位进行沟通,按合同的约定,给设计单位提供需满足的设计条件。委托人还需要控制施工图的出图进度、质量和投资,使施工图的设计既满足委托人对项目的要求,也能满足质量安全检查单位的标准和工程后续开展施工的地质、水文、气象的条件。同时,在这一阶段委托人还要向建设行政主管部门办理各种审批与备案,因此需要与建设行政主管部门进行沟通。其界面状态如图5-5所示。图中箭头两端表示的是业主在设计管理中应该重点关注的界面。

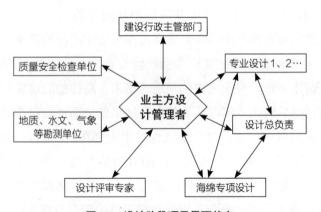

图5-5 设计阶段项目界面状态

从图5-5的界面状态分析中,不难看出,委托人设计管理者与各单位的沟通是界面管理的重点。通过这些界面委托人设计管理者沟通内容可以归结为:关于项目功能的沟通,关于设计与施工便利性的沟通。委托人通过设计任务书向设计单位提出对项目的各种要求,并进一步转化具体的设计图纸,需要委托人通过适当的方法加强与设计单位沟通管理。同时委托人也应在此阶段与设计单位充分沟通,提醒设计单位对设计方案的施工便利性加以重视,并加以审查,以避免在后期施工阶段产生不必要的设计变更。在施工图设计阶段,随着参与单位越来越多，各界面之间的沟通与交流变得更为重要。

# 第3节　设计质量评价

工程是人们从事各种社会活动的媒介，通过这个媒介来达到项目开展的目的。在西方工业发达国家，工程不仅是一种产品，更重要的是它是带来投资回报的资产。

从工程生命周期的各项成本的构成来看，工程设计质量不仅影响了工程成本，而且对工程的运营和维护成本，以及业务开展的收益都形成了影响。

因此，工程设计质量及其评价在英美等国受到很大重视，工程设计质量评价及其体系的研究开发得到长足的发展。

## 一、国外设计质量评价

**1. 工程生命周期的分阶段评价**[①]

2005年，美国辛辛那提大学的普雷萨教授骊龟和加拿大蒙特利尔大学专职教授菲舍尔博士巧联合编辑出版的《建筑性能评估》一书中把建筑的全生命周期概括为六个阶段：城市规划；建筑策划—建筑设计；建筑施工；投入使用；建筑再利用，如图5-6所示，对建筑全生命周期中的各个阶段进行的分别的评价，使得反馈的过程更加具有针对性。

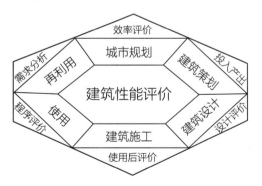

图5-6　建筑性能评估过程模型

---

① 参考苏永强博士论文《建筑工程设计文件质量评价理论与方法研究》，2009。

第一阶段是战略性规划的效率评价。这个环节中的效率评价关注的主要是部门管理者的预期同实际使用者的反馈之间的比较。第二阶段是策划程序评价，建筑策划需要建立在来自战略性规划阶段的前馈，和来自过去已使用的项目和设施的评价的基础上并且通过表达被设计者接受，才能够使其目的得到实现。第三阶段即设计评价也是通过前两个阶段后，设计者真正寻求解决方式的阶段，这一环节的设计评价强调的是各方的互动，包括了设计者、客户、使用者、评价团队、设备管理者、建造者等，并要求设计者寻求一种设计构思和满足各方要求之间的平衡。接下来的第四阶段是建筑的建造过程的评价，本环节关注的内容包括以下一些元素其他建筑物的参照、已有评估的标准以及试运行的具体性能。第五阶段即建筑的使用后评估，这一环节为建筑物的反馈和对今后建筑过程的指导积累了重要的经验和资料。最后一个环节是再利用环节的市场需求评估，本阶段关注的是寻求建筑改造中适合为将来所用的相关性能和信息。

**2.英国的设计质量评价指标**

英国的设计质量指标（DQI），是用于建筑工程设计质量评价的指标体系，由英国建筑业委员会组织开发和推广。DQI的研究与开发工作主要包括三方面的内容：一是系统的基本框架；二是数据的搜集；三是加权机制。设计质量指标（DQI）是应用不同的指标体系按建设进程分四个阶段对建筑工程设计质量进行评价。DQI的数据搜集采用定性与定量相结合的方法，主要通过问卷调查的方式进行。研究人员对问卷进行了精心的设计，以免在不同调查对象中产生误解。每个分项指标都有一组问题，调查对象要在每个问题后面的六个等级完全不同意、不同意、似乎不同意、似乎同意、同意、完全同意中作出选择。DQI会根据调查对象的回答以及给出的权重计算出各项的得分。DQI的指标体系如表5-1所示。

设计质量指标（DQI） 表5-1

| 序号 | 指标 | 分项指标 |
|---|---|---|
| 1 | 建筑质量 Building quality | 性能 Performance |
| | | 工程 Engineering |
| | | 规划 Layout |
| 2 | 实用性 Functionality | 使用 Use |
| | | 出入 Access |
| | | 空间 Space |
| 3 | 效果 Impact | 形状与材料 Form & Material |
| | | 内部环境 Internal environment |
| | | 城市与社会的综合性 Urban & Social Integration |
| | | 特征与创新 Character & Innovation |

**3.美国的项目定义评价指数**

1999年,美国建筑工业协会组织研发的项目定义评价指PDRI是一个综合的加权评价体系,是一个以权重分值来评价项目定义工作质量的工具。PDRI的评价对象是技术经济设计阶段的工作质量,因而可以看作是范围较窄的设计质量评价工具。PDRI的基本结构包括6个方面,11个范畴和64个因素,并将评价分为6个等级。目前美国的许多组织和单位都在使用PDRI评价建设工程项目定义的质量。项目定义评价指数认为项目定义的工作范围包括项目开始到项目详细设计的全部工作。按照美国的项目生命周期划分方式,PDRI评分表可以应用到项目从前期可行性研究到扩大初步设计阶段,如图5-7所示。

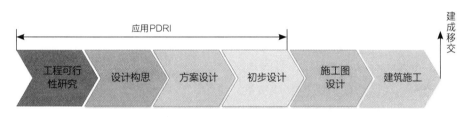

图5-7 PDRI的应用

PDRI的评价对象是技术经济设计的质量,只是涉及设计过程的准备阶段,因此,PDRI只能看作建筑工程设计质量评价内容的一部分内容。

建筑的使用后评价在美国也是比较普遍的。美国的使用后评价在20世纪70年代建立了理论基础,80年代末逐渐制度化和规范化,1988年美国学者普莱塞滋在其著作《建筑使用后评价》中这样定义——在建筑建造和使用一段时间之后,对建筑进行系统的严格评价,建筑使用后评价主要关注建筑使用者的需求、建筑的设计成败和建成后的性能,所有这些都会为将来的建筑设计提供帮助。从这个定义可以看出建筑设计的质量是建筑使用后评价关注的一个重点。美国建筑设计使用后评价的作用可以归结为两个方面:一是通过评价建筑的性能,针对使用中发现的问题采取补救措施;二是为将来的设计提供借鉴。

**4.基于项目生命周期费用的设计质量评价**

项目生命周期是指从建设意图产生到建设项目废除的全过程,包括三个阶段,即项目的决策阶段、实施阶段和运营阶段,其项目生命周期费用结构分解如图5-8所示。项目周期费用是一个相对可直接描述的性能目标,基于项目生命周期费用的设计质量评价是指导工程项目设计的重要思想和手段,也是项目投资决策的重要分析方法。

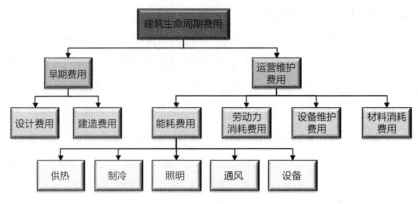

图 5-8　项目生命周期费用结构分解图

**5. 建筑工程设计质量评价特征**

（1）评价范围和评价内容各有侧重

从英国和美国的建筑工程设计质量评价情况，可以看到，国外对评价体系之于工程质量的作用是非常重视的。

美国的设计质量评价基本不涉及用户的满意程度、美学和创新方面的要求等定性方面因素，其评价方法总体上有两种，分别是：基于生命周期费用分析评价，基于建造费用的增减占项目总费用比例分析评价。英国的建筑工程设计质量指标包括建造质量、影响、功能性等三方面的内容，评价涵盖了项目生命周期的各个阶段。

（2）自发性的评价和组织方式

DQI 和 PDRI 开发和应用的评价主体包括承包商、设计公司、业主等。CIC、CII 仅是向客户有偿提供评价工具，并不参与额外的工作，更不是评价活动的主体。因此，评价主体对这些评价体系的使用以及评价活动都是自发性的，没有任何强制性要求。

（3）定量与定性相结合的评价指标体系

评价的指标体系和评价方法是密切联系的。DQI 主要是以定量与定性分析结合的方法，最终问题都转化成分数量值来评价，如 DQI 的问卷调查没有直接让回答者对问题打分，但是要求对所要回答的问题赋予分值权重，这样不仅有利于最后的定量分析，而且充分体现了回答者对问题的不同立场。PDRI 的基本思路和技术路线与 DQI 比较相似。评价者对 11 个范畴的 64 个因素进行回答，回答要求选定 0 到 5 六个等级已经分别赋予不同分值中的一个，最终的输出结果是 70 分到 1000 分之间的分值，分值越低越好。

无论是 DQI 或者 PDRI 的开发都有两个共同特点。一是开发的参与单位或个人都具有丰富的工程实践经验，而且来自设计、咨询、评估、建造等专业，这使得体系的开发专业性强、实用性好。二是体系的开发非常注重非专业人士的使用问题，这不仅有利于充分吸纳各利益相关者的意见，而且扩大了体系的适用范围。

（4）建设过程的整体性问题

美国的建筑师投入很大精力参与建筑项目建设的全过程，在设计评价中非常重视各个不同阶段的联系问题。DQI的评价则覆盖了从项目开始到使用维护的阶段。

方案设计阶段是建筑工程设计的重要组成部分，是控制建筑工程设计质量的关键环节，它不仅关系到建设过程中能否保证质量、节约投资、缩短工期而且关系到建成投产或交付使用后的经济效益、环境效益和社会效益。控制设计质量，首先要把住设计方案审核关，以保证项目设计符合设计纲要的要求，符合国家有关工程建设的方针、政策，符合现行建筑设计标准、规范适应国情，与工程实际相吻合，并且工艺合理，技术先进，能够充分发挥工程项目的社会效益、经济效益和环境效益。

（5）施工图设计阶段评价

施工图设计阶段是工程设计的成果阶段，也是保证设计质量、提高设计水平的后期考核验收阶段。首先，由于缺乏施工图设计阶段的设计文件质量评价，设计成果的不完整、不正确、不合理的问题没有及时暴露出来，造成施工过程中的大量修改变更，影响了施工进度和增加施工费用。其次，不合理技术方案的使用对结构或非结构部分的耐久性、经济性均形成不良影响。

## 二、国内设计质量评价

国内关于建筑工程设计质量的研究主要集中在建筑设计如何保证安全性、可靠性、建造的经济性等方面。随着经济体制改革的深化，如何对建筑工程设计质量进行控制，以降低工程建造费用和维护费用的问题也得到重视，但在建筑工程设计质量对项目业务开展的费用和收益的影响方面的研究很少，而对建筑设计质量评价的制度、体系、方法方面的相关研究文献也很少。国内学者、研究者主要在建筑工程设计质量评价的作用和必要性的研究、工程设计质量评价的实施和内容方面的研究和成果、工程设计质量评价方法、工程设计质量评价对象与内容、工程设计质量评价标准以及工程设计质量控制六方面展开了研究。具体如下：

**1. 建筑工程设计质量评价的作用和必要性的研究**

设计质量对建筑物的施工、运营、维护以及开展业务的费用与收益影响巨大。沙凯逊提出建筑设计质量评价是工程质量保证体系的重要组成部分,同时就如何科学地学习和借鉴工业发达国家的经验,建立符合我国国情的建筑设计质量评价体系的问题,从评价的主体、客体和方法论三个方面展开了讨论。刘炳乾、周彪提出工程设计是工程建设的灵魂,从设计入手进行工程建设的费用控制、质量控制、进度控制是最有效的。

**2. 工程设计质量评价的实施和内容方面的研究和成果**

1995年建设部印发《工程设计文件质量特性和质量评定指南》的通知,1998年又印发了《民用建筑工程设计文件质量特性和质量评定实施细则》,该指南和细则是民用建筑工程设计行业贯彻质量认证族标准的支持性文件,是对民用建筑工程设计文件进行质量控制与质量评定的重要依据。

阶段性评价是由工程咨询单位在履行咨询服务过程中的每一工作阶段或过程完成后,进行的内部评价,是为了及时发现每个工作过程中存在的质量问题,并予以纠正。评价是在咨询成果完成后,要求会同委托单位共同进行的评价,是反映工程咨询单位和相关负责人工作成果质量的正式评价,是单位质量信誉的主要标志。实施结果评价是在项目建设完成的一定期间内,比如一年内,由工程咨询单位选择已建成投产的咨询成果进行回访评价,是为了在大的工作循环中实现持续改进,进行总结经验的评价。质量管理体系对产品或服务整个实现过程的测量,可视为最终成果质量评价;对产品或服务各阶段实施过程的测量,可视为阶段性评价;对产品或服务实现后意见反馈,可视为实施结果评价。

另外,注重调查研究和注重实证的"使用后评价",使得科学设计思想和研究方法对建筑设计有深远的影响。朱小雷、吴硕贤分析了"使用后评价"的思想和方法特征,并指出需要尽快将使用后评价应用到我国建筑设计过程之中,以提高设计质量。

**3. 工程设计质量评价方法**

20世纪90年代中期起,一些国内学者对于建设工程设计质量评价方法和数学模型进行了研究。国内对建筑工程设计质量评价方法集中在模糊数学模型和层次分析法。

**4. 工程设计质量评价对象与内容**

刘迎心等提出建筑工程质量影响因素包括设计质量、工程项目实体质量、工程观感质量以及对环境影响等。周悼华等提出以系统层次分析法和模糊综合评价法为技术手段,运用质量学原理,对工程质量及其内涵进行全面客观地分析与评价。陶冶等提出将建筑工程质量划分为施工质量和设计质量。

**5. 工程设计质量评价标准研究**

廉维和、杨莉萍对工程咨询质量评价标准进行了研究，提出建筑工程设计质量评价标准应包括满足顾客要求的程度、满足相关方要求包括政策法规、规范、标准、成果内容和深度规定等的程度，本行业业务惯例达到的水平市场发展和业务竞争对手达到的水平。

建筑工程设计质量顾客满意度是建筑工程设计的最终目标。韩传峰、段薇以质量认证族标准为依据，论述了组织测量顾客满意度的重要性及影响其形成的因素，并通过关键环节的深刻把握和建立流程的逐步分解展示了如何建立顾客满意度测评系统。

**6. 工程设计质量控制**

工程设计质量控制是建设单位、设计单位、施工单位、监理单位共同参与建筑建造过程，发现设计与施工不符合，及时纠正错误，控制建筑工程质量的管理活动。国内的主要研究集中在工程设计质量的影响因素、工程设计质量的保证措施以及工程设计质量的全过程控制。夏云涛、张威琪认为建筑工程设计质量的影响因素包括建设单位的因素、设计单位的因素以及其他方面的因素。保证工程设计质量的措施有规范设计市场，加强设计合同管理。严格按照基本建设程序办事，推广设计招标改革设计取费制度，并严格取费管理全面推行设计监理制度扩展和加强设计人员的知识结构。

要实现工程设计质量控制，必须以"全过程工程设计质量控制"为理念，首先必须抓好设计单位的招标工作，其次建设单位应组织好设计招标或设计方案竞赛，严格设计单位的资质审查，择优选定设计单位和设计方案。设计单位概预算对于优化方案设计、控制基本建设投资、降低工程造价、提高设计质量、促进施工企业的公平竞争，起着非常重要的作用。

**7. 国内建筑工程设计质量评价特征**

我国工程设计质量评价研究具有以下特征：

（1）目前国内尚缺乏建筑设计质量评价的系统理论和应用技术基础，建筑项目参与各方对设计质量评价缺乏认识，建筑工程设计质量及其评价的概念还没有得到明确的界定，同时也缺乏实践应用工程设计质量评价的技术条件，对工程设计质量评价缺乏系统性研究。

（2）评价工作的开展缺乏系统的建筑设计质量评价理论支持，缺乏综合性的评价指标体系研究和评价方法的探讨，针对工程设计成果的质量评价尚缺乏具体的评价原则、标准和方法方面的指导。

（3）设计质量评价的内容大多停留在对施工图本身是否满足处方式的规范要

求、是否完整以及对工程造价的影响等方面的研究，对设计的适用性、安全性、耐久性等质量特性的研究很少，设计质量对建筑将来的运营和维护成本，以及业务开展的收益影响方面的研究也很少，缺乏建筑工程设计质量对工程施工和建成环境的深层影响方面的研究。

# 第4节　城市轨道交通沿线市政工程设计案例

## 一、新东站片区市政道路设计方案

2020年新东站交通疏导工程所在的区域是济南市中短期内发展最为强劲的区域。新东站聚焦打造以交通枢纽功能为先导，以发展现代服务业为主导，文化遗产丰富、生活配套完善的城市新中心，为完成此规划目标，整个片区新规划建设一批道路，将出行、居住、工作、购物、休闲、娱乐等功能集中于一体，形成高效、集约、舒适、绿色的城市空间。新东站片区市政道路工程的建设为周边地区的开发提供了条件，进一步加速了区域的城市化进程，符合济南市总体城市发展方向，有利于济南市投资环境的改善，从而促进地区经济社会的可持续的协调发展。新东站交通网络的完善同时对缓解交通拥堵具有重要意义。项目实施后，能够改善历城区交通状况、完善慢行交通系统和市政设施配套，满足片区居民日常生活需求，同时为招商引资提供配套支持，从而加速推进济南市经济、社会发展。在空铁交通、道路交通和公共交通上实现交通高效，在城市生产和生活服务上实现服务高效。

新东站片区配套道路包括枢纽区（环内）道路和外围（环外）集散道路，规划以快速路和主干路构成"五横六纵"的干路系统，如图5-9所示，共计划新建28条道路，改扩建9条道路，总用地面积794.61hm$^2$，总投资约7.8亿元，分快速路、主干路、次干路、支路四个等级。其中，枢纽区配套道路包括北环路、站北路、南环路、站南路、站西路和站东路，道路总长度约6.23km，总投资约8335万元；外围集散道路包括枢纽西进场路、凤凰路、公交保养基地联络道、枢纽东进场北路、枢纽东进场南路、钢化北路、龙西路等，道路总长度约33.6km。钢化北路作为新东站片区的主干路，道路网密度为2.04km/km$^2$，长约1.27km，总投资估算约1.1亿元，如图5-10所示。

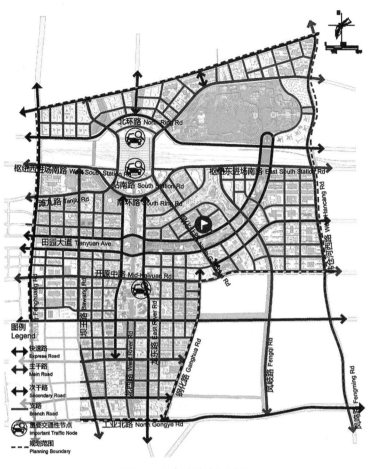

图5-9 新东站道路规划图

图5-10 钢化北路现状图

## 二、市政道路设计原理与过程

钢化北路项目的客货运交通量增长率预测,根据10年内济南城市主干路居民出行增长率,利用弹性系数法预测钢化北路道路单向高峰小时标准小汽车交通量路段平均交通量预测结果,2027年的车流量为2145pcu/d,2032年车流量为2236pcu/d,2037年车流量为2328pcu/d。通过修正系数法,计算钢化北路单向机动车道车流量为3536pcu/h。通过参数比值法对机动车通行能力进行分析,结合路网规划、地形条件及与其衔接路段的技术标准,通过综合分析得出钢化北路道路等级为城市主干路,道路红线宽度40m,采用四幅路形式,道路断面采用对称布置,设计为双向6车道,中央分隔带宽3m,外侧依次为10.5m的机动车道、1.5m绿化带、3.5m非机动车道及3m人行道。

基于钢化北路道路等级为城市主干路,钢化北路道路设计车速为50km/h,路面结构标准荷载为BZZ-100,交通饱和设计年限15年,路面结构设计使用年限15年,道路设计除路口顺接段外,路段最小纵坡0.747%,最大纵坡1.049%,最小坡长163.08m,最大坡长219.68m,最小凹曲线半径36000m。

道路路基以现状空地为主,基于因地制宜、合理选材、方便施工、利于养护的原则,结合本地条件与实践经验,对路基、路面进行综合设计,以达到技术经济合理、安全适用的目的考虑,中湿路基采用30cm8%石灰土换填;潮湿路基,机动车道采用30cm毛石+30cm8%石灰土换填;非机动车道采用30cm8%石灰土换填;过湿路基,机动车道采用50cm毛石+30cm8%石灰土换填;非机动车道采用30cm8%石灰土换填。

基于沥青混凝土路面结构用设计弯沉值、容许拉应力、容许剪应力三项指标控制设计,路面结构采用均布荷载作用下的弹性层状体系理论,路面结构为沥青混凝土路面,机动车道路面结构,各层从上至下设计为:第一层:沥青玛蹄脂碎石混合料(SMA-13)4cm,第二层:中粒式沥青混凝土(AC-16C)5cm,第三层:粗粒式沥青混凝土(AC-25C)7cm,第四层:水泥稳定碎石18cm,第五层:水泥稳定碎石18cm,第六层:水泥稳定碎石18cm。非机动车道路面结构,各层从上至下设计为:第一层:细粒式沥青混凝土(AC-13C)4cm,第二层:中粒式沥青混凝土(AC-20C)6cm,第三层:水泥稳定碎石18cm,第四层:水泥稳定碎石18cm。人行道结构人行道设计为透水人行道,各层结构如下:第一层:浅灰色花砖6cm,第二层:干硬性水泥砂浆垫层3cm,第三层:水泥稳定碎石20cm。

### 三、市政道路设计质量的评价

钢化北路项目建设对区域交通影响，能够实现尺度适宜、级配合理、容量充足的路网体系，实现内外衔接通畅、便捷、有序的内外交通格局，支撑片区开发；有利于形成多层次、立体化、高效、集约的城市优质公共交通体系。建成后，缩短了运营里程，加上道路纵断面设计科学合理，汽车行驶爬坡较小，舒适平顺，交通条件得到了改善，使得过往车辆行驶耗油量降低，节约了能源；由于道路的建设，使得行车速度提高，在途时间和运输距离缩短，运输单位的成本降低，具有快速、经济、安全等特点，可大幅提高该项目经济影响区域的运输能力，达到节能的目的。

钢化北路项目建设的社会效益和环境效益，项目的实施有效地改善区域内的交通状况，极大地改善区域运输条件，降低交通事故发生率；缩短机动车的运行距离及时间，降低机动车对环境造成的不良影响；增加绿化面积，形成多条规则的绿化分隔带；完善地下管网系统，进一步改善城市环境，有助于市容、市貌的美化。总之，拟建项目通过改善道路出行条件，将降低出行成本、提高运输服务质量，引导区域土地的合理利用和开发，打造区域"安居乐业"的良好环境，达到宜居的效果。

# 第六章 城市轨道交通沿线配套工程施工管理

# 第1节 施工管理范围与内容

## 一、市政工程范围

市政工程项目是指为市民生活和市政生产供给公共设施以及服务设施的工程建设项目,是与市民生活以及城市生产息息相关的基础性公共建设工程项目,是城市能够正常运行和发展进步的基础条件。市政工程项目通常与市政工程设备密不可分,其涵盖的范围极具广泛性,一般主要囊括以下五个方面:

第一,水资源设备,包括提供水资源以及水资源流通设备。水资源工程及其设备具备的功能,包括水资源开发、水资源引用、水资源的净化生产以及供给系统、废水处理以及排放设备等。以给排水管道工程为例,其施工的范围和内容主要有管道工程开(挖)槽施工、大型顶管工程、盾构管道工程、浅埋暗挖管道工程、大型沉管工程、大型桥管工程。给排水管道分布项工程的详细施工内容,如表6-1所示。大型顶管工程、大型沉管工程、大型桥管工程及盾构、浅埋暗挖管道工程,可设为独立的单位工程。其中,大型顶管工程是指管道一次顶进长度大于300m的管道工程;大型沉管工程是用预制钢筋混凝土管进行沉管作业,对于成品管组对拼装的沉管工程,应为多年平均水位水面宽度不小于200m,或多年平均水位水面宽度在100~200m,且相应水深不小于500m;大型桥管工程是指总跨度长度不小于300m或主跨长度不小于100m的桥管工程。

第二,能源驱动设备,主要有发电和电力输送系统、燃气等供给设施、中心暖气供应的制造和供给设施等。市政电力、市政燃气、市政供暖均采取管沟埋管的方式,市政电力、市政燃气、市政供暖的施工与给水排水管道施工相似,包括沟槽的开挖,管道主体与检查井的施工。根据《国务院办公厅关于推进城市地下综合管廊建设的指导意见》(国办发〔2015〕61号)精神,为改善反复开挖地面的"马路拉链"问题,提升管线安全水平和防灾抗灾能力,消除主要街道蜘蛛网式架空线,美化城市地面景观,各主要城市逐步推动了地下综合管廊建设项目。

综合管廊(日本称"共同沟"、中国台湾称"共同管道"),就是地下城市管道综合走廊,即在城市地下建造一个隧道空间,将电力、通信、燃气、供热、给排

给水排水管道工程施工内容 表6-1

| 分部工程（子分部工程） | | | 分项工程 |
|---|---|---|---|
| 土方工程 | | | 沟槽土方（沟槽开挖、沟槽支撑、沟槽回填）、基坑土方（基坑开挖、基坑支护、基坑回填） |
| 管道主体工程 | 预制管开槽施工主体结构 | 金属类管、混凝土类管、预应力钢筒混凝土管、化学建材管 | 管道基础、管道接口连接、管道铺设、管道防腐层（管道内防腐层、钢管外防腐层）、钢管阴极保护 |
| | | 管渠（廊） | 管道基础、现浇钢筋混凝土管渠（钢筋、模板、混凝土、变形缝）、装配式混凝土管渠（预制构件安装、变形缝）、砌筑管渠（砖石砌筑、变形缝）、管道内防腐层、管廊内管道安装 |
| | | 现浇钢筋混凝土管渠、装配式混凝土管渠、砌筑管渠 | |
| | 不开槽施工主体结构 | 工作井 | 工作井围护结构、工作井 |
| | | 顶管 | 管道接口连接、顶管管道（钢筋混凝土管、钢管）、管道防腐层（管道内防腐层、钢管外防腐层）、钢管阴极保护、垂直顶升 |
| | | 盾构 | 管片制作、掘进及管片拼装、二次内衬（钢筋、混凝土）、管道防腐层、垂直顶升 |
| | | 浅埋暗挖 | 土层开挖、初期衬砌、防水层、二次内衬、管道防腐层、垂直顶升 |
| | | 定向钻 | 管道接口连接、夯管管道、钢管防腐层（内防腐层、外防腐层）、钢管阴极保护 |
| | | 夯管 | 管道接口连接、夯管管道、钢管防腐层（内防腐层、外防腐层）、钢管阴极保护 |
| | 沉管 | 组对拼装沉管 | 基槽浚挖及管基处理、管道接口连接、管道防腐层、管道沉放、稳管及回填 |
| | | 预制钢筋混凝土沉管 | 基槽浚挖及管基处理、预制钢筋混凝土管节制作（钢筋、模板、混凝土）、管节接口预制加工、管道沉放、稳管及回填 |
| | 桥管 | | 管道接口连接、管道防腐层（内防腐层、外防腐层）、桥管管道 |
| 附属构筑物工程 | | | 井室（现浇混凝土结构、砖砌结构、预制拼装结构）、雨水口及支连管、支墩 |

水等各种工程管线集于一体，设有专门的检修口、吊装口和监测系统，实施统一规划、统一设计、统一建设和管理，是保障城市运行的重要基础设施和"生命线"。综合管廊施工内容，包括如表6-2所示的基础与主体结构，如表6-3所示的附属结构与设施，以及表6-4所示的管线与信息管理系统。

第三，城市道路交通设施，包括交通标志、交通标线、防护设施、交通信号灯、交通监控系统、服务设施、道路照明及变配电和管理处所及设备等。基于《城市道路交通设施设计规范》GB 50688—2011，城市道路交通设施分为A、B、C、D四级，对应了城市道路的不同等级，体现了不同交通功能和使用要求特点，既能保证交通安全，又经济合理，操作上也容易掌握。中、长、特长隧道及特大型桥梁采用A级交通设施标准，是因为中、长、特长隧道及特大型桥梁的道

**综合管廊基础与主体结构工程施工内容**  表 6-2

| 分部工程 | 子分部工程 | 分项工程 |
|---|---|---|
| 基坑工程和地基基础 | 基坑工程 | 围堰、基坑支护结构（各类围护）、基坑开挖（无支护基坑开挖、有支护基坑开挖）、基坑回填 |
| | 地基基础 | 地基处理、混凝土垫层、管廊基础、混凝土拼装底板、桩基础 |
| 明挖法施工管廊主体结构 | 现浇混凝土结构 | 底板（钢筋、模板、混凝土）、墙体及内部结构（钢筋、模板、混凝土）、顶板（钢筋、模板、混凝土）、变形缝、表面层（防腐层、防水层、保温层等的基面处理、涂衬）、各类单位构筑物 |
| | 预制拼装混凝土结构 | 预制构件安装、变形缝、表面层（防腐层、防水层等的基面处理、涂衬）、各类单体构筑物 |
| | 钢制管廊结构 | 钢结构焊接、紧固件连接、钢零部件加工、钢构件组装及预拼装、钢结构安装、防腐涂料涂装、防火涂料涂装 |
| 非开挖法施工管廊主体结构 | 工作井 | 工作井围护结构、工作井 |
| | 顶管 | 管道接口连接、顶管管道（钢筋混凝土管、钢管、预制管廊）、滑板、管道防腐层（管道内防腐层、钢管外防腐层）、钢管阴极保护、垂直顶升 |
| | 盾构 | 管片制作、掘进及管片拼装、二次内衬（钢筋、混凝土）、垂直顶升 |
| | 浅埋暗挖 | 洞身开挖、喷射混凝土、锚杆、钢筋网、钢架（格栅钢架、型钢钢架）、管棚（含超前小导管）、锁脚锚管、衬砌模板、钢筋、混凝土、仰拱充填、注浆充填（壁后注浆）、防水和排水、洞内排水系统、施工缝与变形缝处理、防水板防水、预注浆堵水、复合式衬砌防水层、监控量测 |

**综合管廊附属结构与设施施工内容**  表 6-3

| 分部工程 | 子分部工程 | 分项工程 |
|---|---|---|
| 附属构筑物 | | 检查井、投料口、通风口、排风口、出线口 |
| | 防水工程 | 水泥砂浆防水层、卷材防水层、涂料防水层、变形缝防水、施工缝防水、穿墙管防水、埋件件、预留管道接头、孔口、集水坑 |
| 附属设施 | 消防系统 | 防火隔断系统：防水门、防火隔墙灭火器材质量管理、安装设置、配置验收、检查维护<br>自动灭火系统：气溶胶灭火、高压水喷雾灭火、细水雾灭火、干粉灭火方式的进场检验、系统安装、系统调试、系统验收<br>火灾自动报警及消防联动系统：火灾和可燃气体探测系统、火灾报警控制系统、消防联动系统 |
| | 通风系统 | 送排风（烟）系统：风管与配件制作、部件制作、风管系统安装、消声设备制作与安装、风管与设备防腐、风机安装、系统调试 |
| | 供配电系统 | 室外电器安装工程：厢式变电所安装、电缆头制作、导线连接和线路绝缘测试、接地装置安装；变配电室安装工程：变压器安装、成套配电柜安装<br>供电干线安装过程：托盘和槽盒安装、导线敷设、电缆敷设、管内穿线和槽盒内敷线、电缆头制作、导线连接和线路绝缘测试、接地装置安装、接地装置敷设<br>电气动力安装工程：成套配电柜、控制柜（台、箱）和配电箱（盘）安装、电动机及电动执行机构检查接线、电气设备实验和试运行、托盘和槽盒安装、导管敷设、电缆敷设、管内穿线和槽盒内敷线、电缆头制作、导线连接和线路绝缘测试、接地装置敷设 |

续表

| 分部工程 | 子分部工程 | 分项工程 |
|---|---|---|
| 附属设施 | 供配电系统 | 自备电源安装工程：成套配电柜、控制柜（台、箱）和配电箱（盘）安装、UPS及EPS安装、导管敷设、电缆敷设、管内穿线和槽盒内敷线、电缆头制作、导线连接和线路绝缘测试、接地装置安装<br>防雷及接地装置安装工程：接地装置安装、建筑物等电位联结 |
| | 照明系统 | 电气照明：成套配电柜、控制柜（屏台）和动力、照明配电箱（盘）安装、梯架、支架、托盘和槽盒安装，导管敷设，管内穿线和槽盒内敷线，塑料护套线直敷布线，电缆头制作、导线连接和线路绝缘测试，普通灯具安装、专用灯具安装、开关、插座安装，建筑照明通电试运行<br>备用和不间断电源安装：成套配电柜、控制柜（屏、台）和动力、照明配电箱（盘）安装、柴油发电机组安装，不间断电源装置及应急电源装置安装、母线槽安装，导管敷设，电缆敷设，管内穿线和槽盒内敷线，电缆头制作、导线连接和线路绝缘测试，接地装置安装<br>防雷及接地安装：接地装置安装，建筑物等电位联结，浪涌保护器安装 |
| | 监控与报警系统 | 设备监控系统：通风系统，变配电系统，照明系统，给、排水系统，液压井盖监控<br>安全防范系统：电视监控系统、入侵报警系统、巡更系统、出入口控制（门禁）系统<br>综合布线系统：缆线敷设和终接，机柜、机架、配线架的安装，信息插座和光缆芯线终端的安装<br>电源与接地：智能建筑电源，防雷及接地<br>环境：廊内空气环境、视觉照明环境、电磁环境 |
| | 排水系统 | 排水管道及配件安装、排水设备安装、防腐、绝热、管道冲洗、试验与调试<br>排水沟槽与井池、试验与调试 |
| | 标识系统 | 进场检验、系统安装、系统验收 |

综合管廊管线与信息管理系统　　表6-4

| 分部工程 | 子分部工程 | 分项工程 |
|---|---|---|
| 管线工程 | 支吊架 | 进场检验、系统安装、系统验收 |
| | 给水排水管道 | 给水管道及配件安装，给水设备安装，防腐，绝热，管道冲洗、消毒，试验与调试<br>污水管道及配件安装，雨水管道及配件安装，防腐，试验与调试，排水沟槽与井池 |
| | 电力电缆 | 电力电缆及附件的运输与保管、电缆的敷设、电缆附件的安装、电缆线路防火阻燃设施的施工、工程交接验收 |
| | 通信电缆 | 通信线缆及附件的运输与保管、线缆的敷设、电缆附件的安装、电缆线路防火阻燃设施的施工、工程交接验收 |
| | 热力管道 | 热力管道及配件安装、辅助设备安装、系统水压试验及调试、防腐、绝热 |
| | 燃气管道 | 天然气管道及配件安装、天然气设备安装、凝结水装置安装、防腐、绝热、管道冲洗、试验与调试 |

续表

| 分部工程 | 子分部工程 | 分项工程 |
|---|---|---|
| 信息管理系统 | 环境与设备监控系统 | 硬件设备、管理软件、网络架构、系统调试 |
| | 安全防范系统 | 视频安防监控系统、入侵报警系统、出入口控制系统、电子巡查管理系统 |
| | 通信系统 | 硬件设备、管理软件、网络架构、系统调试 |
| | 预警与报警系统 | 硬件设备、管理软件、网络架构、系统调试 |
| | 同一管理平台 | 硬件设备、管理软件、网络架构、系统调试 |

路等级一般都较高,且客观上形成了道路上的咽喉。如果交通设施设置不到位,可能影响通行能力,发生交通事故时对于交通疏散和救援都不如一般道路方便。主干路为B级,需设置完善的标志、标线和必要的隔离和防护设施,路段上应设置中间分隔设施和机动车与非机动车分隔设施,桥梁与高路堤路段有坠落危险时必须设置路侧防撞护栏,立体交叉及其周边地区路网应设置指路、禁令等标志,平面交叉口必须进行交通渠化并设置交通信号灯,交通监控系统应按Ⅲ级设置,特大型桥梁应按Ⅱ级设置,中、长、特长隧道应按Ⅰ级设置。次干路为C级,需设置完善的标志、标线和必要的隔离和防护设施,平交路口进口段一般要设置中间分隔设施,桥梁与高路堤段有坠落危险时需设置路侧防撞护栏,平面交叉口应进行交通渠化并设置交通信号灯,交通监控系统应按Ⅲ级设置,特大型桥梁应按Ⅱ级设置。支路为D级,需设置较完善的标志、标线,桥梁与高路堤段有坠落危险时应设置路侧防撞护栏,平面交叉口一般需进行交通渠化并设置交通信号灯,交通监控系统按Ⅳ级设置。

第四,通信基础设施,主要有电信局站,位于城域网接入层的小型电信机房为一类局站,包括小区电信接入机房以及移动通信基站等;以及位于城域网汇聚层及以上的大中型电信机房为二类局站,包括电信枢纽楼、电信生产楼等。城市无线通信设施,应包括无线广播电视设施在内的以发射信号为主的发射塔(台、站)、以接收信号为主的监测站(场、台)、发射或(和)接收信号的卫星地球站、以传输信号为主的微波站等。城市有线广播电视规划,包括信号源接收、处理、播发设施和网络传输、分配设施,通信管道应满足全社会通信城域网传输线路的敷设要求,通信城域网包括固定电话、移动电话、有线电视、数据等公共网络和交通监控、信息化、党政军等通信专网。邮政设施主要可分为邮件处理中心和提供邮政普遍服务的邮政营业场所,提供邮政普遍服务的营业场所可分为邮政支局和邮政所等。

第五,生态环保设施,主要有水资源净化设施,包括取水、输水、净水、配水和建筑给水等城镇给水系统和设施;建筑排水,雨水和污水的收集、输送、处理和处置等城镇排水系统和设施;城镇污水再生利用和雨水利用系统及局部区域、住区、建筑中水和雨水利用等设施。环境卫生设施,包括环境卫生公共设施,居住区、商业文化街、城镇道路以及商场、集贸市场、影剧院、体育场(馆)、车站、客运码头、大型公共绿地等场所附近及其他公众活动频繁处,所设置的垃圾收集点、废物箱、公共厕所等环境卫生公共设施。环境卫生工程设施,包括生活垃圾及其他垃圾处理、处置设施。以及空气净化设施,环保、空气监管体系,园林保护设施等。

## 二、市政工程特征[①]

市政工程项目不同于其他项目,其具有独特性、一次性、制约性、目的性等特性直接决定了差异化的工程项目管理属性。市政工程项目作为建设工程项目的类型之一,其工程项目施工管理也有一些不同于一般产品的特殊性。

**1. 产品固定性与施工动态性**

不仅市政工程项目建设过程,还包括项目完工后的运营使用期间,市政工程项目都是固定在某一特定地理环境范围内的,即市政工程项目的位置与地点是固定不变,不可移动的。市政工程项目位置固定不动,则需要施工按照特定地点、特定气候条件、特定环境约束进行动态地适应。此意味着,同样的市政工程施工内容,即使设计文件趋近,所选用的工艺、设备与材料相同,具体的施工作业也会存在较大差异。

**2. 市政工程项目的多样化**

市政工程包括各种各样的工程类型以及工程产品,不同的市政工程项目功能与用途迥异,使其项目产品具有多样性与针对性。不同类别的市政工程项目,均以满足社区与市民需求为前提组织项目建设,每一个市政工程产品的施工要求与施工工艺均有对应的规范标准。市政工程项目施工会受到地区环境、气候、地形水文等自然条件因素影响,并受到交通、资源等因素制约,施工管理环境中要采取对应的施工方法与管理措施对施工组织方案进行监督与修正,保证工程项目顺利完成。市政工程项目施工作业具有连续性,市政工程项目施工过程中需要一个完整的施工链进行协作生产,一旦出现中间环节中断会直接影响项目质量与项目成本,甚至会造成项目失败。因此,在市政工程项目施工中,其施工管理单位要

---

① 参考钟锋硕士论文《市政A工程的项目组织与管理研究》,2018。

在开工前进行规划与设计，保证施工方案科学性，严格按照市政工程施工标准进行作业施工。

**3. 市政工程项目质量标准差异化**

市政工程项目中不同类别的项目用途与特征不同，其项目的质量标准与要求也不相同。在特定市政工程项目建设过程中对工期进度与作业时间有着严格要求，当项目施工受到异常的外界因素影响时，项目质量与原计划质量容易产生偏差。施工进度控制也容易受到各种外在因素影响，无法保障与工程计划进度相一致。在工程项目质量检查检验中，通过对不同工序结果进行检验以确定其成果是否合格，但由于其产品的检验大多是以项目表现以及资料情况为依据进行判断，容易使检验结果出现缺陷，导致检验局限性。为充分保证项目质量，要通过定期的抽检与资料的核实，确保工程质量管理有效。

**4. 市政工程项目参建主体复杂性**

市政工程项目投资大、工期长且工程量较多，其工程施工工序十分复杂，需要通过开发商、设计单位、监理单位、施工单位等诸多参建方协同配合以顺利完成工程建设。市政工程项目的建设周期较长，建设周期内为如期完成工程建设任务需要保证其设计、材料、方法、技术标准、管理体系等因素受到严格控制，以按照标准达到工程质量。在影响市政工程项目质量的诸多因素中，存在不可预见的因素，如天文、水文地质以及其他自然因素等。市政工程项目开展前要识别可能存在的风险因素，制定针对性的处置与应急方案，一旦出现不确定因素影响立即采取控制方法，以最大限度降低其影响，保障工程顺利展开。

## 三、市政工程项目施工管理[①]

本章中的市政工程项目施工管理，特指市政工程项目建设单位，在其投资建设的市政工程项目施工过程中，为实现项目计划建设目标，运用系统的观点和理论，以及现代科学技术对市政工程项目施工全过程所进行的计划、组织、安排、指挥、管理、监督、控制与协调管理。

基于项目管理知识体系（PMBOK，第六版），工程项目管理的知识体系如图6-1所示。从市政工程项目建设单位，即业主方角度，其在施工过程中的管理内容主要包括：

---

① 参考李祥军等编著《工程项目管理》，中国建筑工业出版社，2020。

**1. 投资控制**

业主基于经批准的工程项目投资概算，对施工阶段的投资进行控制。投资控制是对市政工程施工过程中可能产生的各类费用信息进行有效的组合和管理，通过投资计划、费用控制、成本核算与分析等一系列工作，将影响市政工程项目建设费用的各类因素控制在投资概算范围以内。投资控制的目标是费用不超支，即项目施工完成实际需要业主支付的费用不超过经批准的投资概算和施工图预算费用。

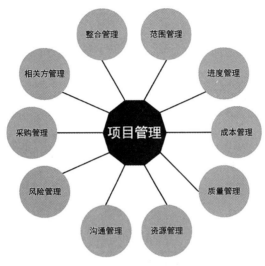

图6-1 工程项目管理体系图

根据工程项目管理中的计划与控制理论，实践中对市政工程项目的投资控制，一般可分为事前控制、事中控制、事后控制三个阶段，简称三段式投资控制，如图6-2所示。其中，事前控制是对市政工程项目施工所需费用进行预测，编制施工预算，并结合经验对可能的费用风险进行评估，制定对应的费用风险控制措施。事中控制，是在市政工程项目施工过程中，实时收集实际费用信息，严格按照施工预算进行费用的审核、支付，并防范费用风险，避免出现费用超支。事后控制是费用支付之后的核算和分析，以及费用风险发生之后的处置，更多的是总结经验与教训，提升投资控制能力。

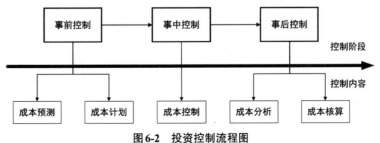

图6-2 投资控制流程图

从市政工程项目业主方的角度，在施工阶段进行投资控制的具体工作，可划分为：

（1）编制施工阶段各年度、季度和月度资金使用计划，并控制其执行；

（2）利用投资控制软件定期进行投资计划值与实际值的比较，查找偏差，并提供各种报表；

（3）工程施工付款审核与支付；

（4）审核其他付款申请单，并支付；

（5）对拟调整的施工方案进行技术经济比较论证；

（6）审核及处理各项施工索赔中与资金有关的事宜。

**2. 进度控制**

施工进度控制是市政工程项目的建设单位，即业主对施工所需时间进行统筹计划安排，编制进度计划，并依据进度计划提供确保顺利施工所需的各种资源与条件保障，以实现计划目标时间内完成工程施工，按期交付使用之目的。

市政工程项目进度控制的首要工作是编制进度计划，在施工正式开始之前，利用网络计划技术对依次开展的具体施工任务进行时间估算与安排，最终可通过横道图或网络图的形式输出施工进度计划。施工进度计划，是市政工程项目各参建方协同配合，顺利完成工程施工的直接依据，即各参建方均要围绕业主方确定的进度计划安排自己的合同工作与任务。比如，设计方需按照业主方进度计划中各节点提供对应的设计图纸，才能保证工程顺利地进行施工；材料设备供应商需要按照进度计划编制材料设备供应计划等。

施工开始之后，即进入进度控制过程，各参建方需严格依据计划展开合同中的施工各项工作与任务，在进度计划规定时间段范围之内，完成对应的工作，确保进度目标的实现。市政工程项目施工进度是在动态条件下实现的，因而进度控制也应是动态的。在施工过程中跟踪检查进度计划执行情况，收集实际进度信息并与计划进行比对，判断实际进度是否满足计划进度的要求。当实际进度与计划进度之间产生偏差时，需要拟定并执行整改措施，保证如期完工。

从市政工程项目业主方的角度，施工阶段进度控制的主要工作包括：

（1）根据项目建设总目标，编制施工阶段进度控制总计划，并审核其他参建方的施工进度计划；

（2）施工过程中跟踪、检查进度计划的执行情况，收集进度信息，采用相应管理软件，查找、分析进度偏差情况；

（3）对于进度出现的偏差或预计可能出现的偏差，采取经济、技术、组织、管理等措施，进行纠偏，避免进度目标延误；

（4）对于无法纠正的偏差，对进度计划进行必要的调整，以保证计划起到对实际施工安排的依据作用。

**3. 采购与合同管理**

市政工程项目建设单位，即业主方的采购范围和内容受项目承发包模式的影响而不同。工程总承包和施工总承包模式之下，业主在施工过程中是没有采购任务的，施工所需的材料、设备全部由工程总承包或施工总承包完成采购，业主的合同相对人只有工程总承包或施工总承包单位，业主的合同管理仅是对总承包合同的管理。项目采取设计、施工、材料设备供应单独发包模式的，业主方的采购包括施工所需材料设备采购、部分专业施工承包商的采购，以及项目所需的特定技术咨询服务采购。单独发包模式下，业主方合同管理工作也相对繁杂起来，需要针对每一项采购所形成的合同进行对应管理。

市政工程项目中业主方的采购管理，包括采购模式选择，采购程序设计、采购实施，采购程序的完结以合同签订为标志。采购结束之后，进入合同管理的过程，主要是合同履行，以及合同履行过程中的监督与控制。《招标投标法》《政府采购法》对市政工程项目采购进行了规定，满足法定条件的必须按照招标方式进行采购，在法定招标范围之外，业主可选择竞争性谈判、竞争性磋商、询价或直接签订合同等采购方式完成市政工程项目的采购。采购合同一般适用国家工商总局和住建部颁行的相关合同示范文本。

业主方项目管理的核心任务之一是包括各种服务在内的采购管理，其项目管理过程即项目的全寿命合同管理过程。采购管理并不仅限于物资设备的采购，还应包括工程采购和服务采购。工程采购是指通过招标程序，选择参与项目的单位服务采购包括设计、监理及咨询等服务的采购。正是通过采购过程，业主将物质生产领域中生产项目实体的过程转移至承包商。实际项目管理过程中，都是通过合同建立工作关系，故采购管理与合同管理是紧密相连的。业主方合同与采购管理的内容包含计划与控制两方面主要内容。项目前期基于总体计划进行规划，项目进行过程中，督促相关合同方按照合同履行责任。所采购的物资、服务准时到位，才不会影响项目的进度。业主方的合同与采购管理，是保证项目顺利进行，保证项目质量目标的重要保障[①]。

从市政工程项目业主方的角度，施工阶段采购与合同的主要工作包括：

（1）根据法律法规规定，选择对应的采购方式，编制招标文件、竞争性谈判文件等采购文件，设计采购程序，依法完成采购工作；

---

① 参考孔凡达硕士论文《市政工程项目的业主方项目管理研究》，2011。

（2）选择合同示范文本或自行拟定合同，待采购程序结束之后，完成合同的签订；

（3）依据采购要求与合同约定，对所采购材料设备进行督造、催付、使用前检验试验；

（4）依据合同约定，督促合同相对人严格、全面履行合同，跟踪合同履行情况，评估合同风险；

（5）对合同变更进行处理，包括落实变更的措施、修改相关资料、检查变更结果、做好变更记录等；

（6）按规定程序合理地处理索赔事件。

**4. 信息管理**

信息技术的快速发展与普及，影响生产与生活的方方面面，市政工程项目建设也不能例外。相对于其他领域，建设工程领域中信息化建设与发展严重滞后，信息管理并没有得到广泛的应用。信息化是在工程项目全生命周期中，利用先进的信息技术自动采集、存储信息，实现系统化管理，并通过网络进行传输交换，由项目参建各方科学利用。工程项目管理系统能够起到辅助决策的作用，需要实现的目标是能够帮助市政工程项目参建各方控制项目的成本、质量、费用、进度的管理，并且能够形成报告，作为辅助决策的功能，以帮助管理人员制定下一步的施工计划。

建筑业"十四五"规划中提出"加快推进建筑信息模型（BIM）技术在工程全寿命周期的集成应用，健全数据交互和安全标准，强化设计、生产、施工各环节数字化协同，推动工程建设全过程数字化成果交付和应用。"由此可见，建筑产业信息化、数字化转型蔚然成势。基于BIM的工程管理是收集信息、分析信息、交互信息的信息化管理模式，可以实现的功能如下[①]：

（1）基于BIM的项目管理，能够确保工程基础信息的准确、透明和及时交互，实现在局部和整体范围内对于成本以及效益目标的把控；

（2）基于BIM的管理技术，可以统一管理投标书、预算书和结算书，并进行各项条目的对比；

（3）可以进行工程合同、付款凭证、工程变更等工程附件的管理，并可以管理成本计算、招标投标、款项支付等成本项目；

（4）BIM数据模型可以进行项目各方面的动态变更，可以方便计算分析，对各个方面的资金情况进行追踪并及时上报；

---

① 参考黄治国硕士论文《建筑工程项目信息管理中BIM技术应用研究》，2016。

（5）筛选汇总各执行单位的工程进度情况，更充分地为决策者提供分配资源、制定决策依据；

（6）基于BIM的4D施工模拟技术能进行施工前地模拟计算，提前发现在施工过程中可能出现的风险事故，并逐一进行防范，提前制定相应的处理措施；

（7）优化施工方案和资金物资配置，快速分析工程中出现的问题并提出相应的解决方案，并进行施工方案相应的变更工作；

（8）BIM技术的引入可以弥补传统管理模式的内在缺陷，使其更加精细化地为工程项目服务，提高施工效率和质量；

（9）对施工作业流程进行可视化管理，还可以对用到的物料和设备进行进场、使用的记录和归档，并建立需求项目施工目标、施工需求等信息储备查询；

（10）利用BIM管理技术，可以模拟资产、施工场地等管理和结构分析等内容，从而方便运营维护阶段的工程项目管理；

（11）运用BIM实时监控技术，可以对施工过程中的各类安全隐患进行监控和处理，从而降低风险事故的发生概率，减少损失，并对突发事件及时作出调整，及时归档成册，并完成相应的信息采集和整理。

**5. 组织与协调管理**

组织协调是联结、联合、调动工程项目系统所有参建各方的活动和力量，求得各方理解与支持，促使各方面相互配合、协同一致，以实现工程项目的预定目标。组织协调管理工作贯穿于市政工程项目施工的全过程，它的主要任务是在项目合同关系的基础上，通过组织管理工作，实现关系协调、化解矛盾、统一认识、共同携手、各单位相互配合的目的，并切实履行合同义务，以达成各项合同目标。

在项目的施工阶段，组织协调的任务很多，如设计单位及时地提供设计图纸，生产制作单位的选择，施工组织管理的科学合理，资金的按时到位，设备、材料及时保质保量地供应，供电、供水单位的不间断供应，有关单位的密切配合等。但从项目组织协调的时间范围来看，组织协调的内容总体上可分为两种：一是在项目实施前期组织结构的协调；二是在项目实施阶段组织个体行为的协调。组织协调还可以分为组织结构的协调以及组织人员的协调。组织结构是指管理机构内部各个部门之间的相互关系。建立合理的组织结构，是为了确保各个部门能够高效率工作，促使各种资源得到最充分利用，是有效实现管理目标的基础和前提。

在组织结构协调中，包含两个问题，即合同关系类型的选择与组织结构形式的选择。人员协调问题出现在项目在进入实施阶段以后，各组织个体之间的联系开始逐渐加强，其中有空间上的，技术上的和经济上的。由于各个组织与个体都有各自的利益考虑，相互之间的矛盾是不可避免的。为了确保项目管理计划的可靠实施，必须对组织和人员的行为进行协调，其中包括激励、沟通和冲突管理。

### 6. 施工阶段的风险管理

工程项目的风险来源较广泛、复杂。风险会对项目产生巨大的影响，如成本增加、进度滞后等，这些都会造成项目参建各方的损失，严重的甚至会导致项目失败。尤其对于市政工程这类大型工程项目，风险管理更为必要。市政工程项目业主方的风险管理水平，决定了整个项目的风险管理水平。业主方风险管理包含风险识别，风险评价与评估、风险的防范与处置。项目前期业主方应全面识别潜在风险，基于评价结果建立相应的风险应对机制。中期实时监控风险，协助各参建方规避或转移风险，尽最大努力减小风险带来的损失。

风险识别即确定风险的来源、发生的条件、找出哪些风险对所拟建项目可能产生影响。风险评估，是通过专家打分法、情景分析法、蒙特卡罗模拟等定性定量方法，利用从事市政道路工程相关工作专家的知识与经验，对所识别风险因素发生的概率，以及可能对项目造成的损失进行估算，描述风险大小的客观数值。风险评价，是基于风险评估结果，利用层次分析法、模糊综合评价法、影响图法等对风险因素进行排序，明确它们之间的因果关系，制定风险管理计划，为项目总目标的实现做贡献。经过风险评价之后，针对评价结果，不同风险所采取应对的措施有差异，主要为风险预防、风险回避、风险减轻、风险转移、风险自留、风险分散、风险利用，以及这几类措施的组合应用。

业主方风险管理的主要工作包括：

（1）通过风险识别，建立风险清单；

（2）通过风险评估、评价，确定清单内风险的重要度排序；

（3）按照重要度排序，确定不同风险的应对策略；

（4）施工过程中实时监控风险因素的产生与变化情况，及时调整风险处置策略。

### 7. 施工阶段的质量管理

市政工程项目产品类型的特殊性导致了项目产品质量的复杂性，涉及很多专业领域，如技术标准、材料等。在项目的建设过程中，项目的参建方均有各自的质量管理，业主方的质量管理是所有质量管理中的主导部分。项目各参建方也是基于业主方的质量目标形成自己的质量目标。从业主方的角度看，工程质量既是自己的需求也是自己的责任所在。所以，业主方的质量管理贯穿整个项目各个阶段，是居于主导地位的质量管理。要想从根本上保证项目产品的质量，业主方必须提高自身的质量管理水平。整体而言，业主方的质量管理包含两个方面。第一方面是明确项目的质量目标，第二方面是项目进行中的全过程质量控制。在项目不同实施阶段，不同的参建方承担阶段任务也不一样，业主方在项目的各个阶段进行质量管理的侧重点有所不同。在项目前期，业主方委托咨询单位对自己的需求目标进行分析与论证，此时的质量管理相对较侧重于保证咨询单位项目评价的可靠性。项目准备与设计阶段，业主方质量管理的内容是与相关设计单位沟通，以保证设计方案满足项目的质量标准。项目的施工阶段，业主方应选择优秀的承包商、供应商等项目参与方，监督并保证其实现项目的质量目标。

如图 6-3 所示，基于 PDCA 质量控制理论，业主方在施工阶段质量管理的主要工作包括：

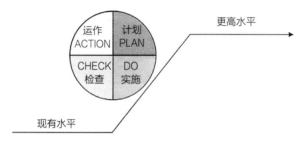

图 6-3　PDCA 质量持续改进

（1）质量计划。基于 GB/T 19000—2008，质量计划是对特定的项目、产品或合同规定由谁及何时应使用哪些程序和相关资源的文件。质量计划提供了一种途径将某一产品、项目或合同的特定要求与现行的通用质量体系程序联系起来。质量计划需要回答的是如何通过各种质量相关活动来保证项目达到预期的质量目标。质量计划中的重要输入是质量目标，而质量目标来源于用户需求和商业目标，项目质量计划根据质量目标制定，包括质量保证计划和质量跟踪控制计划。

（2）质量计划实施。根据既定的质量目标和质量计划，通过实施能保证工程质量的施工方案，施工组织设计，施工工艺和流程等，最终达到质量目标。

（3）质量检查。表示根据预定计划分析预期的结果，对实施结果总结分析，并处置报告。

（4）质量检查问题处置。对检查的结果做最终的处理。对成功的经验要形成规范，给予肯定，对不成功的施工方法要进行改正，总结经验教训，并制定以后可能发生类似情况的应急预案和控制措施，对于未决问题转入下一轮循环。

**8. 安全管理**

工程建设是危险性较大的经济活动，尤其是在工程建设施工阶段，最容易发生安全事故。市政工程施工由于其作业手段、作业环境、施工人员的整体水平和素质比起其他行业相对处于落后阶段，因此对复杂的施工现场进行危险隐患分析，识别出各种危险源，并采取控制措施，提高市政工程施工安全系数显得尤为重要。

安全管理实质是指对安全生产工作进行的管理和控制，即通过一系列的管理活动，使得市政工程项目施工过程满足安全生产法律法规要求，避免出现人员伤害与财产损失事件。业主方在项目管理中处于核心地位，对项目的各参与方产生强大的影响力和号召力，业主方加强安全意识，提高安全管理水平，能大幅提高整体项目的安全管理水平。业主方安全管理的主要目标是减少和避免安全事故的发生，保障人员以及财产的安全。业主方应坚持"安全第一，预防为主，综合治理"的基本方针，主要任务是全过程、全方位的安全管理监督，并协调组织重大安全问题在项目进行的各个阶段，支持与配合项目各参与方的安全管理。随着环保意识的增强，安全管理在某种意义上也扩展到各级政府部门以及法律法规的要求。市政工程项目，控制项目区域内的废水、废弃、噪声、粉尘等对周边环境产生的污染和危害，保护环境，改善施工现场的作业环境日益重要。

## 第2节　施工管理理论方法与应用

### 一、全过程工程造价管理理论[①]

全过程造价管理，是为确保建设工程的社会与经济效益，对工程建设项目从可行性研究开始经初步设计、扩大初步设计、施工图设计、承发包、施工、调试、竣工、投产、决算、后评估等的整个过程，围绕工程造价所进行的全部业务行为和组织活动。全过程造价管理，是对建设工程项目的成本、利润、风险以及有限资源等进行计划和控制，其核心是在满足投资额度限制的基础上，实现投资收益的最大化。满足投资额度限制，是指通过全过程造价管理，有效控制工程项目各项费用开支，最终表现为工程项目的投资未超过批准的投资概算。投资收益的最大化，是通过全过程造价管理，在保证工程项目质量与安全的前提下，实现项目功能、价值的最大化，最终表现在项目所带来的经济与社会效益上。

为实现投资额度限制与投资收益最大化的目标，需要对工程项目各项投资支

---

① 参考李祥军等合著《一本书读懂建设工程》，法律出版社，2022。

出进行精确化的计算与控制。按照工程项目全生命周期的构成，采用工作分解结构（WBS）或其他理论方法，按阶段分解工作任务，确保分解出的工作任务是实现项目目标所必需的；之后，根据投资和造价理论知识，计算分解之后工作任务的各项费用指标构成，确定整个项目的投资额，并保证在经过批准的投资额度限制范围以内。以上造价控制的过程，可以是由上向下的过程，也可以是由下向上的过程，甚至于两者相互佐证的过程。

**1. 全过程工程造价管理阶段划分**

根据工程项目生命周期理论，市政工程项目全过程，可划分为五个阶段：工程项目的立项决策阶段、工程建设准备阶段、工程设计阶段、工程施工阶段和工程完工验收阶段。市政工程项目全过程造价管理是嵌入市政工程项目全生命周期的每一个阶段。而且，各阶段之间的造价管理是相互衔接的，比如立项决策阶段造价管理所确定的投资概算，是设计阶段造价控制的上限。

基于各阶段需要完成的任务不一致，其造价管理的目标、内容和精确度要求也存在差异，具体表述如下：

（1）立项决策阶段的造价管理

立项决策阶段，是完成对项目的构思、策划与可行性论证，并经过相应行政主管部门的审批、核准或者备案的过程。立项决策的重要内容之一，即是对项目投资额的估算与论证，部分需要外部融资的项目，还需要策划、论证外部融资方案。项目立项决策阶段的造价管理，包括对项目投资方案进行分析和选择决策的过程，存在多个方案的情况下还需要对不同方案的投资额与投资效益进行比较判断、决策。项目立项决策阶段决定了项目是否值得投资，投资方案是否可行，是否能够实现投资收益，立项决策的合理与否，是项目投资能否成功的关键。项目决策过程中建设标准的确定、建设地点的选择、工艺的评选、设备选用等，直接关系到工程投资的数额。虽然，立项决策阶段工作量和需用时间对整个项目占比并不高，但是该阶段工作对工程投资的影响程度最高，达到80%~90%。因此，决策阶段是决定工程造价的基础阶段，直接影响着决策阶段之后的各个建设阶段工程造价的计价与控制是否科学、合理的问题。项目立项决策阶段的造价管理，具体工作直接表现是投资估算。投资估算是指对拟建项目固定资产投资、流动资金和项目建设期贷款利息的估算，常用的投资估算方法，包括资金周转率法、单位生产能力估算法、生产能力指数法、比例估算法、系数估算法、综合指标投资估算法等。

（2）设计阶段的造价管理

工程项目设计阶段的主要工作，是根据工程的要求，对建设工程所需的技术、经济、资源、环境等条件进行综合分析、论证，编制建设工程设计文件的活动。设计阶段的造价管理，包括方案比选、设计概算与施工图预算，以及不可预见费用考虑。设计阶段的造价管理是仅次于立项决策阶段的重要环节，设计方案对工程造价的影响达到75%的比重。即75%的工程造价由设计方案，以及设计方案中的工艺、设备选型决定。而工程设计的费用占工程造价的比重不足1%。设计阶段有效控制工程造价的方法是限额设计。限额设计，是根据批准的设计任务书及投资估算控制初步设计，按照批准的初步设计概算控制施工图设计。将上阶段设计审定的投资额和工程量先分解到各专业，然后再分解到各单位工程和分部工程。各专业在保证使用功能的前提下，根据限定的额度进行方案筛选和设计，并且严格控制技术设计和施工图设计的不合理变更，以保证总投资不被突破。限额设计控制工程投资可以从两个角度入手，一种是按照限额设计过程从前往后依次进行控制，称为纵向控制；另一种途径是对设计单位及其内部各专业及设计人员进行考核，实行奖惩，进而保证设计质量的一种控制方法，称为横向控制。实践证明，限额设计是促进设计单位改善管理、优化结构、提高设计水平，真正做到用最少的投入取得最大产出的有效途径；它不仅是一个经济问题，更确切的说是一个技术经济问题，它能有效地控制整个项目的工程投资。设计阶段工程造价最终的表现形式有两个：一是紧跟初步设计所形成的工程概算；二是施工图设计之后的施工图预算。设计需要满足的条件是施工图预算不能超过工程概算，工程概算不能超过投资估算。

（3）招标投标过程中的造价管理

招标投标阶段中的招标投标，作为一种价格竞争机制，一般是通过价格竞争择优选择施工单位的过程。当前，工程中发包模式的多样化，导致招标所处的时机和内容存在差异。工程总承包招标，因为招标内容中涵盖设计与施工，一般是在方案设计完成之后；施工总承包招标内容中仅包括施工，所以至少要在初步设计完成之后才能招标。施工总承包招标投标过程中的造价管理，主要包括工程量清单编制、招标控制价的计算以及投标报价评审。工程总承包招标投标过程中的造价管理，主要包括招标控制价的计算以及投标报价评审。经过评审的中标价格，即为承包合同的签订价格。因此，招标投标阶段造价管理直接决定了承包价格，该阶段除了通过价格竞争机制，有效降低承包价格之外，从业主方角度，需要降低招标投标中暂估价的应用。暂估价是指工程中必然发生的，在招标投标工程中暂时不能确定的价格，如材料、工程设备的单价、专业工程以及服务工作的金额。暂估价的过多应用，将导致中标价格，即合同价格存在较大不确定性，不利于对承包内容的造价控制。有效减少暂估价应用，需要设计达到一定深度之后，再进行招标。

(4) 施工阶段的造价管理

施工阶段是工程项目耗时最长，生产资料使用最集中，单位时间资金支付最密集的阶段，亦是造价超支频发的阶段。因此，施工阶段造价管理的重点是防止超支，即保证工程顺利进行的前提下，将合同履行价格控制在签约的合同价格之内。施工阶段造价管理的主要工作是通过工程量计量、工程款项支付、签证与变更控制，防止超出合同内容的价格支付。工程量计量是根据合同或招标文件中确定的计量方法和原则，对实际发生的工程量进行准确计量，以作为施工合同结算的依据。如果采用的是总价合同的计价方式，工程量计量则作为施工过程中期付款的依据。工程款支付，是根据工程量计量数据，结合合同单价，向施工单位支付进度款。尽管进度款计算与支付，并不影响合同结算价格，但仍要作为造价控制的主要工作，有助于对施工过程造价控制进行实时监控与分析。施工阶段，由于天气原因、水文地质原因、设计变更以及不可抗力因素，使得造价控制具备更多的不确定性。因此，施工过程中签证与变更控制是造价控制的核心，直接影响造价控制的效果，其控制的主要原则：一是，避免人为原因的变更与工程量增加；二是，严格遵循工程建设的规律，各项工作合理有序展开，能够提前识别、避开某些可能导致费用超支的不确定性因素；三是，利用动态控制的方法，及时预判、发现偏差，防止偏差积累而导致造价超支。

(5) 竣工阶段的造价管理

竣工，意味着工程施工的结束，是工程项目由建设转入运营使用的标志。竣工验收阶段造价管理，实际上是对施工过程中各项费用支出进行总结与分析的过程，包括按照施工阶段的各项合同约定进行工程结算，以及进行工程决算等工程项目造价管理成效的后评价工作。竣工结算的基本程序是，施工单位按照合同规定的内容全部完成所承包的工程，经验收质量合格，并符合合同要求之后，向业主提报工程结算报告；业主与其委托的咨询服务机构对工程结算报告进行审核；业主按照审核结果支付结算款项。经审核的工程竣工结算是核定建设工程造价的依据，也是建设项目竣工验收后编制竣工决算和核定新增固定资产价值的依据。工程决算是对所完成的工程在竣工验收后的最后经济审核，包括各类工料、机械设备及管理费用等，其内容应包括从项目策划到竣工投产全过程的全部实际费用。因为质量保证金的存在，竣工结算并未完成全部工程款的支付与造价管理工作。因此，在缺陷责任期内，业主方要分析缺陷责任原因，与施工单位共同确定缺陷费用分担，并在缺陷责任期满进行保修结算。

**2. 全过程工程造价管理的组织协调**

全过程工程造价管理是一项分时段、分阶段，但却前后衔接的一个完整性、系统性工作。同时，全过程工程造价又是政府行政管理部门、金融机构、建设单位、运营使用单位、施工单位、勘察设计单位、咨询服务机构等多方协同配合、相互影响与制约的系统，如图6-4所示。从工程项目全过程造价管理的完整性、系统性来看，实现工程项目全过程有效造价控制是各有关主体齐心协力、共同管理的过程，有效的组织协调是调动各有关主体造价控制能动性的必要条件。建设单位的造价管理工作横跨工程项目生命周期的各个阶段，在全过程工程造价管理的组织体系中，工程项目的建设单位是全过程工程造价管理中组织协调的中心，负责串联所有相关主体的造价控制工作是参与、参建各方有效沟通的桥梁。建设单位依托咨询机构完成工程项目的投资策划，确定投资估算、工程概算、施工图预算，并向行政主管部门报审、报批。在投资估算基础上，建设单位需与金融机构商定融资方案，配合金融机构对融资资金使用的监管。建设单位以投资估算、工程概算作为不同设计阶段的目标约束值，下达设计任务、评价设计造价控制工作成效。建设单位根据施工图预算完成施工单位招标，签订施工合同，并以此为据开展施工阶段的造价控制。工程项目投入使用之后，建设单位配合运营使用单位评价项目投资的社会与经济效益，当然部分项目运营使用单位可能提前介入，参与项目决策、设计方案论证工作，也会对工程造价产生决定性影响。

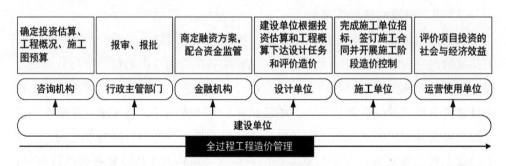

图6-4　全过程工程造价管理

除了建设单位在全过程工程造价管理中的串联作用与中心地位之外，相关主体之间的造价管理工作也存在相互影响、相互制约的关系。如，行政主管部门批准的工程概算，是建设单位工程总造价控制的直接依据，是设计单位方案、工艺与设备选型的约束条件，是施工单位承包合同价格的确定依据。再如，咨询服务机构对施工单位竣工结算的审计结论，是建设单位竣工结算的直接依据，决定了施工单位结算价格与能否盈利。

工程项目全过程造价管理的组织与协调，以建设单位为中心，以造价相关信息的共享为基础。因此，必须做好造价信息整理收集、传递等相关工作，以确保工程项目全过程造价顺利开展。工程造价信息收集整理是工程造价的基础工作，是确保有效控制造价目标的前提条件。工程造价管理应做到工程造价相关信息能够及时在工程参建方之间进行传递，正确反映出建设工程不同阶段之间、相关主体之间对成本与价格信息的需求，并且信息标准格式统一，有利于沟通。同时也能通过对之前的工程建设项目进行分析总结，找出各阶段造价控制过程中出现的问题，制定相应的改进措施和控制办法。工程项目的最大特点就是存在偶然性、多变性、事故多发性，在全过程工程造价管理过程中，也会因为工程的不确定性而发生变更工程。因此，各相关主体必须具备风险管理意识，及时养成风险防范意识。在工程建设的不同阶段，通过研究工程风险的可能性进行预判，通过对工程风险发生概率与潜在损失的研究，及时作出相应的预防与处置措施，实现对工程造价的精确控制。

## 二、质量管理理论及方法

工程项目质量，即工程项目符合规范规定与运营使用要求的程度，质量管理是在实现质量要求的程度过程中，所进行的计划和控制相关活动总称。

**1. 质量管理理论发展历程**

质量贯穿于人类的所有活动，人类发展史也是一部质量发展史，伴随着人类追求质量的发展史，质量管理也同时在发展。截至当前，质量管理理论的发展历经三个主要阶段。

（1）质量检验阶段（约1940年之前）

19世纪之前受家庭生产或手工业作坊式生产经营方式的影响，产品质量主要依靠工人的实际操作经验，靠手摸、眼看等感官估计和简单的度量衡器测量而定。工人既是操作者又是质量检验、质量管理者，且经验就是"标准"。因此，有人又将这个阶段称之为"操作者的质量管理"。工业革命改变了一切。机器工业生产取代了手工作坊式生产，劳动者集中到一个工厂内共同进行批量生产劳动，出现了社会分工和标准化的生产理念，泰勒发起的"科学管理运动"特别强调工长在保证质量方面的作用，出现了"工长的质量管理"。随后随着企业生产规模的扩大，产品复杂程度的提高，产品有了技术标准，公差管理制度也日趋完善，各种检验工具和检验技术也随之发展，强调质量检验与生产操作相分离，于是工长的质量检验职能转移给了专职的检验员，出现了"检验员的质量管理"。

（2）统计质量控制阶段（约1940—1960年）

从20世纪40年代初到20世纪50年代末，以美国休哈特、日本戴明为代表提出了抽样检验的概念，最早把数理统计技术应用到质量管理领域。从产品的质量波动中找出规律性，采取措施消除产生波动的异常原因，将生产的各个环节控制在正常状态，从而更经济地生产出品质优良的产品。这种方法最先是在美国国防部使用，其后在民用工业上得到应用。很多国家都开始积极开展统计质量控制活动，并取得了巨大成效。利用数理统计原理，预防产出废品并检验产品质量的工作，由专职检验人员转移给专业的质量控制工程师承担。这标志着将事后检验的观念改变为预测质量事故的发生并事先加以预防的观念。但是这个阶段过分强调质量控制的统计方法，忽视其组织管理工作，使得人们误认为"质量管理就是统计方法"，而专业的数理统计方法理论又比较深奥，因此质量工作成了"质量管理专家的事情"，对质量管理产生了一种"高不可攀、望而生畏"的感觉。这在一定程度上限制了质量管理统计方法的普及推广。

（3）全面质量管理阶段（约1960年至今）

第二次世界大战以后，社会生产力迅速发展，科学技术日新月异，质量管理的理论也得以发展。最早提出全面质量管理概念的是美国通用电气公司质量经理费根堡姆。1961年，他的著作《全面质量管理》出版。该书强调执行质量职能是公司全体人员的责任，应该使企业全体人员都具有质量意识和承担质量的责任。而戴明、朱兰等美国专家在日本的努力则真正掀起了一场质量革命，使得全面质量管理运动思想在日本蓬勃发展起来。20世纪80年代以后，全面质量管理的思想逐步被世界各国所接受。如今，全面质量管理思想仍然对企业发挥着巨大的作用。

**2. 全面质量管理理论**

美国著名质量管理专家菲根堡姆于20世纪60年代提出"全面质量管理"的理论。全面质量，不仅指最终的产品，而且覆盖与产品相关的一切过程的质量，覆盖产品的整个寿命周期，包括了工作质量、服务质量、信息质量、过程质量、部门质量、人员质量、系统质量、公司质量、目标质量等。全面质量是一种以人为本的管理系统，其目的是持续降低成本，持续增加顾客满意度。

全面质量管理理论是指以一个组织为单位，围绕质量为核心，在全员参与的基础上，以顾客满意和整体成员受益，从而获得长期成功的一种管理途径。通常采用的方法是通过制定一整套适用于产品生产和完善的企业管理质量保证体系，动员全员参与到生产的全过程中，对每个环节进行严格的把控，结合生产过程中所需的各项技术，从而实现产品的"低成本、高质量"的预期目标的过程。

全面质量管理又常常在实践工作中称为TQM（全称Total Quality Management），"全面"是全员参与的意思，全员既包含生产组织的所有参与人员，也包含生产过程中的参与人员，尤其在工程项目中，与普通产品生产过程不同之处在于工程项目需要由施工单位来组建针对工程项目建设范围内的组织管理机构，并且在施工过程中还涉及设计、监理、设备供应等相关参建单位，因此在工程项目中采用全面质量管理理论是对该理论的升华，更需要在不断的实践中去构建符合工程项目产品特点的理论体系和架构。

ISO9000体系将TQM定义为一种模式，用以提升用户的满意度及实现企业经济目标或效益的最大化，关注质量、动员全员参与，最终实现企业的可持续发展。TQM的最显著特征为"全面性"，通过管理职能来实现全员覆盖，不仅重视生产过程，还关注生产人员，提升人员素质，最终实现质量的全面保障和提升，在实现经济效益的同时，人员、企业和用户都能够获得满意结果。除了全面性特点，还包含生产全过程、调动全员参与，实现全社会参与的"四全面"质量管理。通过"四全面"的管理手段，不仅能够提高产品质量，还能够提高生产流程效率，改进产品设计及售后服务，降低经营成本，提高市场对产品的接受程度，还能够大幅降低责任事故发生的概率。因此，全面质量管理的原理基本适用于各类型产业及各类商品的制造过程，但是会由于行业特点及企业规模的不同在使用方法上有所区别，可以概括为大型生产中，质量管理的控制重点在产品，而在单件小批生产中，质量管理的控制重点在工序。而建筑产品兼具有大型生产及一次性的特点，将TQM运用于建筑产品质量控制的过程中，既要关注产品，又要关注生产工序，具体而言就是既要关注建筑项目的最终产品质量，又要关注建设过程中各工序的施工质量。在进行全面质量管理工作中，会需要借助数理统计方法来对质量情况进行分析评价。

TQM以质量为关注重点，其包含的工作原则概括如下：

（1）客户至上。以客户需求及客户体验为关注点，从而寻求提高客户对产品及服务的客户满意度的路径及方法。通过科学调查客户对产品质量的评价，从而引导生产者不断改进质量。从另一方面而言，生产要尊重市场，有市场意识，以服务用户为指导思想来提升产品的质量，这就是"客户至上"的核心所在。如果生产企业忽视客户需求，不寻求改进质量的措施及方法，对质量管理认识不足，忽视企业内部质量管理体系的构建，容易导致产品质量失控，使生产企业失去客户。

（2）发挥领导作用。重视组织管理，重视领导的作用。领导者的管理水平对产品质量有至关重要的影响。领导者可以通过科学合理的管理手段来确定组织统一的目标和方向，并制定相应的措施和政策来充分调动参与实现组织目标人员的积极性。领导者在组织中定义为最高管理者，管理学理论认为其具有决策和领导组织的作用，通过组织协调内外部相关资源，制定有效的管理制度及质量管理体系，并根据实施情况及时调整计划与目标，保持质量的持续改进。发挥领导作用是八大原则的重要内容之一。

（3）全员参与。所有参与建设组织的人员都是质量保障的关键，只有充分参与，才能共同实现组织目标。在对于人员的教育培训中，要重视质量责任感、质量意识、以顾客为中心，通过人员之间的团结协作来达到预期收益。

（4）重视过程方法。质量管理归根结底是为了使建设项目通过一定的作业来实现项目的增值，增值的含义不止包含固定资产增值，还包含无形的增值。在ISO9000：2000当中建立了生产标准的过程模式。该模式定义管理的四大过程为管理职责、资源管理、产品实现、测量分析和改进，最终目的是提高顾客满意度。

（5）系统的管理方法。将生产过程作为相互关联的整体，因此对其组织管理的过程就是相关联系的系统，通过识别生产的各个过程及过程之间的联系，选择科学系统的管理方法。这种建立质量管理体系的方法能够显著提高管理执行的有效性及效率，不仅适用于新建管理体系，也可用于对原有传统体系的改进。

（6）持续改进。在具体的管理实施过程中，需要进行动态的管理，不断地发现问题及解决问题，从而促使生产过程不断改进，形成良性循环。在持续改进的理念中，全面质量管理的方法论中包含PDCA循环方法，通过运用PDCA循环对质量进行良性运行，使得组织不断进行动态改进。

（7）基于事实的决策方法。决策的正确性基于充分并且正确的信息源和数据分析，因此在进行决策之前必须要充分搜集生产过程中的各类数据，并运用数理统计的方法来对这些数据进行统计和分析，并在数据呈现的现状中寻找不断改进的方向，或提供决策信息以便于组织作出决策从而降低错误发生的概率。另外通过统计技术还可以对产品的整体质量进行评价以及发现生产过程的变异性，从而找到提升产品质量的办法。

（8）与供方互利的关系。生产质量链中离不开供需双方，尤其是在建筑工程项目中，涉及建筑材料、建筑设备、劳务人员等多类资源供应方，形成组织过程中的供应链。由于组织方与资源供应方之间是相互依存的关系，因此建立互利的目标可以实现双方的增益，并且有利于产品质量的改进和提升。

**3. 全面质量管理方法**

（1）4M1E法

全面质量控制概念是基于全面质量管理理论提出的，主要指对影响质量的因素进行全面控制。根据相关理论概述,对于产品质量产生重要影响的主要因素有以下五项:分别是人(Man)、设备(Machine)、材料(Material)、方法(Method)与环境(Environments),简称为4M1E,如图6-5所示。全面质量控制方法,在现代管理方法中,属于全面质量管理理论的一个分支。

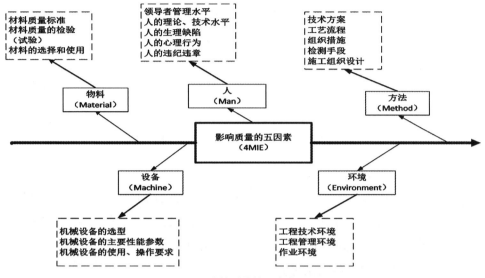

**图6-5　建筑质量的因素关系图**

对于工程项目而言,现场作业质量问题主要从"人、机械、材料、施工方法、环境因素"五个方面作为主要因素入手,根据每个因素包含的内容分析中间层次的原因,再继续细化,从中间层次的原因中包含的因素进行针对性的分析,称为直接原因。通过层层细化分解,将某些质量通病或者在某一项目中出现的特殊质量问题进行细化的分析,从而能够从具体的落实环节找到解决问题的办法,保持质量的不断改进和提升。

(2)质量管理矩阵法[①]

在进行质量管理过程中,首先根据全面质量管理的理论,认为各因素之间存在联系,可以借助数学矩阵的形式来将发生的质量问题与产生问题的因素列成矩阵,从中找到影响质量的关键因素的方法。其分析问题的基本步骤是将产生问题的因素分为两大群,分别排列成矩阵中的行和列,并通过在行列焦点用不同的记号表示不同的关系。根据形成的矩阵图的形态,具体可分为以下几种类型,分别是:

---

① 参考吴妙博士论文《EPC模式下市政工程的质量管理》,2019。

1) L形矩阵图

L形矩阵图是所有矩阵图中最基本的类型，如图6-6所示。L形矩阵图通过二元表的形式将质量问题与原型排列于矩阵图上，适用于若干目的与手段的对应关系，或若干结果和原因之间的关系。

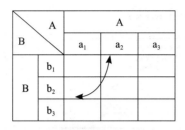

图6-6 质量管理矩阵图——L形图

2) T形矩阵图

T形矩阵图用以分析某一元素和另两个因素之间的关系，并将三个因素进行组合分析，列为一个矩阵，如图6-7所示。可以用于分析质量问题中"不良现象—原因—工序"之间的关系，也可以用于分析探索材料新用途的"材料成分—特性—用途"之间的关系等。

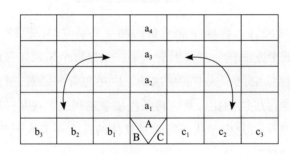

图6-7 质量管理矩阵图——T形图

3) Y形矩阵图

Y形矩阵图将三个因素之间的L形矩阵图组合起来成为Y形矩阵图，如图6-8所示，用以分析三个因素中两两因素之间的关系。

4) X形矩阵图

X形矩阵图将四个因素质量的L形图组合起来成为X形矩阵图，如图6-9所示，用以分析四个因素中两两因素之间的关系。

5) C形矩阵图

C形矩阵图分别以各因素确定为立方体三边的矩阵图，并以三维空间中的点作为分析着眼点，如图6-10所示。

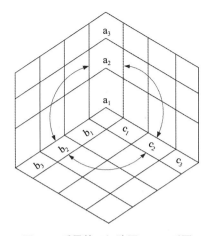

图6-8 质量管理矩阵图——Y形图

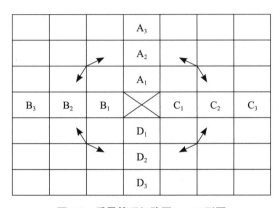

图6-9 质量管理矩阵图——X形图

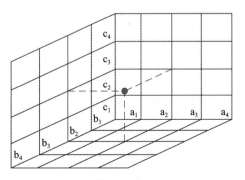

图6-10 质量管理矩阵图——C形图

质量管理矩阵图的作用在于与质量保证体系及质量管理机构相结合，能够分析出质量不合格的问题与原因之间的复杂关系，并能够综合提高对质量进行评价的效率。例如对于某建筑原材料的特性与制作出的产品构件的特性的相关数据，通过矩阵图法进行整理后，可以为今后进行原材料的选择和制作流程进行质量控制提供依据。

### (3) PDCA 循环法

TQM 理论中的流程化管理的具体方法可以采用 PDCA 循环法。PDCA 循环法是由美国著名管理学家戴明博士提出并命名，因此也称为"戴明环"。通过持续改进的理念将整个质量管理形成动态闭环，在闭环的各个阶段进行相对应的管理工作，从而保证质量体系的稳定运行，并能够及时地进行优化和调整。根据大量文献相关资料的定义及实践过程中不断积累的经验，PDCA 具体指的是在管理过程中的四个环节，分别是计划（Plan）、实施（Do）、检查（Check）以及处置（Action）。

### 4. 质量链管理理论

加拿大学者特罗琴斯基提出了质量链管理理论，认为质量管理的核心是将生产过程中各个环节进行有机地结合，通过纵向的串联形成质量链来提升系统的协调一致性。质量链主要由以下几个核心概念构成，分别是质量流（QS）、质量链（QC）、质量链节点（CN）、质量链节图（CNC）、耦合效应（CE）、质量链管理（QCM）。

#### (1) 质量流（Quality Stream）

质量流指在产品生产过程中与价值形成、信息流通方向进行有序传递最终形成物质的表现形式并展现其质量特征。

#### (2) 质量链（Quality Chain）

质量链是物质质量的载体，其能够实现质量流、价值流、信息流的有序传递。

#### (3) 质量链节点（Quality Chain Node）

在质量链理论中，节点是其基本单元。质量链的特点是多要素、多组织，其复杂性均由质量链节点构成。在找到对质量问题具有重要影响的关键因素的过程中，薄弱环节即为关键的质量链节点，因此要将关注的重心放在对关键节点的控制上。

#### (4) 质量链节图（Quality Chain Node Chart）

通过质量链节图的方式来描述多因素、多组织的节点关系。

#### (5) 耦合效应（Coupling Effect）

在质量链的多要素、多组织中存在着相互联系，耦合效应可以反映其相互影响的程度。

#### (6) 质量链管理（Quality Chain Management）

通过对质量链中关键节点进行控制，寻找质量链的运行规律从而实现对质量的有效控制和管理。

质量链管理理论在进行质量管理的过程中更侧重于纵向生产流程链条的管控，其与全面质量管理理论在生产流程管理的理论体系上有一定的交叉部分，而全面质量管理理论强调的是全面覆盖，不仅包括纵向生产链，还包括各横向生产线。

### 三、施工进度管理原理与方法[①]

工程项目进度管理中，不仅需要实时地对工程项目实施过程中出现各类数据进行收集整理、对比分析，从而找出偏差，更重要的是还需要根据实际情况，对这些出现的偏差进行一个科学的纠偏工作，从而使得工程项目继续顺利进行。这是一个动态的、贯穿于整个工程项目实施过程的工作，只有做好这项工作，才能保证工程项目的顺利进行。对于大多数工程项目的进度管理活动开展来看，都遵循了一定的原理，这些原理使得项目的进度管理更加科学和规范，更加符合项目进展的实际需要。目前，在工程项目进度管理的原理当中主要体现的是动态管理原理、系统管理原理、弹性管理原理、信息反馈原理、封闭循环管理原理、信息技术管理原理等方面的原理。

工程项目进度管理的方法有很多，其中最为常见的主要以工作结构分解法、甘特图法、网络计划技术、关键路径法、前锋线法以及香蕉图法等常被国内外众多专家和学者在各领域研究使用。

**1. 工作分解结构**

工作分解结构（work breakdown structure，简称WBS），是归纳和定义整个项目范围的一种最常用的方法，是指把工作对象（工程项目实施及其管理过程和其他过程）作为一个系统，把它按一定的目的分解为相互独立、相互制约和相互联系的活动（或过程）。工作分解结构图是项目团队在项目期间要完成或生产出的最终细目的等级树，所有这些细目的完成或产出构成了整个项目的工作范围。进行工作分解是非常重要的工作，它在很大程度上决定项目能否成功。如果项目工作分解得不好，在实施的过程中难免要进行修改，可能会打乱项目的进程，造成返工、延误时间、增加费用等。如果用这种方法分解工程项目（或其构成部分、阶段），则称为工程项目分解结构。

工程项目的结构分解是一个树形结构，以实现项目最终成果所需进行的工作为分解对象，依次逐级分解，形成愈来愈详细的若干级别（层次）、类别，并以

---

[①] 参考李祥军等编著《工程项目管理》，中国建筑工业出版社，2020。

编码标识得若干大小不同的项目单元。WBS结构应能使项目实施过程中便于进行费用和各种信息数据的汇总。WBS还考虑诸如进度、合同以及技术作业参数等其他方面所需的结构化数据。WBS最常见的形式是五层级别的关联结构，如图6-11所示。通常工作分解结构的第一层表现了总的项目目标，即完成项目包含的工作的总和，对高层管理人员有用。第二、三层适合中层管理人员，第四、五层则针对一线管理人员。分解中应尽量减少结构的层次，层次太多不宜有效管理。

WBS的最低一层被称为工作包，工作包是短时间的任务，是项目的最小可控单元。工作包即作为网络计划中的事件，是计划和控制的活动事件。WBS是编制进度计划的前置环节。

| 层次 | 层次分解 | 描述 |
|---|---|---|
| 管理层 1 | 项目 | 整个项目 |
| 管理层 2 | 可交付成果 | 主要可交付成果 |
| 技术层 3 | 子可交付成果 | 可交付子成果 |
| 技术层 4 | 最低子可交付成果 | 最底层的可交付子成果 |
| 技术层 5 | 工作包 | 可识别的工作活动 |

图6-11 工程项目分解的层次

**2. 关键路径法**

关键路径法（Critical Path Method，简称CPM），是用寻找关键路径及其时间长度来确定项目的完成日期与总工期的方法。根据绘制方法的不同，关键路径法可以分为两种：即箭线图（ADM）和前导图（PDM）。其中，箭线图又称为双代号网络图。双代号网络图以箭线作为工程活动，箭线两端用编上号码的圆圈连接，箭线上表示工作名称，箭线下表示持续时间，如图6-12所示。

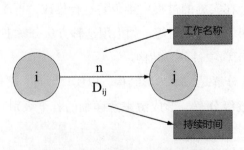

图6-12 双代号网络计划工程的表达

在双代号网络图中，线路可分为：关键线路和非关键线路两种。关键线路是在网络计划中，线路时间总和最长的线路。关键线路的线路时间代表整个网络图的计算总工期；关键线路上的工作，均为关键工作；关键工作均没有机动时间；在同一网络图中，关键线路可能同时存在多条，但至少应有一条；如果缩短某些关键工作持续时间，关键线路可能转化为非关键线路。除了关键线路之外，其余线路均称为非关键线路。非关键线路的线路时间，只代表该条线路的计算工期；非关键线路上的工作，除了关键工作之外，其余均为非关键工作；非关键工作均有机动时间，可利用机动时间调整资源；在同一网络图中，除了关键线路之外，其余线路均为非关键线路；如果拖延了某些非关键工作的持续时间，非关键线路可能转化为关键线路。

通过双代号网络图时间参数计算，确定关键线路之后，进度管理按照以下三步进行：第一，将项目化繁为简，分解成多个小项目，由专人负责；第二，结合每个小项目各自的特点以及在总项目进程的位置来确定每个小项目的先后顺序及耗费时间；第三，根据各个小项目之间的关系及耗费时间来确定整个项目的最长和最短时间。而真正决定整个项目时间长短的小项目即为处于关键路径上的项目，关键路径法其实是贯穿了项目的全面，是项目中核心路线，它决定着项目的总体工期及总体方向等等，而且在关键路径上出现的任何偏差都会对整个项目产生较大影响，所有针对关键路径上的活动我们应当格外关注。

**3.计划评审技术**

计划评审技术（Program Evaluation and Review Technique，简称PERT），是指用网络图来表达项目中各项活动的进度和它们之间的相互关系，在此基础上，进行网络分析和时间估计，是以时间为中心，找出从开工到完工所需要时间的最长路线，并围绕关键路线对系统进行统筹规划，合理安排以及对各项工作的完成进度进行严密的控制，以达到用最少的时间和资源消耗来完成系统预定目标的一种计划与控制方法。

PERT首先是建立在网络计划基础之上的，其次是工程项目中各个工序的工作时间不确定，过去通常对这种计划只是估计一个时间，对于完成任务的把握有多大，决策者无法确定，工作处于一种被动状态。在工程实践中，由于人们对事物的认识受到客观条件的制约，通常在PERT中引入概率计算方法，由于组成网络计划的各项工作可变因素多，不具备一定的时间消耗统计资料，因而很难确定出一个肯定的、单一的时间值。

在PERT中，假设各项工作的持续时间服从β分布，近似地用三时估计法估算出三个时间值，即最短、最长和最可能持续时间，再加权平均算出一个期望值作为工作的持续时间。在编制PERT网络计划时，把风险因素引入到PERT中，人们不得不考虑按PERT网络计划在指定的工期下，完成工程任务的可能性有多大或计划的成功概率，或计划的可靠度，这就必须对工程计划进行风险估计。

在绘制网络图时必须将非肯定型转化为肯定型，把三时估计变为单一时间估计，其计算公式为：

$$t_i = \frac{a_i + 4c_i + b_i}{6} \tag{6-1}$$

式（6-1）中，$t_i$为$i$工作最短持续时间；$a_i$为$i$工作最短持续时间（亦称乐观估计时间）；$b_i$为$i$工作最长持续时间（亦称悲观估计时间）；$c_i$为$i$工作正常持续时间，可由施工定额估算。

其中，$a_i$和$b_i$两种工作的持续时间一般由统计方法进行估算。

三时估算法把非肯定型问题转化为肯定型问题来计算，用概率论的观点分析，其偏差仍不可避免，但趋向总是有明显的参考价值，当然，这并不排斥每个估计都尽可能地做到可能精确的程度。

**4.甘特图**

甘特图又称横道图，是美国机械工程师和业务顾问亨利·甘特所创立的线条图。在工程中广泛应用，并受到普遍的欢迎。横道图的基本形式如图6-13所示。它以横坐标表示时间，工程活动在图的左侧纵向排列，以活动所对应的横道位置表示活动的起始时间，横道的长短表示持续时间的长短。它实质上是图和表的结合形式。

| 序号 | 工作名称 | 持续时间（d） | 进度（d） | | | | | | | | | | |
|---|---|---|---|---|---|---|---|---|---|---|---|---|---|
| | | | 5 | 10 | 15 | 20 | 25 | 30 | 35 | 40 | 45 | 50 | 55 |
| 1 | 施工准备 | 5 | | | | | | | | | | | |
| 2 | 预制梁 | 20 | | | | | | | | | | | |
| 3 | 运输梁 | 2 | | | | | | | | | | | |
| 4 | 东侧桥台基础 | 10 | | | | | | | | | | | |
| 5 | 东侧桥台 | 8 | | | | | | | | | | | |
| 6 | 东桥台后填土 | 5 | | | | | | | | | | | |
| 7 | 西侧桥台基础 | 25 | | | | | | | | | | | |
| 8 | 西侧桥台 | 8 | | | | | | | | | | | |
| 9 | 西桥台后填土 | 5 | | | | | | | | | | | |
| 10 | 架梁 | 7 | | | | | | | | | | | |
| 11 | 与路基连接 | 5 | | | | | | | | | | | |

图6-13　横道图

横道图的优点是：它能够清楚地表达活动的开始时间、结束时间和持续时间，一目了然，易于理解，并能够为各层次的人员所掌握和运用；使用方便，制作简单；不仅能够安排工期，而且可以与劳动力计划、材料计划、资金计划相结合。

但横道图也有缺点：第一，很难表达工程活动之间的逻辑关系。如果一个活动提前或推迟，或延长持续时间，很难分析出它会影响哪些后续的活动。第二，不能表示活动的重要性，如哪些活动是关键的，哪些活动有推迟或拖延的余地。第三，横道图上所能表达的信息量较少。

由于横道图的优缺点，就决定了它既有广泛的应用范围和很强的生命力，同时又有局限性。它在以下情况下适用：它可直接用于一些简单的小的项目。由于活动较少，可以直接用它排工期计划。项目初期由于尚没有作详细的项目结构分解，工程活动之间复杂的逻辑关系尚未分析出来，一般人们都用横道图作总体计划。上层管理者一般仅需了解总体计划，故都用横道图表示。作为网络分析的输出结果。现在几乎所有的网络分析程序都有横道图的输出功能，而且它被广泛使用。

## 四、施工安全管理理论与方法[①]

人类防范事故的科学经历了漫长的岁月，从事后型的"亡羊补牢"到预防型的本质安全；从单因素的就事论事到安全系统工程；从事故致因理论到安全科学原理，工业安全科学的理论体系在不断发展和完善。安全科学理论体系的发展经历了具有代表性有三个阶段：从工业社会到50年代主要发展了事故学理论；50年代到80年代发展了危险分析与风险控制理论；从90年代以来，现代的安全科学原理初见端倪，目前还在不断的发展和完善之中。

**1. 事故学理论**

事故学理论是以事故为研究的对象和认识的目标，是经验论与事后型的安全哲学，是建立在事故与灾难的经历上来认识安全，是一种逆式思路（从事故后果到原因事件）。

基于以事故为研究对象的认识，形成和发展了事故学的理论体系。

（1）事故分类学

现有理论中对于事故的分类，主要有两类：第一类是按管理要求的分类法，如加害物分类法（直接引起伤害及中毒的物体或物质）、事故程度分类法、损失

---

① 参考李祥军等编著《工程项目管理》，中国建筑工业出版社，2020。

工日分类法、伤害程度与部位分类法等；第二类是按预防需要的分类法：如致因物分类法（导致事故发生的物体、物质，称为起因物）、原因体系分类法、时间规律分类法、空间特征分类法等，见表6-5。

致害物　　　　　　　　　　　　　　表6-5

| 分类号、致害物名称 | 分类号、致害物名称 |
| --- | --- |
| 4.01.煤、石油产品 | 4.02.4.其他 |
| 4.01.1.煤 | 4.03.水 |
| 4.01.2.焦炭 | 4.04.放射性物质 |
| 4.01.3.沥青 | 4.05.电气设备 |
| 4.01.4.其他 | 4.06.梯 |
| 4.02.木材 | 4.07.空气 |
| 4.02.1.树 | 4.08.工作面（人站立面） |
| 4.02.2.原木 | …… |
| 4.02.3.锯材 | …… |

我国企业职工伤亡事故分类标准（GB 6441—86）中规定了20个类别的事故，这20个事故类型是按照加害物分类法进行的分类。另外，标准中对于伤害的分类标准是：

1）轻伤，损失工作日为1个工作日以上（含1个工作日），105个工作日以下的失能伤害；

2）重伤，损失工作日为105工作日以上（含105个工作日），6000个工作日以下的失能伤害；

3）死亡，损失工作日为6000工作日以上（含6000工作日）的失能伤害。

伤害的分类标准就是按照损失工日分类法所进行的分类。

（2）事故模型论

因果连锁模型（多米诺骨牌模型），海因里希首先提出了事故因果连锁论，用以阐明导致伤亡事故的各种原因及与事故间的关系。理论认为，伤亡事故的发生不是一个孤立的事件，尽管伤害可能在某瞬间突然发生，却是一系列事件相继发生的结果，如图6-14所示。

综合模型，是众多因素及多项原因综合阐述事故原因的模型，认为事故是社会因素、管理因素和生产中的危险因素被偶然事件触发所造成的结果。事故的直接原因是指不安全状态和不安全行为。这些物质的、环境的和人的原因构成了生产中的危险因素。事故的间接原因是指管理缺陷、管理责任等因素。造成间接原因的因素称为基础原因，包括政治、经济、文化、教育、法律等。

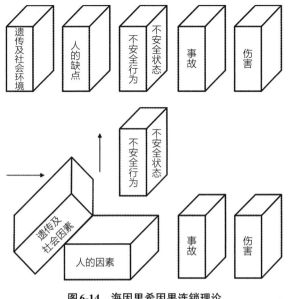

图6-14 海因里希因果连锁理论

轨迹交叉模型认为，在一个系统中，人的不安全行为和物的不安全状态的形成过程中，一旦发生时间和空间的运动轨迹交叉，就会造成事故。按照轨迹交叉论，描绘的事故模型如图6-15所示。

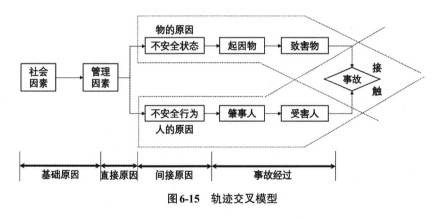

图6-15 轨迹交叉模型

人为失误模型，该模型认为"人失误"这一原因构成了所有类型伤害的基础，以威格尔斯为代表，用人的不安全行为解释安全事故现象。

事故模型理论还包括了，生物节律模型、事故突变模型等。

（3）事故致因理论

事故致因理论是探索事故发生、发展规律，研究事故始末过程，揭示事故本质的理论。事故致因理论的研究目的是指导事故预防和防止同类事故重演，是安全科学的一个基础研究领域。当前理论研究中的事故致因理论包括了事故频发倾向论、能量意外释放论、能量转移理论、两类危险源理论等。

1939年，法默和查姆勃等人提出了事故频发倾向理论，是阐述企业工人中存在着个别人容易发生事故的、稳定的、个人的内在倾向的一种理论。理论研究认为如果企业中减少了事故频发倾向者，就可以减少工业事故。日本的丰原恒男的研究发现容易冲动的人、不协调的人、不守规矩的人、缺乏同情心的人和心理不平衡的人发生事故次数较多（表6-6）。

事故频发者的特征表　　　　　　　　　　表6-6

| 性格特征 | 容易冲动 | 不协调 | 不守规矩 | 缺乏同情心 | 心理不平衡 |
| --- | --- | --- | --- | --- | --- |
| 事故频发者，% | 38.9 | 42.0 | 34.6 | 30.7 | 52.5 |
| 其他人，% | 21.9 | 26.0 | 26.8 | 0 | 25.7 |

能量意外释放理论，从事故发生的物理本质出发，阐述了事故的连锁过程：由于管理失误引发的人的不安全行为和物的不安全状态及其相互作用，使不正常的或不希望的危险物质和能量释放，并转移于人体、设施，造成人员伤亡和（或）财产损失，事故可以通过减少能量和加强屏蔽来预防（图6-16）。人类在生

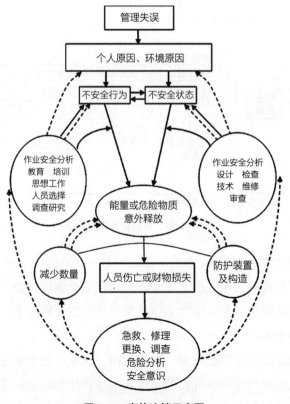

图6-16　事故连锁示意图

产、生活中不可缺少的各种能量，如因某种原因失去控制，就会发生能量违背人的意愿而意外释放或逸出，使进行中的活动中止而发生事故，导致人员伤害或财产损失。

1961年吉布森提出了事故是一种不正常的或不希望的能量释放，意外释放的各种形式的能量是构成伤害的直接原因。1966年美国交通运输部安全局局长哈登完善了能量意外释放理论，将伤害分为两类：第一类伤害是由于施加了局部或者全身性损伤阈值的能量引起的；第二类伤害是由影响了局部或者全身性能量交换引起的，主要是指中毒窒息和冻伤。在一定条件下某种形式的能量能否产生伤害造成人员伤亡事故，取决于能量大小、接触能量时间长短和频率以及力的集中程度。根据能量意外释放理论，可以利用各种屏蔽来防止意外的能量转移，从而防止事故的发生。

两类危险源理论，认为危险源的存在是事故发生的根本原因，防止事故就是消除、控制系统中的危险源。危险源为可能导致人员伤害或财物损失的事故的、潜在的不安全因素。按此定义，生产、生活中的许多不安全因素都是危险源。根据危险源在事故发生、发展中的作用，把危险源划分为两大类，即第一类危险源，系统中存在的、可能发生意外释放的能量或危险物质；第二类危险源，是指导致约束、限制能量措施失效或破坏的各种不安全因素。

（4）事故预测理论

线性回归理论，是根据历史数据的变化规律，寻找自变量与应变量之间的回归方程式，确定模型参数，做出预测的一种方法。该方法对于数据的真实性、数据体量要求较高，其运用的关键是事故数据的真实性和数学方法的正确采用以及实践知识的积累。

趋势外推理论，又称为趋势延伸法，它是根据预测变量的历史时间序列揭示出的变动趋势外推将来，以确定预测值的一种预测方法。趋势外推法通常用于预测对象的发展规律是呈渐进式的变化，而不是跳跃式的变化，并且能够找到一个合适函数曲线反映预测对象变化趋势的情况。实际预测中最常采用的是一些比较简单的函数模型，如线性模型、指数曲线、生长曲线、包络曲线等。趋势外推的基本假设是未来是过去和现在连续发展的结果。当预测对象依时间变化呈现某种上升或下降趋势，没有明显的季节波动，且能找到一个合适的函数曲线反映这种变化趋势时，就可以用趋势外推法进行预测。趋势外推法的基本理论是：决定事物过去发展的因素，在很大程度上也决定该事物未来的发展，其变化，不会太大；事物发展过程一般都是渐进式的变化，而不是跳跃式的变化掌握事物的发展规律，依据这种规律推导，就可以预测出它的未来趋势和状态。

趋势外推法首先由R.赖恩用于科技预测。他认为，应用趋势外推法进行预测，主要包括以下6个步骤：

1）选择预测参数；

2）收集必要的数据；

3）拟合曲线；

4）趋势外推；

5）预测说明；

6）研究预测结果在制订规划和决策中的应用。

趋势外推法是在对研究对象过去和现在的发展做了全面分析之后，利用某种模型描述某一参数的变化规律，然后以此规律进行外推。

事故预测的理论除以上两种之外，还有规范反馈理论、灾变预测法、灰色预测法等方法。

事故学的理论对于研究事故规律，认识事故的本质，从而对指导预防事故有重要的意义，在长期的事故预防与保障人类安全生产和生活过程中发挥了重要的作用，是人类的安全活动实践的重要理论依据。但是，仅停留在事故学的研究上，一方面由于现代工业固有的安全性在不断提高，事故频率逐步降低，建立在统计学上的事故理论随着样本的局限使理论本身的发展受到限制，同时由于现代工业对系统安全性要求不断提高，直接从事故本身出发地研究思路和对策，其理论效果不能满足新的要求。

**2.危险分析与风险控制理论**

危险分析与风险控制理论，以危险和隐患作为研究对象，其理论的基础是对事故因果性的认识，以及对危险和隐患事件链过程的确认。建立了事件链的概念，有了事故系统的超前意识流和动态认识论。确认了人、机、环境、管理事故综合要素，主张工程技术硬手段与教育、管理软手段综合措施，提出超前防范和预先评价的概念和思路。

由于研究对象和目标体系的转变，危险分析与风险控制理论发展了如下理论体系：

（1）系统分析理论

事故树分析（Fault Tree Analysis，简称FTA）法又称故障树分析法，是安全系统工程的重要分析方法之一，是一种演绎的安全系统分析方法。事故树分析法是从要分析的特定事故或故障（顶上事件）开始，层层分析其发生原因，直到找出事故的基本原因（底事件）为止（如图6-17所示）。这些底事件又称为基本事件，它们的数据已知或者已经有统计或实验的结果。

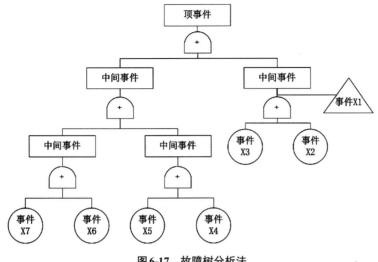

图6-17　故障树分析法

事件树分析（Event Tree Analysis，简称ETA）起源于决策树分析（简称DTA），并参考决策论中的可靠性图，是一种按事故发展的时间顺序由初始事件开始推论可能的后果，从而进行危险源辨识的方法。一起事故的发生，是许多原因事件相继发生的结果，其中，一些事件的发生是以另一些事件首先发生为条件的，而一事件的出现，又会引起另一些事件的出现。在事件发生的顺序上，存在着因果的逻辑关系。事件树分析法是一种时序逻辑的事故分析方法，以一初始事件为起点，按照事故的发展顺序，分成阶段，一步一步地进行分析，每一事件可能的后续事件只能取完全对立的两种状态（成功或失败，正常或故障，安全或危险等）之一的原则，逐步向结果方面发展，直到达到系统故障或事故为止。所分析的情况用树枝状图表示，故叫事件树。既可以定性地了解整个事件的动态变化过程，又可以定量计算出各阶段的概率，最终了解事故发展过程中各种状态的发生概率。

安全检查表法（Safety Checklist Analysis，缩写SCA）是依据相关的标准、规范，对工程、系统中已知的危险类别、设计缺陷以及与一般工艺设备、操作、管理有关的潜在危险性和有害性进行判别检查。适用于工程、系统的各个阶段，是系统安全工程的一种最基础、最简便、广泛应用的系统危险性评价方法。

安全检查表是时代的产物。当时，20世纪30年代工业迅速发展时期由于安全系统工程尚未出现，安全工作者为了解决生产中遇到的日益增多的事故，运用系统工程的手段编制了一种检验系统安全与否的表格。系统工程广泛应用以后，安全系统工程开始萌芽时期，安全检查表的编制逐步走向理论阶段，使得安全检查表的编制越来越科学、全面和完善。它们的内容基本相同，不同的是编制的依据和方法不同；前者运用系统工程手段，后者源于安全系统工程的科学分析。安全检查表分析法具有以下主要特点：

1）检查表的编制系统全面，可全面查找危险、有害因素，避免了传统安全检查中易遗漏、疏忽的弊端；

2）检查表中体现了法规、标准的要求，使检查工作法规化、规范化；

3）针对不同的检查对象和检查目的，可编制不同的检查表，应用灵活广泛；

4）检查表简明易懂，易于掌握，检查人员按表逐项检查，操作方便可用，能弥补其知识和经验不足的缺陷；

5）编制安全检查表的工作量及难度较大，检查表的质量受制于编制者的知识水平及经验积累。

（2）安全评价理论

安全评价，是指应用系统工程的原理和方法，对被评价单元中存在的可能引发事故或职业危害的因素进行辨识与分析，判断其发生的可能性及严重程度，提出危险防范措施，改善安全管理状况，从而实现被评价单元的整体安全。安全评价也称为风险评价、危险评价，俗称安全检查。

安全模糊综合评价，模糊综合评价是指对多种模糊因素所影响的事物或现象进行总的评价，又称模糊综合评判。安全模糊综合评价就是应用模糊综合评价方法对系统安全、危害程度等进行定量分析评价。所谓模糊是指边界不清晰，中间函数不分明，既在质上没有确切的含义，也在量上没有明确的界限。

根据事故致因理论，大多数事故是由于人的不安全行为与物的不安全状态在相同的时间和空间相遇而发生的，少数事故是由于人员处在不安全环境中而发生的，还有少数事故是由于自身有危险的物质暴露在不安全环境中而发生的。为了说明问题并简便起见，将某系统的安全状况影响因素从大的范围定为人的行为，物的状态和环境状况，故因素集为：

$$U=\{人行为（u1），物状态（u2），环境状况（u3）\} \quad (6-2)$$

评价集定为：

$$V=\{很好（v1），好（v2），可以（v3），不好（v4）\} \quad (6-3)$$

实际评价过程中，人的不安全行为、物的不安全状态及环境不安全状况是由许多因素决定的，必须采用多级模糊综合评价方法来分析。所谓多级模糊综合评价是在模糊综合评价的基础上，再进行综合评价，并且根据具体情况可以多次这样进行下去，二者的评价原理及方法是一致的。多级模糊综合评价分为多因素、多因素多层次两种类型，其基本思想是，将众多的因素按其性质分为若干类或若干层次，先对一类（层）中的各个因素进行模糊综合评价，然后在各类之间（由低层到高层）进行综合评价。

灰色系统理论在系统安全状况评价中也得到了应用。应用灰色关联分析法判断安全评价各指标（要素）的权重系数就是典型的应用实例。系统安全管理往往都是在信息不很清楚的情况下开展的，安全评价与决策也都是在信息部分已知，部分未知的情况下作出的，可以把系统安全（或系统事故）看为灰色系统，利用建模和关联分析，使灰色系统"白化"，从而对系统安全进行有效地评价、预测和决策。在系统安全中，许多事故的发生都起源于各种偶然因素和不确定因素，事故系统显然是灰色系统。应用灰色预测理论对各种事故发生频次、人员伤亡指标、经济损失等进行预测评价是可行的。

（3）系统可靠性理论

系统的可靠性是指系统在规定的条件下和规定的时间内完成规定功能的能力。由于科学技术的进步，系统的组成越来越复杂，随之产生的系统可靠性问题也日益突出。系统越复杂，意味着其承载的信息量越大，重要性越高、功能越强、适用范围也就越广，一旦失效所造成的损失也是巨大的，甚至是灾难性的。如何快速、有效、准确地对系统的可靠性进行评估与分析，正确估计系统的实际性能，减轻系统风险是具有极其重要的现实意义。

从整体上看系统能否完成预期的功能，有多个衡量指标。一般对于可修系统、机器设备常用可靠度、平均故障间隔时间（MTBF）、平均修复时间（MTTR）、可用度、有效寿命和经济性等指标表示。对于不可修系统或产品常用可靠度、可靠寿命、故障率、平均寿命（MTTF）等指标表示。

1）解析法

解析法通常是以部件的可靠性属性为基础，列举系统可能的故障状态，分析系统故障状态下各部件的行为特征，进而计算系统可靠性指标分析系统可靠性。解析法因其原理简单、计算速度快等优势，广泛应用于小规模系统或简单系统的可靠性评估。但解析法应用在复杂系统中存在以下缺陷：当解析法需要分析的系统空间状态数随部件个数呈指数规律增长时，计算过程过于繁杂；潜在假设认为部件与部件之间相互独立，与复杂系统部件耦合关系复杂相矛盾。

①基于FTA的系统可靠性分析方法

FTA是可靠性分析中最常用的方法之一。它以故障模式为基础，自顶向下分析系统的可靠性，即首先确定系统层的故障模式，依次查找引起上一层故障的全部可能故障，直到找出造成系统故障的全部基本底事件为止。任何单调关联系统的可靠性都能用其最小割集组合的可靠性来表示,因此,对于部件较少,关联关系简单的系统,其系统可靠性分析可转化为求解最小割集问题。而对于部件数量较多,部件间耦合关系复杂的系统,直接应用FTA存在以下问题:最小割集如何求解、如何构建结构函数、系统中部件之间的关系如何描述等。针对复杂系统FTA建立的故障树往往是静态的,但实际构成系统的部件的故障具有动态性,因此动态故障树DFTA应运而生,引入了故障树结构和状态转移的动态特性,定义标准动态特性的新逻辑门类型,建立动态故障树,进行局部相关部件的系统可靠性研究,从而完善系统可靠性模型的描述能力,实现更为准确的逻辑处理过程。

②基于状态空间法的系统可靠性分析方法

状态空间法通常以可靠性工程中马尔科夫模型为基础,分析系统状态变化过程,构建状态转移方程,统计分析系统可靠性指标。状态空间法适用于状态空间数目较少的系统,可依次枚举系统的所有状态,分析系统可靠性。但是,现实中系统状态空间数目往往巨大,因此在短时期内,对多状态系统利用马尔科夫模型进行可靠性分析。GENERATE算法能够产生系统实际运行时最可能出现的状态,从而减少系统状态空间的数量。以系统状态概率不增的次序生成系统最大概率值有效状态,修正了GENERATE算法,降低系统状态空间数目。马尔科夫模型中假设部件的状态仅有正常和故障两种,但事实上部件的状态却有多种,例如正常、故障、维修等,并且部件的故障率、修复率等参数获取也有一定的难度。利用差分重要性测度,估计多状态部件的参数值。将模糊理论与马尔科夫模型相结合,计算模型中部件的故障率和修复率。结合泰勒展开式,建立马尔科夫链的生成矩阵群的逆函数,利用逆函数计算系统可靠性的概率密度函数。在以马尔科夫模型为基础的系统可靠性研究中多以状态转移函数服从指数分布为假设前提,而工程实际中预防性检修间隔时间等均为非指数分布。为了克服上述问题,半马尔科夫模型被提出。半马尔科夫模型是一个随时间而变化的一维连续参数的随机过程,且不需要对状态转移函数作指数分布假设。半马尔科夫模型不具有马尔科夫性,其将来状态取决于现在状态和在该状态停留的时间。

③基于GO法的系统可靠性分析方法

GO法是以功能流为导向,将系统的原理图或工程图按一定的规则转化成为GO图,进而定性或定量的分析系统可靠性的方法。与FTA不同,GO法主要反映的是系统顺序操作过程及部件之间的功能作用关系,而FTA则反映了造成系统故障的各种原因及其逻辑关系。目前,GO法及其改进算法已广泛应用于各类型系统的可靠性分析中,用GO法代替计算复杂组合的可靠性联合概率,降低了计算机编程实现的难度。将最短路径集与GO法相结合，使得GO法利用计算机编程实现的难度进一步降低。将GO法应用于供应链系统的可靠性分析中，把系统可靠性计算问题转换为求对应等效节点的可靠性问题。利用GO法对存在共因失效的多阶段任务系统进行可靠性建模分析。近年来，GO法广泛地应用在供电系统、汽车制动系统、核能系统等机电一体化的复杂系统的可靠性分析中，并取得了一定的成果。在GO法的基础上，一种适用于时间序列问题和多状态系统阶段任务问题的GO-FLOW方法被提出用于分析系统的可靠性。

2）蒙特卡罗法

蒙特卡罗法又称为模拟法，它以概率统计理论为基础，借助于系统概率模型和随机变量仿真产生一些数学和技术问题来解决系统可靠性问题。蒙特卡罗仿真技术被认为在大型复杂网络的系统可靠性评估中起到重要作用。以神经网络为基础，结合蒙特卡罗仿真研究大型结构系统的可靠性。为了提高数据的统计效率和收敛性，降低计算的复杂度，基于交叉熵的蒙特卡罗仿真被提出。该方法的基本思想是采样辅助重要性计算密度函数，利用优化过程最大限度地减少蒙特卡罗仿真的计算复杂度。基于元胞自动机的蒙特卡罗法系统可靠性分析方法，该方法不需要已知系统的最短路径或最小割集等信息，依然能够评估系统的可靠性，且分析结果比基于最短路径的蒙特卡罗法和基于最小割集的蒙特卡罗法要好。另外，将粒子群优化算法与蒙特卡罗模拟结合，解决了复杂网络系统可靠性计算的优化问题，最大限度地降低了计算成本。利用支持向量机在计算速度方面的优势，将其与蒙特卡罗模拟结合，建立经验模型评估系统的可靠性。

3）综合法

综合法结合了解析法与蒙特卡罗法的优势，利用解析法分析构建系统可靠性模型，结合蒙特卡罗方法在模拟仿真方面的优势求解可靠性模型，降低计算难度，提高计算速度。时间故障树模型分析系统可靠性，利用蒙特卡罗仿真法加速模型的计算过程，其中系统的时间故障树模型能够表征时间与系统及部件故障次数之间的关系。依据马尔科夫过程建立可靠性模型，并利用蒙特卡罗仿真求解系统可靠度，以提高计算效率。动态故障树引入的动态门能够描述部件间的复杂关系，因此建立系统可靠性分析的动态故障树模型，并采用蒙特卡罗仿真求解模型。继承故障树和马尔科夫模型的优势，定义一组新的分析系统可靠性模型——形式主义的布尔逻辑驱动马尔科夫过程。该模型在评估系统可靠性时，克服了马尔科夫法状态空间数量大以及故障树模型不能描述系统动态性等的缺点。

另外，在综合法中最常见的方式是基于贝叶斯网络的系统可靠性分析方法。贝叶斯网络模型则利用贝叶斯在处理不确定理论方面的优势，结合最小路集或

FTA建立系统贝叶斯网络，依据贝叶斯算法计算系统中各节点的故障概率，从而找出系统的薄弱环节，分析系统可靠性。

贝叶斯网络模型能够较好地处理系统中不确定信息，且贝叶斯网络直观形象，因此该模型是目前研究复杂系统可靠性应用最为广泛的方法之一。但是贝叶斯网络在构建时，存在两个条件独立的假设关系：

①若已知父节点，任一节点与其非后代节点是条件独立的；

②给定父节点、子节点以及子节点的父节点—马尔科夫覆盖，这个节点和网络中的所有其他节点是条件独立的。

这两个假设条件并不适用于耦合关系复杂的系统。同时，在贝叶斯网络模型，计算的概率分布属于条件概率，而条件概率受人为主观因素影响较大，因此，对利用贝叶斯网络模型计算出的系统可靠性的客观性、真实性存在一定质疑。

4）网络法

针对解析法、蒙特卡罗法、综合法存在的本质问题，即系统的结构属性以及部件间的作用关系不能准确描述，基于网络理论研究系统可靠性的方法被提出。网络法的核心思想是将系统的可靠性问题与网络理论相结合，利用网络描述系统内部结构关系的优势，建立系统可靠性评价指标分析系统的可靠性。网络理论在系统可靠性的研究中受到广泛的关注，特别是在复杂网络系统中的应用。所谓复杂网络是指其拓扑特性满足特定的条件，例如服从小世界特性等。网络系统的可靠性是指在正常运行的工况下，系统仍然保持原有网络功能的概率/能力。在研究复杂网络系统可靠性时，一般用连通可靠性来表示系统的可靠性，即网络的连通性越强，系统的可靠性越高。依据研究的侧重点不同，基于网络理论评价网络系统可靠性的指标也有所不同。通过借鉴现实世界网络系统以及复杂网络系统可靠性的研究成果，归纳出评价复杂网络系统可靠性的指标体系，包括4个一级指标（即抗毁性、生存性、有效性、同步性），每个一级指标又包含若干个二级指标。

（4）隐患控制理论

20世纪70年代以来，预防重大工业事故引起国际社会的广泛重视。随之产生了"重大危害（major hazards）""重大危害设施（国内通常称为重大危险源）（major hazard installations）"等概念。《危险化学品重大危险源辨识》GB 18218—2018中定义为：长期地或临时地生产、加工、使用或储存危险化学品，且危险化学品的数量等于或超过临界量的单元。

《安全生产法》中定义为：长期地或者临时地生产、搬运、使用或者储存危险物品，且危险物品的数量等于或者超过临界量的单元（包括场所和设施）。

有了上述危险源的概念，可以将重大危险源理解为超过一定量的危险源。

控制重大危险源是企业安全管理的重点，控制重大危险源的目的，不仅是预防重大事故的发生，而且是要做到一旦发生事故，能够将事故限制到最低程度，或者说能够控制到人们可接受的程度。重大危险源总是涉及易燃、易爆、有毒的危害物质，并且在一定范围内使用、生产、加工、储存超过了临界数量的这些物质。由于工业生产的复杂性，特别是化工生产的复杂性，决定了有效地控制重大危险源需要采用系统工程的理论和方法。

危险分析及隐患控制理论从事故的因果性出发，着眼于事故的前期事件的控制，对实现超前和预期型的安全对策，提高事故预防的效果有着显著的意义和作用。但是，这一层次的理论在安全科学理论体系上，还缺乏系统性、完整性和综合性。

**3.安全科学理论**

安全科学是运用人类已经掌握的科学理论、方法以及相关的知识体系和实践经验，研究、分析、预知人类在社会、经济活动、生产、科研过程中以及人类其他探索、物化等领域的危险、危害和威胁；限制、控制或消除这种危险、危害和威胁，以过程安全和环境无害为研究方向的理论体系。

安全科学是一门新兴的边缘科学，涉及社会科学和自然科学的多门学科，涉及人类生产和生活的各个方面。从学科角度上看安全科学技术的研究主要包括：

（1）安全科学技术的基础理论，如灾变理论，灾害物理学、灾害化学、安全数学等；

（2）安全科学技术的应用理论：如安全系统工程，安全人机工程、安全心理学、安全经济学、安全法学等；

（3）专业技术：包括安全工程、防火防爆工程、电气安全工程、交通安全工程、职业卫生工程（除尘、防毒、个体防护等）、安全管理工程等。安全科学技术横跨自然科学和社会科学领域，十几年来的发展，直接影响着经济和社会发展。随着安全科学学科的全面确立，人们更会深刻地认识安全的本质及其变化规律，用安全科学的理论指导人们的劳动与生产实践活动，保护劳动者与社会大众的安全与健康，发展生产，增长经济，创造物质和精神文明，推动社会进步。

1）认识论

以安全系统作为研究对象，建立了人—物—能量—信息的安全系统要素体系，提出系统自组织的思路，确立了系统本质安全的目标。通过安全系统论、安全控制论、安全信息论、安全协同学、安全行为科学、安全环境学、安全文化建设等科学理论研究，提出在本质安全化认识论基础上全面、系统、综合地发展安全科学理论。

2）理论系统

安全原理的理论系统还在发展和完善之中，目前已初步形成的体系有：

①安全的哲学原理：从历史学和思维学的角度研究实现人类安全生产和安全生存的认识论和方法论。如有了这样的归纳：远古人类的安全认识论是宿命论的，方法论是被动承受型的；近代人类的安全认识提高到了经验的水平；现代随着工业社会的发展和技术的进步，人类的安全认识论进入了系统论阶段，从而在方法论上能够推行安全生产与安全生活的综合型对策，甚至能够超前预防。有了正确的安全哲学思想的指导，人类现代生产与生活的安全才能获得高水平的保障。

②安全系统论原理：从安全系统的动态特性出发，研究人、社会、环境、技术、经济等因素构成的安全大协调系统。建立生命保障、健康、财产安全、环保、信誉的目标体系。在认识了事故系统人—机—环境—管理四要素的基础上，更强调从建设安全系统的角度出发，认识安全系统的要素：人—人的安全素质（心理与生理；安全能力；文化素质）；物—设备与环境的安全可靠性（设计安全性；制造安全性；使用安全性）；能量—生产过程能量的安全作用（能量的有效控制）；信息—充分可靠的安全信息流（管理效能的充分发挥）是安全的基础保障。从安全系统的角度来认识安全原理更具有理性的意义，更具科学性原则。

③安全控制论原理：安全控制是最终实现人类安全生产和安全生存的根本措施。安全控制论提出了一系列有效的控制原则。安全控制论要求从本质上来认识事故（而不是从形式或后果），即事故的本质是能量不正常转移。由此推出了高效实现安全系统的方法和对策。

④安全信息论原理：安全信息是安全活动所依赖的资源。安全信息原理研究安全信息定义、类型，研究安全信息的获取、处理、存储、传输等技术。

⑤安全经济学原理：从安全经济学的角度，研究安全的"减损效益"（减少人员伤亡、职业病负担、事故经济损失、环境危害等），研究安全的增值效益，即研究安全的"贡献率"，用安全经济学理论指导安全系统的优化。

⑥安全管理学原理：安全管理最基本的原理首先是管理组织学的原理，即安全组织机构合理设置，安全机构职能的科学分工，安全管理体制协调高效，管理能力自组织发展，安全决策和事故预防决策的有效和高效。其次是专业人员保障系统的原理，即遵循专业人员的资格保证机制：通过发展学历教育和设置安全工程师职称系列的单列，对安全专业人员提出具体严格的任职要求；建立兼职人员网络系统：企业内部从上到下（班组）设置全面、系统、有效安全管理组织网络等。三是投资保障机制，研究安全投资结构的关系，正确认识预防性投入与事后整改投入的关系，要研究和掌握安全措施投资政策和立法，讲求谁需要、

谁受益、谁投资的原则；建立国家、企业、个人协调的投资保障系统等。

⑦安全工程技术原理：随着技术和环境的不同，发展相适应的硬技术原理、机电安全原理、防火原理、防爆原理、防毒原理等。

目前还在发展中的安全理论还有：安全仿真理论、安全专家系统、系统灾变理论、本质安全化理论、安全文化理论等。

3）方法与特征

自组织思想和本质安全化的认识，要求从系统的本质入手，要求主动、协调、综合、全面的方法论。具体表现为：

①从人与机器和环境的本质安全入手，人的本质安全是指不但要解决人的知识、技能、意识素质，还要从人的观念、伦理、情感、态度、认知、品德等人文素质入手，从而提出安全文化建设的思路；

②物和环境的本质安全化就是要采用先进的安全科学技术，推广自组织、自适应、自动控制与闭锁的安全技术；

③研究人、物、能量、信息的安全系统论、安全控制论和安全信息论等现代工业安全原理；技术项目中要遵循安全措施与技术设施同时设计、施工、投产的"三同时"原则；

④企业在考虑经济发展、进行机制转换和技术改造时，安全生产方面要同时规划、同时发展、同时实施，即所谓"三同时"的原则；

⑤还有"三点控制工程""定置管理""四全管理""三治工程"等超前预防型安全活动；

⑥推行安全目标管理、无隐患管理、安全经济分析、危险预知活动、事故判定技术等安全系统科学方法。

## 第3节 施工管理绩效评价

### 一、施工管理绩效[①]

**1.绩效的含义**

绩效，是一个管理学概念，指成绩与成效的综合，是一定时期内的工作行

---

① 参考邓瑞硕士论文《中建第一建筑公司工程项目管理绩效评价研究》，2017。

为、方式、结果及其产生的客观影响，是组织中个人（群体）特定时间内的可描述的工作行为和可衡量的工作结果，以及组织结合个人（群体）在过去工作中的素质和能力，指导其改进完善，从而预计该人（群体）在未来特定时间内所能取得的工作成效的总和。对于绩效的定义，可从两个方面理解：一是从工作产出的角度，绩效是工作达到的结果，如绩效产出说的代表人物伯纳丁认为"结果"是绩效管理体系的关键核心部分；一是从工作行为的角度，绩效是动态的行为，如墨菲和克利夫兰认为绩效的根本定义在于"行为"，强调绩效范畴的最好定义应是行为而不是结果。除此之外，其他有关绩效的解释还有：绩效就是指基于工作本身，员工所表现出来工作行为及其结果，且这些工作行为及其结果与组织目标紧密联系并能够被衡量；从管理学角度来考虑，绩效是一种有效输出，是组织为达到最终目标呈现在各个层面的结果，这种结果是组织的期望结果。

绩效在不同学科领域其意义内涵不同，从不同的角度考虑，其解释就会不同。因此，对于绩效的内涵界定，在不同的学科领域有不同的解释，总结目前学术界在管理学、经济学以及社会学等不同学科领域的基本观点，可以得出以下三种绩效内涵的观点：

（1）结果论。绩效结果论主要注重最终结果。通常采用一些易量化指标进行衡量，例如产量、利润等。绩效结果论重点关注工作或活动后出现的最终结果。绩效结果论过分看重结果的观点，极大可能会引起行为论者的批判。比如，只重视结果而忽略过程的行为，很容易导致实际结果与预设目标的偏离；没有事前规划，事后对绩效活动进行控制的管理活动，致使在实践活动中失去了控制与调整的权利。但从操作性的角度来说，遵循绩效结果论使实施过程较为简便与经济。

（2）行为论。绩效行为论的观点曾在西方盛行一时，与结果论不同的是，绩效行为论者认为绩效是组织员工的工作行为。相对应的观点有：绩效是组织与组织目标相关联的一系列行为；绩效是个人或系统的所作所为等。绩效行为论的观点缩小了绩效的概念延伸，重点强调对最终目标实现有重大作用的活动行为，避免了重结果轻过程的不足，但其自身也未能各方面都考虑到，依旧存在一些问题。即没有适宜的量化指标对绩效行为进行衡量，操作层面上缺乏可行性。

（3）综合论。绩效结果论和绩效行为论都存在一定的不足，且行为与结果之前密不可分，两者之间是手段与目的的辩证关系。因此，综合考虑结果与行为，将这种观点综合起来对绩效进行研究的观点被广泛接受。相关研究将绩效看作是行为与结果的结合体，认为行为不仅是绩效结果实现的手段，其本身也是一种结果，即支出脑力、体力等可以体现组织目标的结果，同实施最终结果一样是可以加以量化并且权衡。综合论下绩效是一个具有多重含义的综合性概念，在众多含义中主要因素包括产出、行为及结果，即绩效就是指在一定的约束条件下，组织以某种方式达到的最终结果。

依据管理主体不同，绩效可分为组织绩效、群体绩效、个人绩效。其中，前两方面的绩效可以通过个人绩效实现，而个人绩效又是通过前两者体现。

**2. 工程项目管理绩效**

工程项目管理作为是实现项目建设目标的一种媒介，其任务就是要保证目标的顺利实现，工程项目管理对项目成功所做的贡献可以简单地将归功于工程项目管理绩效的涵义。

在为数不多的探讨项目管理绩效与项目绩效的研究中，以尹贻林教授为代表的天津理工大学公共项目与工程造价研究所多年来深入剖析了公共项目管理绩效与项目绩效的内涵，研究指出绩效应是"绩"与"效"之合成，即成绩与效率，是建设成果的综合反映，"绩"是指项目是否达到预先设定的目标，侧重于量上的成果反映，"效"则是指任务完成的效率，重于反映质上的建设成果。项目管理绩效与项目绩效所涵盖的项目生命周期的阶段不同、所实现的项目目标具有差异。项目管理主要涵盖项目的计划、实施与移交阶段，而项目绩效则关注整个生命周期；相应地，项目管理活动的产出即项目管理绩效则主要关注项目管理活动的行为与结果，而项目整个生命周期的产出效果即项目绩效则更关注长远的、宏观的目标，旨在衡量其对于组织战略的支持程度。

工程项目管理绩效是工程项目绩效的重要组成部分，也可以说是作为重要中介变量在工程项目实施过程中发挥重要作用。通过资源配置与控制，获得有利于建设目标实现的产物，最终达到取得较好工程项目绩效的目的，从而保障工程项目的顺利实施。国外的相关研究表明：60%以上的经验丰富的项目经理认为，成功实施项目管理，则项目相当于成功了一半。若能在项目全过程中有效进行项目管理，则项目成功的可能性更大。但在项目绩效方面，好的项目管理绩效未必会对项目绩效有正向作用。例如，一个项目虽存在决策失误但项目管理却很好，这种情况下，两者间未必存在正相关。

## 二、绩效评价理论

绩效评价是组织依照预先确定的标准和一定的评价程序，运用科学的评价方法、按照评价的内容和标准对评价对象的工作能力、工作业绩进行定期和不定期的考核和评价。对于绩效评价的本质内涵，学术界从不同的角度提出了相应的概念界定。其中较为普遍的观点是，对组织行为的效能进行科学测量与评定的程序、方法、方式的总称是绩效评价。与整个评价过程相关的一系列因素共同构成了绩效评价体系，如评价对象、评价理论方法、评价原则及评价信息输出等等。从系统论及决策理论的角度来定义，绩效评价是凭借系统指导思想针对评价主体，可借助科学的方法对评价对象的整体行为进行权衡，得出其行为的科学程度，根据评价分析的结果输出决策信息的系统活动。从企业角度定义，绩效评价是指为了达到企业生产经营的目标，运用科学的评价方法、按照统一的评价标准、借助特定的指标体系对企业在一定的时间条件约束下，客观地对其生产经营活动成果进行评估。企业绩效评价理论在经济领域内的具体应用表现在，以管理学、计量经济学、会计学理论为基础，运用现代分析技术对企业经营过程进行现状分析、原因剖析、未来预期的一门科学。

工程项目是按照一定的程序实施的，在参照工程项目管理评价标准的基础上，设置指标体系，然后运用计量方法理论和管理学理论，对工程项目在某一阶段或者整个周期内的绩效水平进行评价，这既包括经济效益评价也包括管理水平评价，通过定性与定量的比较分析，对工程项目绩效做出科学公正的权衡判断，这就是工程项目绩效评价。当然，依据评价结果也可以综合判断项目部经营管理的好坏，整体评估经营管理的努力程度。作为企业进行工程项目管理绩效评价，不仅可以对项目部工作绩效进行客观评判，也可以指明项目部的工作方式的改进方向，还可以促进工作效率提高和增加经营管理效益。

**1. 施工管理绩效评价指标**

绩效内涵不断从单一维度向多维度发展，项目管理绩效评价指标也不断进行各方面的延伸。项目管理绩效评价指标的发展历程可归结为以下几点：

（1）财务性指标时代。注重财务性指标是早期的项目管理绩效评价的显著特点。在企业管理理论的影响下，企业管理绩效评价指标与项目管理绩效评价的指标在早期具有较大的相同性，关注的重点都是项目的财务方面，常用的指标有投资回收期（PP）、投资回报率（ROI）等，一直到十九世纪六七十年代这种观点才有所改善。考虑到这种评价不能很好地反映非财务信息，加上财务评价具有时滞性，造成评价结果无法很好地为管理人员决策提供参考与支持，鉴于此项目管理绩效的评价指标势必要摆脱单一性向多维指标体系发展。

（2）"铁三角"（Iron Triangle）时期。自从20世纪60年代以来，衡量项目管理绩效的关键因素，成本、工期与质量三因素被广泛接受，到目前为止仍被作为是衡量项目管理绩效的关键性指标。在以"铁三角"为核心的基础上，不断拓展项目管理绩效评价指标，将其发展推向多维化。项目管理绩效评价活动应与项目管理活动相对应，除了要考虑"铁三角"外，针对项目管理"三控两管一协调"的活动进程，应注重管理评价，可通过施工安全、履约情况、环境保护等因素来反映。

（3）多维度的综合评价指标体系。财务性评价指标与"铁三角"评价指标均反映了绩效结果论理论。随着绩效内涵的不断延伸，绩效不仅反映结果，也可权衡过程，"过程+结果"的理解被越来越多的人接受。这也表明项目管理绩效开始由单一特性向多维发展。项目成功概念的提出，从另一维度说明，项目管理绩效评价指标可以用项目成功标准和项目成功因素来表述。项目成功标准可以看作绩效结果论指标，项目成功因素可以看作绩效过程性指标。也就是说，用项目管理"过程+结果"的指标综合判断项目管理绩效。一系列有关绩效的理论不断成熟促进项目管理绩效评价指标向多方向发展。导致项目管理绩效评价指标体系加入考虑的因素涉及各个方面，如技术创新、项目执行效率、预期的有效达成、业主满意度、个人成长等。在建构项目管理绩效评价指标体系的过程中，设置了一些诸如项目管理计划、项目团队能力等表征项目管理过程的指标；同样，为全方位并客观公正地度量项目管理绩效，克罗斯和林奇提出一个包括成本、质量、进度、柔性、顾客满意度、市场评价、财务评价、运行过程、交付成果、生产率、愿景十一个指标在内的绩效金字塔模型。

**2.项目管理绩效评价方法**

在总结项目管理绩效评价指标体系的发展过程中，可以很容易看出其内容不断丰富和内涵不断延伸，与此同时，项目管理绩效的评价方法也在不断改进与发展，从而形成了多样化的评价方法与模型。项目管理绩效内涵的延伸性及项目管理绩效评价指标多元化，带动项目管理绩效评价方法日益丰富起来，许多学科领域的分析方法与工具被引入到该领域中来，例如经济学、管理学、数学甚至社会学领域等等。这使得项目管理绩效评价的方法或工具也越来越广泛。如1970年由美国国际开发署研究结果显示运用逻辑框架法（Logical Framework Approach，简称LFA）对工程项目管理绩效进行评价，该方法的不断推广应用，使得其成为在国际上进行项目绩效评价以及项目绩效预测的有力工具，再后来演化形成项目报告执行体系（PPR）；随着学者们对项目管理绩效研究的不断深入，一些多目标评价方法也被引进到项目管理绩效评价中来。如层次分析法（AHP）、神经网络法、模糊聚类分析法、数据包络法（DEA）、最佳边际分析法、功效系数法和加权评价法、主要目标法、平衡记分法（Balanced Scorecard，简称BSC）、关键绩效指标法（Key Performance Indicators，简称KPI）等。

多目标评价方法均有一定的适用范围，对评价对象也有一定的要求，并且在方法实际运用时也有一定的限制。如人为主观影响下判断方案重要性适合选取层次分析法；平衡计分卡法是将组织的远景转变为一组由四项观点组成的绩效指标架构来评价组织的绩效、人工神经网络评价法精度不但不高，且应用范围有限；DEA适用于衡量同类型组织间的相对效率，较好地克服了其他评价方法的不足。

### 三、施工管理绩效评价

**1. 施工阶段管理绩效指标的构建过程**

工程项目行政主管部门批准后开工建设，项目便进入了建设实施阶段。项目决策后，从项目实施准备到项目竣工验收移交这一时期称为项目建设实施期，是将施工图变成实体，实现项目投资决策意图的阶段，是涉及资金、资源最集中的时期，是项目参与方最多、工程管理难度最大的时期，也是项目宏观目标能否实现的关键时期。所以，实现项目建设实施阶段的目标对整个工程建设项目价值以及参与方自身利益得以实现的关键，是整个工程建设项目的一个重要环节。

项目施工阶段投资量大、工期紧、协调关系复杂，因此该阶段的工作显示尤为重要。项目施工阶段的主要工作包括通常所说的质量、进度、投资、安全、合同信息资料等管理工作。而代表投资方或业主利益的项目管理方是各项资源的组织者。

承包方是该阶段工作的主要实施者，其工作成功的好坏直接影响到该阶段项目管理的绩效，在该阶段中承包方主要是对成本、进度、质量、安全等方面的控制，其主要工作包括：

（1）编制施工成本计划，设定目标成本；

（2）采取措施如成本核算、成本偏差分析、制定纠偏措施等方法合理控制成本；

（3）编制施工计划并确定施工进度总目标和分目标；

（4）对施工进度进行监督和控制，发现偏差要及时调整；

（5）建立完善的质量保证体系来保证工程的质量，杜绝质量事故的发生；

（6）建立安全管理体系和安全生产责任制；

（7）制定文明施工和环境保护措施。

**2. 关键绩效影响因素的确定**

工程项目施工阶段是一个非常复杂的过程，整个过程对施工阶段项目管理绩效有着重要的影响，可以用现场管理的4M1E法对影响该阶段项目管理绩效的因素进行分析。影响施工阶段项目管理绩效的因素主要来自五个方面：人（Man）、材料（Material）、机械（Machine）、方法（Method）和环境（Environment）。

1）人是直接参与工程建设的决策者、组织者、指挥者和操作者。决策者和指挥者虽然不直接参与现场工作，但却对现场工作成果有着重要影响。

2）材料是工程施工的物质条件，是工程质量的基础。

3）所谓方法，包含工程项目整个建设周期内采取的技术方案、工艺流程、组织措施、计划与控制手段、检验手段、施工方案等各种技术方法。

4）机械，就是指生产中所使用的设备、工具等辅助生产用具。生产中，设备是否正常运作，工具的好坏会影响施工进度和工程质量。

5）影响项目管理绩效的环境因素有很多，例如社会环境、工程技术环境和劳动环境等，因此投资方或业主为承包方提供一个良好的施工环境是非常重要的。

影响项目管理绩效的关键因素包括以下十二个方面：对承包商施工方案、计划的审查；对承包商的工程质量、进度和费用绩效进行监督；承包方高层常到建设工地了解工程状态；承包方高层协调职能经理保证项目的资源需求；承包方高层参与重要施工方案、计划的制订；承包方高层重视质量、安全和环境管理；对承包方用于工程的劳动力、设备等进行监督；对承包商违约进行惩罚，加强索赔管理；严格按照变更管理程序进行变更管理；建设方与承包方合理分担建设过程中的不确定性；委托方按期交付合格的场地并做好利益相关者的工作；委托方能够按时支付工程款、提供甲供材料。

## 第4节 城市轨道交通沿线市政工程施工管理案例

### 一、新东站片区田园大道管廊项目

田园大道管廊以动静两相宜的设计理念，横穿体育公园、休闲文化谷、剧院、青少年体验馆、生态文化馆、交流广场、集会广场等设施，如图6-18所示。综合管廊建设，避免给水管道、中水管道、电力电缆、通信电缆工程等在建设初期投入，并将此类专业工程在同一工作面进行施工各自所需花费的时间，以及相互之间衔接、协调的时间，转移给道路工程，加快了整个项目施工进度。综合管廊虽然一次性投资较大，但日后管理、维护费用大大降低，避免了将来因增设、维修各类管线，而引起的道路二次建设、维护费用，增加了路面的完整性和耐久

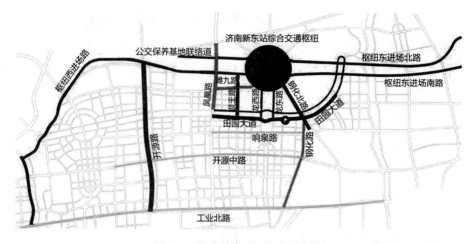

图6-18 综合管廊区位位置示意图

性。减少了将来对城市交通的干扰,保证了道路交通的畅通,产生了巨大的经济和社会效益。因综合管廊完善的附属设施配置,对各种管线的维修保护能力大大增强,从而延长了其使用寿命;同时也为各种管线的扩容、更新提供方便,提高了新东站片区可持续发展的能力。城市管线进入综合管廊,避免了管线反复敷设和架空,这不仅减少了架空管线与绿化的矛盾,而且使新区更加整齐和美观。由于综合管廊内工程管线布置紧凑合理,有效利用了道路下的空间,这不仅节约了城市用地,而且对地下空间的开发利用起到良好的促进作用。

如图6-19所示,田园大道管廊工程西起凤凰路,东至规划一路,全长2.864km,工程建设工程费用约2.93亿元,建设工期267d。计划入廊管线包括生活给水、再生水、热力、电力、通信、直饮水六种管线。

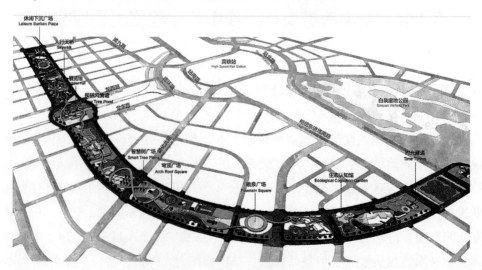

图6-19 田园大道管廊效果图

## 二、管廊的设计考虑

田庄大道综合管廊的结构安全等级为一级,设计使用年限为100年,防水等级二级,耐火等级一级,防震设防烈度Ⅵ度(0.05g),抗渗等级P6/P8。考虑管线类型,按照小支线廊定位,将给水、中水、热力及弱电入廊,设计为单舱断面,尺寸为8.2m×5.3m;电力沟单独敷设,另成单舱断面。由此,田庄大道综合管廊的标准断面即为单层双舱矩形箱涵形式。

田园大道管廊地层分布较连续,主要由粉质黏土组成,局部碎石层,管廊起点距离东坞断裂带为不活动或弱活动断裂带,不存在滑坡、崩塌等不良工程地质作用,属稳定性场地。管廊基底大部分是粉质黏土,土层分布较为稳定,压缩性中等,作为管廊基础天然地基持力层,局部以碎石为天然地基持力层。围护结构为钢筋混凝土灌注支护桩与钢板桩相结合的支护方式,中间架设钢支撑、钢围檩;外围部分管段设置止水帷幕与降水;土方外露部分增设钢筋网混凝土边坡支护。钢化北路与田园大道综合管廊工程最大纵坡10%,最小纵坡0.2%,纵坡坡度大于10%时需设置台阶,阶宽300mm。管廊沿线节点包括端部井、人员出入口、管线分支口、排风口兼配电室、进风口、管廊交叉口、吊装口等。

管廊横断面埋设深度,由于济南东站片区路网较密,按照2.5m覆土造成管廊在路口处频繁下翻,入廊管线尤其是大管径管线敷设困难。综合考虑管廊夹层高度及节点顶板厚度、道路结构层厚度、冻深、绿化种植等因素,综合管廊覆土约3.5m。

竖向设计,为满足管廊内部明沟排水的要求,管廊纵坡控制不小于0.2%,为满足综合舱给水管道检修车的通行要求,最大纵坡一般按不大于10%控制,过河、管线交叉、穿地铁出入口等特殊部位,按30°、45°甚至90°设置。当综合管廊纵向斜坡超过10%时,在人员通道部位设置防滑地坪或台阶。

## 三、管廊建设与运营

管廊的主要施工内容包括:管廊工艺、结构、防水、给排水及消防、通风、供电与照明、监控与报警等。工程建设过程中,通过多方联系沟通,加快管廊建设所涉雨水管、污水管、电力、通信、路灯、高压架空线、给水及燃气等管线的迁改;利用信息化技术与装备,对基坑周边环境、基坑变形及地下水位进行实时监测,保证工程质量与安全。

综合管廊在设计使用期间节约运营管理费5500万元，后期维护管理费用节约300万元，对交通、环境影响节约180万元，管线在综合管廊内可安全运营，并可延长管线使用寿命，二次安装方便且对道路、环境无影响。

# 第七章 城市轨道交通沿线配套工程收尾管理[①]

---

① 参考李祥军等编著《工程项目管理》，中国建筑工业出版社，2020。

工程项目收尾是指施工完成之后的完工验收、移交之前清理、工程移交，以及保修期间的维修保养工作的总称。工程收尾，即意味着工程项目建设过程结束，进入运营过程。

## 第1节　工程竣工

### 一、竣工验收

建设项目竣工验收是指由建设单位为主组织的项目验收委员会，以项目批准的设计任务书和设计文件，以及国家或部门颁发的施工验收规范和质量检验标准为依据，按照一定的程序和手续，在项目建成并试生产合格后（工业生产性项目），对工程项目的总体进行检验、认证、综合评价和鉴定的活动。

建设项目竣工验收按被验收的对象不同可分为：单位工程验收（也称交工验收）、单项工程验收、工程整体验收（也称动用验收）。

通常所说的建设项目竣工验收，指的是"动用验收"。即建设单位在建设项目按批准的设计文件所规定的内容全部建成后，向使用单位（国有资金建设的工程向国家）交工的过程。

**1. 建设项目竣工验收的内容**

不同的建设项目，其竣工验收的内容不完全相同。但一般均包括工程资料验收和工程内容验收两部分。

（1）工程资料验收

包括工程技术资料、工程综合资料和工程财务资料验收三个方面的内容。

（2）工程内容验收

包括建筑工程验收、安装工程验收两部分。

1）建筑工程验收的内容有：

①建筑物的位置、标高、轴线是否符合设计要求；

②对基础工程中的土石方工程、垫层工程、砌筑工程等资料的审查；

③结构工程中的砖木结构、砖混结构、内浇外砌结构、钢筋混凝土结构的审查验收;

④对屋面工程的木基、望板油毡、屋面瓦、保温层、防水层等的审查验收;

⑤对门窗工程的审查验收;

⑥对装修工程的审查验收(抹灰、油漆等工程)。

2)安装工程验收的内容有:

①建筑设备安装工程(指民用建筑物中的上下水管道、暖气、煤气、通风、电气照明等安装工程)。应检查这些设备的规格、型号、数量、质量是否符合设计要求,检查安装时的材料、材质、材种,检查试压、闭水试验、照明。

②工艺设备安装工程包括:生产、起重、传动、实验等设备的安装,以及附属管线敷设和油漆、保温等。检查设备的规格、型号、数量、质量、设备安装的位置、标高、机座尺寸、质量、单机试车、无负荷联动试车、有负荷联动试车、管道的焊接质量、清洗、吹扫、试压、试漏及各种阀门等。

③动力设备安装工程,指有自备电厂的项目或变配电室(所)、动力配电线路的验收。

**2.竣工验收的标准**

施工单位完成工程承包合同中规定的各项工程内容,并依照设计图纸、文件和建设工程施工及验收规范,自查合格后,申请竣工验收。

(1)生产性项目和辅助性公用设施,已按设计要求完成,能满足生产使用;

(2)主要工艺设备的配套设备经联动负荷试车合格,形成生产能力,能够生产出设计文件所规定的产品;

(3)主要的生产设施已按设计要求建成;

(4)生产准备工作能适应投产的需要;

(5)环境保护设施、劳动安全卫生设施、消防设施已按设计与主体工程同时建成使用;

(6)生产性投资项目,如工业项目的土建、安装、人防、管道、通信等工程的施工和竣工验收,必须按照国家和行业施工及验收规范执行。

**3.建设项目竣工验收的方式与程序**

(1)竣工验收的方式

为了保证建设项目竣工验收的顺利进行,验收必须遵循一定的程序,并按照建设项目总体计划的要求以及施工进展的实际情况分阶段进行。项目施工达到验收条件的验收方式可分为项目中间验收、单项工程验收和全部工程验收三大类,见表7-1。

不同阶段的工程验收　　　　　　　　表 7-1

| 类型 | 验收条件 | 验收组织 |
| --- | --- | --- |
| 中间验收 | (1) 按照施工承包合同的约定，施工完成到某一阶段后要进行中间验收。<br>(2) 主要的工程部位施工已完成了隐蔽前的准备工作，该工程部位将置于无法查看的状态 | 由监理单位组织，业主和承包商派人参加。该部位的验收资料将作为最终验收的依据 |
| 单项工程验收<br>（交工验收） | (1) 建设项目中的某个合同工程已全部完成。<br>(2) 合同内约定有分部分项移交的工程已达到竣工标准，可移交给业主投入试运行 | 由业主组织，会同施工单位、监理单位、设计单位及使用单位等有关部门共同进行 |
| 全部工程竣工验收<br>（动用验收） | (1) 建设项目按设计规定全部建成，达到竣工验收条件。<br>(2) 初验结果全部合格。<br>(3) 竣工验收所需资料已准备齐全 | 大中型和限额以上项目由国家发改委或由其委托项目主管部门或地方政府部门组织验收。小型和限额以下项目由项目主管部门组织验收。业主、监理单位、施工单位、设计单位和使用单位参加验收工作 |

规模较小、施工内容简单的建设项目，也可以一次进行全部项目的竣工验收。

虽然项目的中间验收也是工程验收的一个组成部分，但它属于施工过程中的管理内容，这里仅就竣工验收（单项工程验收和全部工程验收）的有关问题予以介绍。

(2) 竣工验收程序

建设项目全部建成，经过各单项工程的验收符合设计要求，并具备竣工图表、竣工结算、工程总结等必要文件资料，由建设项目主管部门或建设单位向负责验收的单位提出竣工验收申请报告，按图 7-1 竣工验收程序验收。

1) 承包商申请交工验收

承包商在完成了合同约定的工程内容或按合同约定可分步移交工程的，可申请交工验收。交工验收一般为单项工程，但在某些特殊情况下也可以是单位工程的施工内容，诸如特殊基础处理工程、发电站单机机组完成后的移交等。承包商施工的工程达到竣工条件后，应先进行预检验，一般由具体负责施工的施工单位，即分包商或承包商，先进行自验、项目经理自验、公司级预验三个层次进行竣工验收预验收，亦称竣工预验。对不符合要求的部位和项目，确定修补措施和标准，修补有缺陷的工程部位；对于设备安装工程，要与甲方和监理单位共同进行无负荷的单机和联动试车，为正式竣工验收做好准备。承包商在完成了上述工作和准备好竣工资料后，即可向甲方提交竣工验收申请报告。

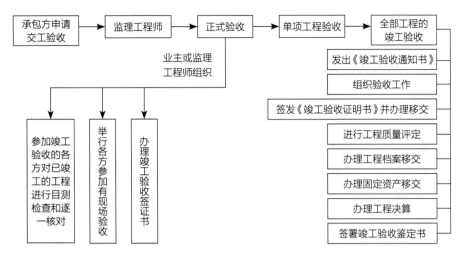

**图 7-1 竣工验收程序**

2）监理工程师现场初验

施工单位通过竣工预验收，对发现的问题进行处理后，决定正式提请验收，应向监理工程师提交验收申请报告，监理工程师审查验收申请报告，如认为可以验收，则由监理工程师组成验收组，对竣工的工程项目进行初验。在初验中发现的质量问题，要及时书面通知施工单位，令其修理甚至返工。

3）正式验收

正式验收是由业主或监理工程师组织，有业主、监理单位、设计单位、施工单位、工程质量监督站等单位参加的正式验收。

4）单项工程验收

单项工程验收又称交工验收，即验收合格后业主方可投入使用。由业主组织的交工验收，主要依据国家颁布的有关技术规范和施工承包合同，对以下几方面进行检查或检验：

①检查、核实竣工项目，准备移交给业主的所有技术资料的完整性、准确性；

②按照设计文件和合同，检查已完工程是否有漏项；

③检查工程质量、隐蔽工程验收资料、关键部位的施工记录等，考察施工质量是否达到合同要求；

④检查试车记录及试车中所发现的问题是否得到改正；

⑤在交工验收中发现需要返工、修补的工程，明确规定完成期限；

⑥其他涉及的有关问题。

经验收合格后，业主和承包商共同签署《交工验收证书》。然后由业主将有关技术资料和试车记录、试车报告及交工验收报告一并上报主管部门，经批准后该部分工程即可投入使用。验收合格的单项工程，在全部工程验收时，原则上不再办理验收手续。

5）全部工程的竣工验收

全部施工完成后，由国家主管部门组织的竣工验收，也称动用验收。业主参与全部工程竣工验收分为验收准备、预验收和正式验收三个阶段。正式验收是在自验的基础上，确认工程全部符合验收标准，具备了交付使用的条件后，即可开始正式竣工验收工作。

①发出《竣工验收通知书》。施工单位应于正式竣工验收之日的前10d，向建设单位发送《竣工验收通知书》；

②组织验收工作。工程竣工验收工作由建设单位邀请设计单位及有关方面参加，同施工单位一起进行检查验收。国家重点工程的大型建设项目，由国家有关部门邀请有关方面参加，组成工程验收委员会，进行验收；

③签发《竣工验收证明书》并办理移交。在建设单位验收完毕并确认工程符合竣工标准和合同条款规定要求以后，向施工单位签发《竣工验收证明书》；

④进行工程质量评定。建筑工程按设计要求和建筑安装工程施工的验收规范及质量标准进行质量评定验收。验收委员会或验收组，在确认工程符合竣工标准和合同条款规定后，签发竣工验收合格证书；

⑤整理各种技术文件资料，办理工程档案资料移交。建设项目竣工验收前，各有关单位应将所有技术文件进行系统整理，由建设单位分类立卷；在竣工验收时，交使用单位统一保管，同时将与所在地区有关的文件交当地档案管理部门，以适应生产、维修的需要；

⑥办理固定资产移交手续。在对工程检查验收完毕后，施工单位要向建设单位逐项办理工程移交和其他固定资产移交手续，并应签认交接验收证书，办理工程结算手续。工程结算由施工单位提出，送建设单位审查无误后，由双方共同办理结算签认手续。工程结算手续办理完毕，除施工单位承担保修工作以外，甲乙双方的经济关系和法律责任予以解除；

⑦办理工程决算。整个项目完工验收并且办理了工程结算手续后，要由建设单位编制工程决算，上报有关部门；

⑧签署竣工验收鉴定书。竣工验收鉴定书是表示建设项目已经竣工并交付使用的重要文件，是全部固定资产交付使用和建设项目正式动用的依据，也是承包商对建设项目消除法律责任的证件。竣工验收鉴定书一般包括：工程名称、地点、验收委员会成员、工程总说明、工程据以修建的设计文件、竣工工程是否与设计相符合、全部工程质量鉴定、总的预算造价和实际造价、验收组对工程动用的意见和要求等主要内容。至此，项目的全部建设过程全部结束。

整个建设项目进行竣工验收后，业主应及时办理固定资产交付使用手续。在进行竣工验收时，已验收过的单项工程可以不再办理验收手续，但应将单项工程交工验收证书作为最终验收的附件。

## 二、竣工决算

**1. 建设项目竣工决算的概念**

项目竣工决算是指所有项目竣工后，项目单位按照国家有关规定在项目竣工验收阶段编制的竣工决算报告。竣工决算是以实物数量和货币指标为计量单位，综合反映竣工建设项目全部建设费用、建设成果和财务状况的总结性文件，是竣工验收报告的重要组成部分，竣工决算是正确核定新增固定资产价值，考核分析投资效果，建立健全经济责任制的依据，是反映建设项目实际造价和投资效果的文件。竣工决算是建设工程经济效益的全面反映，是项目法人核定各类新增资产价值、办理其交付使用的依据。竣工决算是工程造价管理的重要组成部分，做好竣工决算是全面完成工程造价管理目标的关键性因素之一。通过竣工决算，既能够正确反映建设工程的实际造价和投资结果；又可以通过竣工决算与概算、预算的对比分析，考核投资控制的工作成效，为工程建设提供重要的技术经济方面的基础资料，提高未来工程建设的投资效益。

项目竣工时，应编制建设项目竣工财务决算。在编制项目竣工财务决算前，项目建设单位应当认真做好各项清理工作，包括账目核对及账务调整、财产物资核实处理、债权实现和债务清偿、档案资料归集整理等。建设周期长、建设内容多的项目，单项工程竣工，具备交付使用条件的，可编制单项工程竣工财务决算。建设项目全部竣工后应编制竣工财务总决算。

**2. 建设项目竣工决算的作用**

（1）建设项目竣工决算是综合全面地反映竣工项目建设成果及财务情况的总结性文件，它采用货币指标、实物数量、建设工期和各种技术经济指标综合、全面地反映建设项目自开始建设到竣工为止全部建设成果和财务状况。

（2）建设项目竣工决算是办理交付使用资产的依据，也是竣工验收报告的重要组成部分。建设单位与使用单位在办理交付资产的验收交接手续时，通过竣工决算反映了交付使用资产的全部价值，包括固定资产、流动资产、无形资产和其他资产的价值。及时编制竣工决算可以正确核定固定资产价值并及时办理交付使用，可缩短工程建设周期，节约建设项目投资，准确考核和分析投资效果。可作为建设主管部门向企业使用单位移交财产的依据。

（3）建设项目竣工决算是分析和检查设计概算的执行情况，考核建设项目管理水平和投资效果的依据。竣工决算反映了竣工项目计划、实际的建设规模、建设工期以及设计和实际的生产能力，反映了概算总投资和实际的建设成本，同时还反映了所达到的主要技术经济指标。通过对这些指标计划数、概算数与实际数进行对比分析，不仅可以全面掌握建设项目计划和概算执行情况，而且可以考核建设项目投资效果，为今后制订建设项目计划，降低建设成本，提高投资效果提供必要的参考资料。

**3.竣工决算的内容**

建设项目竣工决算应包括从筹集到竣工投产全过程的全部实际费用，即包括建筑工程费、安装工程费、设备工器具购置费用及预备费等费用。根据财政部、国家发改委和住房和城乡建设部的有关文件规定，竣工决算是由竣工财务决算说明书、竣工财务决算报表、工程竣工图和工程竣工造价对比分析四部分组成。其中竣工财务决算说明书和竣工财务决算报表两部分又称建设项目竣工财务决算，是竣工决算的核心内容。竣工财务决算是正确核定项目资产价值、反映竣工项目建设成果的文件，是办理资产移交和产权登记的依据。

## 三、完工清理

**1.项目完工清理内容**

（1）消除建筑垃圾，施工单位至少对建筑场地内集中堆放的建筑垃圾进行装车清运，按照相关的处理办法进行处理。

（2）场地恢复，施工单位至少对因建筑施工而造成的场地变形进行处理，按照有关要求进行平整恢复。

（3）修复损坏环境，施工单位至少对因进驻施工而损坏或污染的植被设施进行修复，按照有关规定，如需赔偿，根据合同在结算款中扣除。

**2.完工清理方法**

（1）明确竣工清理方法，原则上集中处理建筑垃圾，在建筑垃圾运输、堆放过程中避免二次污染。可建议施工单位对混凝土垃圾、金属、塑料等物料进行分类清理，回收利用。

（2）采取适当方式平整、修复场地，需要回填或采土时应尤其注意避免对施工区域地下水的破坏。

（3）需要清洗被污染的绿化植物时，应注意清洗时机、用水、用药剂的选择，避免对植物造成伤害。

## 第2节 工程移交

工程移交是在工程完工验收（或称之为竣工验收）达到规范及合同约定的标准，并具备完全或部分使用条件时，工程从承包人控制下转移给发包人控制与管理的过程。工程的移交表明承包人全部工程施工义务完成。移交之后，工程的保管责任由发包人接手，工程风险属于发包人的风险。承包人不再承担工程保管与损失、损害的风险。

### 一、工程移交的前提

工程移交的直接前提是完工验收合格。移交，即意味着工程要交付使用，根据建筑法与建设工程质量管理条例的规定，工程质量验收不合格的不得交付使用。因此，可将完工验收合格视为工程移交的前提。完工验收不合格的，承包人需要组织作业人员对存在问题进行整改、维修，甚至返工重做，然后再次申请完工验收。原则上，两次完工验收再不合格的，发包人可以就不合格部分工程折价接收，自行或另委托其他施工企业对问题部分进行维修、整改。如果完工验收不合格部分直接影响到工程安全使用或者不能达到合同约定、设计界定功能的，发包人有权利拒绝接受工程，并追究承包人的相关责任。在此情况下，承包人不仅无法得到全部的工程款，甚至需要对发包人的损失进行赔偿。

完工验收，是发包人收到工程完工验收申请之后，所组织的由工程项目各参建方，即设计、勘察、施工等承包人，以及监理等相关咨询人参加的工程完工验收。按照《建设工程施工合同（示范文本）》（GF—2017—0201）规定，发包人应在拟定的工程完工验收日期之前的7个工作日前，将具体验收时间、地点、验收小组名单书面通知工程所在地的工程质量监督机构。此表明在竣工验收备案制下，工程质量监督机构亦可参加工程完工验收。完工验收以工程质量现场验收和工程资料检查验收为主，对于工程中含有成套设备或特定设备的，如消防设备，需要进行联动试车，即全面考核全系统的设备、自控仪表、联锁、管道、阀门、供电等的性能与质量，以及施工是否符合设计与标准规范要求，作为完工验收的内容之一。

完工验收通过之后，工业类的工程，尚需针对生产设备组织投料试车，投料试车达到设计规定指标要求的,才能满足移交的条件。设备安装、电气安装结束后,一般要先进行分段、分部分的试运行,在全部正常运转后,整条生产线需要加入生产原料之后进行整体试运行,称之为投料试车,是验证整条生产线可以正常投产的最后一个步骤。投料试车合格,才能满足设计界定的功能,达到既定设计条件,可以交付生产使用。

我国实行建设工程完工验收备案制度。新建、扩建和改建的各类房屋建筑工程和市政基础设施工程的竣工验收,均应按《建设工程质量管理条例》规定进行备案。在工程实践之中,亦有建设工程合同将完工备案视为完工验收的标志,是工程移交的前提。

除以上所述前提条件之外,在工程实践之中,工程移交的前提条件之一是发包人按照合同约定的付款额或者比例,完成了相应的付款。如果工程付款没有到位,承包人为了防止丧失掉优先赔偿权,会拖后工程的移交,直至得到合同约定的款项或相应权益保障。本项所述之前提条件视不同承包人而异。若承包人愿意承担发包人不按合同约定进行工程款支付的风险,亦可忽视该条件而进入工程移交程序。

## 二、工程移交的内容

工程移交包括实体移交和文件档案移交,工程移交方和工程接收方将在工程移交报告上签字,形成工程移交报告。工程移交报告的签署即表明工程移交工作的结束。

### 1.工程的实体移交

工程的实体移交包括可交付的一切工程实体或服务。在提供工程移交报告之前应当进行工程移交的检查与交接工作,仔细填写移交检查表。工程的移交检查表是罗列工程所有交付成果的表格,并对其中的具体细节进行描述,以便今后的核对。其形式比较简单,如表7-2所示。

移交检查表(示例)　　　　　　　　　表7-2

| 交付成果名称 | 交付数量 | 移交检查结论 | 移交检查签字 | 备注 |
| --- | --- | --- | --- | --- |
|  |  |  |  |  |
|  |  |  |  |  |
|  |  |  |  |  |

**2. 工程的文件档案移交**

一般情况下，项目文件的移交是一个贯穿项目整个生命周期的过程，只是在最后的收尾阶段，项目的文档移交对于工程使用、维修、改造以及事故鉴定、责任追究具有很深刻的意义和作用。工程项目文件档案随工程项目生命周期逐步生成，并非一蹴而就。在工程项目生命周期的不同阶段建设任务和内容不同，参建方不同，每一个参建方在完成工作退出之前，需要将其工作中所形成的文件档案移交给发包人。因此，工程项目的文件档案移交没有固定的、统一的时间点，且工程项目生命周期各个阶段所产生和需要移交的文件档案也是不同的。

工程准备阶段应当移交的主要文档资料有：

（1）在工程项目投资决策过程中所形成的工程项目立项审批、核准或备案文件；

（2）在办理土地使用权期间所产生的工程建设用地、征地与拆迁相关文件；

（3）办理工程项目规划设计手续期间所产生的工程勘察、测绘设计文件；

（4）工程勘察、设计、咨询、施工，以及发包人供应材料设备等情形下合作人选择所形成的招标文件、投标文件、合同等；

（5）工程正式开工所需办理的审批文件。

施工相关的文件，可分为两类，分别是土建工程文件与水电等专业工程的档案文件。

土建（建筑与结构）工程档案文件，一般为有关技术、质量与安全相关的资料、记录等，包括：

（1）施工技术准备文件；

（2）地基处理记录；

（3）工程图纸变更记录；

（4）材料设备质量证明及试验报告；

（5）施工实验记录；

（6）隐蔽工程检查记录；

（7）施工记录；

（8）工程质量检验记录。

水电、暖通、空调、消防与燃气等专业工程的档案文件，包括：

（1）一般施工记录；

（2）图纸变更记录；

（3）设备、产品质量检查与安装记录；

（4）隐蔽工程检查记录；

（5）施工试验记录。

工程项目是否存在移交监理的相关文件，视工程性质而不同。对于强制监理范围之内的工程或发包人委托了监理进行工程施工监督管理的，工程项目中存在监理相关文件，亦需要移交监理相关文件。如果工程项目不在强制监理范围之内，且发包人没有委托监理进行施工监督管理服务的，则不存在监理相关文件，亦不需要整理、移交工程项目监理相关文件。具体包括：

（1）监理规划；

（2）监理月报与会议纪要；

（3）监理通知；

（4）监理总结。

工程完工验收所形成的文件与资料，包括：

（1）工程竣工总结；

（2）竣工验收记录。

1）竣工图，包含给水排水、结构、水电、装饰、暖通、消防、燃气、电梯等专业工程的竣工图；

2）声像材料，是完工验收过程中所产生的照片、录像、光盘等资料。

工程完工验收之后的文件移交一般是指工程档案移交。从建设工程质量管理条例和城市建设档案管理规定的角度所理解的工程档案移交是指发包人必须在工程完工验收后三个月内，向城建档案馆报送一套符合规定的建设工程档案。这里所指的工程档案是指从工程项目提出、立项、审批、勘察设计、生产准备、施工、监理、验收等工程建设及工程管理过程形成并应归档保存的文字、表格、声音、图像等各种载体的文件材料。勘察、设计、施工、监理等工程项目参建各方需按照建筑工程资料管理规程规定进行整理、编纂、成册、立卷后向发包人移交。建设工程项目实行总承包的，总承包人负责收集、汇总各分包人形成的工程档案，并应及时向发包人移交；各分包人应将本单位形成的工程文件整理、立卷后及时移交总承包人。建设工程项目由几个单位承包的，各承包人分别负责收集、整理、立卷其承包项目的工程文件，并应及时向发包人移交。

## 三、工程移交的程序

工程项目经竣工验收合格后，便可办理工程移交手续。移交，即承包人将项目的所有权与管理权移交给发包人。移交的时限需按发包人与承包人签订的合同执行，一般是完工验收合格之日起的28d内，完成工程移交。工程项目的移交包括项目实体移交和项目文件移交两部分。移交的程序如下：

（1）在办理工程项目移交前，承包人的项目管理团队要编制竣工结算书，以此作为向项目发包人结算，并作为最终拨付工程价款的依据。而竣工结算书通过监理工程师审核、确认并签证后，才能通知发包人与承包人办理工程价款的拨付手续。

（2）工程技术档案文件移交。移交时要编制《工程档案资料移交清单》。发包人及其委托的咨询人按清单查阅清楚并认可后，双方在移交清单上签字盖章。移交清单一式两份，双方各自保存一份，以备查对。

（3）工程实体移交，即建（构）筑物实体和工程项目内所包括的各种设备实件的移交。工程实体移交的繁简程度随工程项目承发包模式的不同及工程项目本身的具体情况不同而异。

当项目的工程款项结清、文件资料移交和实体移交之后，工程移交方和工程接收方将在工程移交报告上签字，形成工程移交报告。工程移交报告即标志着工程移交的结束。

## 四、工程移交的基本要求

工程通过完工验收，承包人递交"工程竣工报告"的日期为实际竣工日期。承包人应在发包人对竣工验收报告签认后的规定期限内向发包人递交竣工结算报告和完整的结算资料。承包人在收到工程竣工结算价款后，应在规定的期限内将竣工项目移交发包人，及时转移撤出施工现场，解除施工现场全部管理责任。

移交工作的基本要求为：

向发包人移交钥匙时，工程室内外应清扫干净，达到窗明、地净、灯亮、水通，排污畅通、动力系统可以使用。

向发包人移交工程竣工资料，在规定的时间内，按工程竣工资料清单目录，进行逐项交接，办清交验签章手续。

所签订建设工程施工合同中未包括工程质量保修书附件的，在移交完工的工程时，应按建设工程质量管理条例规定签署或补签工程质量保修书。

承包人需按照工程竣工验收、移交的要求，编制工地撤场计划，规定撤场的时间，明确负责人与执行人，保证工地及时清场转移。撤场计划安排的具体工作要求：

（1）临设工程拆除，场内残土、垃圾要文明清运；

（2）对机械、设备进行油漆保养，组织有序退场；

(3)周转材料要按清单数量转移、交接、验收、入库;
(4)退场物资运输要防止重压、撞击,不得野蛮倾卸;
(5)转移到新工地的各类物资要按指定位置堆放,符合平面管理要求;
(6)清场转移工作结束,恢复临时占用土地,解除施工现场管理责任。

## 第3节 工程回访与保修

工程保修是指承包人对移交之后一定期间之内,工程可能出现的施工质量或使用问题承担维修的责任。具体的维修责任,建设工程质量管理条例有相关的规定,建设工程施工合同也会通过合同附件对维修的事项与保修期限加以详细的界定与说明。

### 一、工程回访

**1. 回访的方法**

承包人所在企业的相应职能管理部门,如生产、技术、质量、水电等部门负责组织回访的业务工作,回访可采用电话询问、登门拜访、会议座谈等多种形式。回访是落实保修制度和保修方责任的一项重要措施,因此回访工作必须有计划地进行,回访必须认真,必须能解决问题。每次回访结束后应填写回访记录;在全部回访结束后,应编写"回访服务报告",据此可验证回访服务的实施效果。

**2. 回访方式**

根据回访计划安排,及时而又灵活多样地进行工程回访。回访工程的方式一般有:

(1)例行性回访。对已交付竣工验收并在保修期限内的工程,一般半年或一年定期组织一次回访,广泛收集用户对工程质量的反映。

(2)季节性回访。主要是针对具有季节性特点,容易造成负面影响,经常发生质量问题的工程部位进行回访,如雨季回访屋面防水工程,墙面工程的防水和渗水情况,冬季回访供暖系统情况。

(3)技术性回访。主要了解施工过程中采用的新材料、新技术、新工艺的技术性能,从用户那里获取使用后的第一手资料,掌握设备安装竣工使用后的技术状态,运行中有无安装质量缺陷,若发现问题须及时处理;同时有利于总结经验，获取科学依据，以便不断改进与完善，为进一步推广创造条件。这种回访既可定期进行，也可不定期进行。

（4）专题性回访。对某些特殊工程、重点工程、实行保修保险方式的工程应组织专访，专访工作可往前延伸，包括竣工前对发包人的访问和交工后对使用人的访问，听取他们的意见，为其提供定向的跟踪服务。

**3. 回访的主要内容**

建设工程项目的施工单位对项目业主（或用户）进行回访的主要内容如下：

（1）听取用户对项目的使用情况和意见；

（2）查询或调查现场因自己的原因造成的问题；

（3）进行原因分析和确认；

（4）商讨进行返修的事项；

（5）填写回访卡。

## 二、工程保修的范围和期限

### 1. 保修的范围

各种类型的建筑工程以及建筑工程的各个部位都应实行保修，由于承包人未按照国家标准、规范和设计要求施工所造成的质量缺陷，应由承包人负责修理并承担经济责任。从对保修项目的统计情况看，质量缺陷主要包括以下几个方面：

（1）屋面、地下室、外墙、阳台、厕所、浴室以及厨房等处渗水、漏水；

（2）各种通水管道（上下水、热水、污水、雨水等）漏水，各种气体管道漏气以及风道、烟道不通；

（3）水泥砂浆地面较大面积的起砂、裂缝、空鼓；

（4）内墙面较大面积裂缝、空鼓、脱落或面层起碱脱皮，外墙粉刷自动脱落；

（5）供暖管线安装不良，局部不热，管线接口处及卫生器具接口处不严而造成漏水；

（6）其他由于施工不良造成的无法使用或使用功能不能正常发挥的工程质量缺陷。

对于由于设计人、发包人、使用人等方面原因造成的质量缺陷，责任不在承包人，不属于保修范围。但是，承包人在收到维修通知后，仍需要派遣工作人员进行维修，只是不需要承担质量责任和维修费用。

如果发包人与承包人没有签订保修协议或者建设工程施工合同中没有列明保

修的范围与内容，工程保修需按照建设工程质量管理条例中强制保修范围与最低保修期限进行执行。

**2. 保修期**

建设工程的保修期为自竣工验收合格之日起计算，具体时限需要通过建设工程施工合同或保修协议做出约定。如果建设工程施工合同或保修协议未做出具体约定的，按照建设工程质量管理条例对最低保修期限的规定执行，即在工程正常使用条件下的最低保修期限。《建设工程质量管理条例》对强制保修范围与最低保修期的规定如下：

（1）基础设施工程、房屋建筑的地基基础工程和主体结构工程，为设计文件规定的该工程的合理使用年限；

（2）屋面防水工程、有防水要求的卫生间、房间和外墙面的防渗漏，为5年；

（3）供热与供冷系统，为2个供暖期、供冷期；

（4）电气管线、给排水管道、设备安装和装修工程，为2年；

其他保修范围由承包人与发包人在工程质量保修书中具体约定。发包人与承包人亦可通过保修协议约定保修期限，但协议中所约定的保修期限不得短于建设工程质量管理条例中所规定的最低保修期限。如果出现协议约定保修期限短于建设工程质量管理条例所规定最低保修期限的情形，实际所应执行的保修期限为建设工程质量管理条例中规定的最低保修期限。同理，协议中所约定的保修范围，没有涵盖建设工程质量管理条例中规定的强制保修范围的，在实际工程保修过程中，承包人仍需对建设工程质量管理条例规定的强制保修范围内保修项目承担保修责任。

**3. 工程保修做法**

承包人在向发包人提交工程竣工报告时，应当向发包人出具"房屋建筑工程质量保修书"，质量保修书中具体约定了保修范围及内容、保修期、保修责任、保修费用等。

（1）保修通知和修理

在保修期内，发现项目出现非使用原因的质量缺陷，使用人（用户）可以用口头通知或直接到承包人接待处领取"工程质量维修通知书"表式（如表7-3所示），并如实填写，一式两份，一份承包人据此安排保修工作，另一份由使用人（用户）自留备查。

承包人收到《工程质量维修通知书》之后，必须尽快地派人前往检查，会同使用人（用户）共同作出鉴定，需要修理时，提出修理方案，并尽快地组织人

| 工程质量维修通知书（样表） | 表 7-3 |
|---|---|

工程名称： 　　　　　　　　　　　　　　　　　　　　编号：

致：

　　事由：_____工程_____号楼_____（具体位置）出现_____质量问题，根据本工程项目的保修协议，该质量问题在保修协议约定的保修期限与范围之内。特通知你单位派专业人员对该质量问题进行维修处理，自本通知书发出之日起_____（时间）内，需完成质量问题处理，并通知我单位_____（联系人与联系方式）对维修质量进行检查验收。逾期未对质量问题进行维修处理的或未有效解决质量问题对工程使用影响的，我单位将按照建设工程施工合同与保修协议追究你单位的违约责任。

　　注：此维修通知单亦为你单位专业人员进入现场作业之凭证。

人员：

签章：

日期：

力、物力进行修理。承包人在约定的时间和地点，不派人修理的，使用人（用户）可委托其他单位修理，因修理发生的费用，应由承包人承担赔偿责任。由于建筑工程情况比较复杂，在保修期内出现的一些问题往往是由于多种原因造成的，因此，进行保修时涉及的保修费用，必须根据造成问题的原因确定费用责任归属，与发包人及有关方面共同商定费用的处理办法，不能全部都由承包人负担保修期内的保修费用。关于保修费用的承担，基本划分原则是承包人供应材料设备或施工原因所引起的施工质量问题，承包人承担保修费用；除此之外，发包人承担保修费用，当然发包人可根据其所签订的其他合同追究相关方的责任。根据《建设工程施工合同（示范文本）》（GF—2017—0201）的规定，发包人在保修期满后14d内，需将剩余保修金和利息返还承包人。

（2）验收

在发生质量缺陷的部位或项目修理完毕后，承包人应安排专职质量人员或管理人员到现场对修理结果进行自检评定，并签署评定结论。发包人或使用人（用户）对修理结果认可，应在《工程质量维修通知书》上签署验收意见，将自留的一份一并移交承包人归档，建立保修业务档案。

**4. 质量保证金的返还**

根据《建设工程质量保证金管理办法》："缺陷责任期内，承包人认真履行合同约定的责任，到期后，承包人向发包人申请返还保证金。"缺陷责任期是2013版建设工程施工合同示范文本中引入的一个概念，其在菲迪克合同中含义是承包商承担质量维修责任的期限。而在建设工程质量保证金管理办法与建设工程施工合同示范文本中的含义，单指质量保证金的返还期限。

返还质量保证金的前提是承包人认真履行了建设工程施工合同或保修协议约定的保修责任。即，保修期内，承包人接到保修通知后，应当到现场核查情况，并在保修书约定的时间内予以保修；发生涉及结构安全或者严重影响使用功能的紧急抢修事故，承包人接到保修通知后，应当立即到达现场抢修。在保修范围和保修期限内发生质量问题的，如果在保修期满后承包人仍未处理或者仍未处理好，如屋面渗漏质量问题，经过维修之后仍存在渗漏，即使保修期满承包人仍然要履行其保修义务，并对造成的损失承担赔偿责任。如果承包人以保修期满为由，不继续承担保修责任的，发包人可以扣留问题部分的质量保证金，不予返还。

《建设工程质量保证金管理办法》中规定，缺陷责任期满，且承包人全面履行了建设工程施工合同与保修协议约定的保修责任，承包人可向发包人申请退还质量保证金。发包人在接到承包人返还保证金申请后，按照建设工程施工合同或保修协议，一般应于14d内会同承包人按照合同约定的内容进行核实。如无异议，发包人应当按照约定将保证金返还给承包人。对返还期限没有约定或者约定不明确的，发包人应当在核实后14d内将保证金返还承包人，逾期未返还的，依法承担违约责任。发包人在接到承包人返还保证金申请后14d内不予答复，经催告后14d内仍不予答复，视同认可承包人的返还保证金申请。

**5. 缺陷责任期满后的保修**

分包人在分包合同项下的保修义务持续到缺陷责任期届满以后的，发包人有权在缺陷责任期届满前，要求承包人将其在分包合同项下的权益转让给发包人，承包人应当转让。

经过合同权益的转让，发包人成为分包合同新的当事人，分包人需要根据分包合同向发包人直接履行相关的合同义务，含保修义务。合同权益转让之后，属于分包人的工程款项，发包人直接从承包人的结算款中扣留，分包人履行完成分包合同义务之后，发包人直接向分包人支付相应的分包款项。

# 第4节　城市轨道交通沿线市政工程收尾管理案例

## 一、济南市新东站南环路工程

济南市东客站综合交通枢纽进出场道路工程第三标段位于济南市东部，包括8条市政道路，南环路是其中之一，如图7-2所示。南环路西起枢纽西进场路，东至枢纽东进场南路，施工范围包括南环路、跨龙脊河地面桥、南环辅路、南环支路以及与铁路站房相衔接的S匝道、F匝道、G匝道。南环路道路全长1983m，道路宽度40m。匝道桥全长1227.6m，包含钢箱梁5联、现浇箱梁8联。南环路主要施工内容包括道路工程、桥梁工程、排水工程、管线综合工程、交通工程、路灯工程。

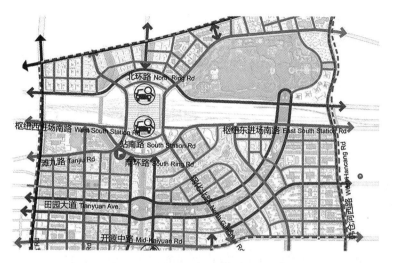

**图7-2 济南市新东站南环路规划图**

南环路在济南新东站交通枢纽中的一条主干路，它既要保持车流连续，又要衔接轨道交通车站，加强车流承载能力，有助于减少运输距离，能减轻济南新东站交通枢纽的交通压力，有利于形成多层次、立体化、高效、集约的城市优质公共交通体系，是进出济南东站的重要通道。

## 二、新东站南环路工程竣工验收

施工单位提交的工程竣工验收申请报告，需由投资方组织勘察、设计、施工、监理等单位及有关专家组成验收小组，制定验收方案，对工程进行了竣工验收，验收过程中，济南市市政工程质量监督站对工程竣工验收实施了监督。验收组下设三个工作小组：外观质量检查组、结构安全和使用功能核查组、质量控制资料核查组。

具体资料验收包括工程质量自评报告，预验收问题整改报告，自检自评质量情况，目前遗留问题汇总表，工程质量检测和功能性试验资料，合同执行情况，设计变更的手续，工程质量保修书。实地验收包括机动车道路基、路面、摊铺情况，非机动车道路基、路面、摊铺情况，路缘石安装，人行道花砖铺设情况，桥梁工程施工情况，匝道引道情况，污水管线情况，雨水管线、暗渠情况。外观质量检查包括道路沥青面层平整、坚实，接缝紧密；面层及附属构筑物接顺，无积水现象且无明显破损及污染现象；路缘石安装稳固，缝宽均匀，外露面清洁，无污染，路缘石立面垂直、线条直顺，外露高度一致；雨污水管道中心线及高程接口严密，管道内无杂物，污水管内水流通畅；桥梁混凝土结构错台、蜂窝麻面、缺棱掉角、漏筋、孔洞、夹渣、裂缝、外形、渗漏水等。结构安全和使用功能检查包括核查检测报告，并主要查看道路标高测量，路面宽度等主要部分的安全功能，路面取芯、排水设施、人行道无障碍设施，桥梁结构尺寸、混凝土结构强度等。质量控制资料核查包括单位工程所含分部工程、分项工程、检验批验收记录；市政质监站等单位检查问题整改闭合情况；试验资料、测量监测资料、管理资料、自评报告及监理单位相关质量控制资料，形成核查记录。

## 三、新东站片区道路验收过程

通过勘察、设计、监理、施工、质监和建设单位各方人员的共同努力，经过紧张的施工建设，已完成合同约定的相关任务。施工单位提出竣工报告，并经总监理工程师签署意见；监理单位已组织并通过了预验收，并提出了工程质量评估报告；勘察、设计单位分别提出了勘察、设计质量检查报告，我单位已与施工单位签署工程质量保修书。

工程在施工过程中，严格按图施工，严格执行工程建设相关规程、规范和技术标准，以及管理和监督制度，较好地执行了基本建设程序。勘察单位对本工程的岩土、验槽和检验基底土质等工作按照程序和规范进行了现场勘察，地基承载力满足设计要求。设计单位对本工程进行了全面、系统、完整的设计，符合国家设计规范，满足了施工需要。施工单位按照国家有关工程施工的法律、法规和技术规程、规范，以及施工合同要求进行了施工。在工程进度、质量、造价和安全生产，以及施工资料等方面达到了工程竣工验收标准。监理单位严格执行《建设工程监理规范》，对工程施工进行了全过程监理，认为路基弯沉试验、路面弯沉试验、摩擦系数、构造深度符合设计及规范要求。确保了工程按期交工，工程质量达到了工程竣工验收标准。实地查验工程实体质量。根据现行国家工程验收标准对道路、桥梁及排水工程质量进行观感检查，南环路匝道桥存在裂纹，需进行修补，匝道桥涂装不均匀，修补部位存在较明显色差，部分路缘石靠背混凝土强度不够，影响路缘石稳固。

建设、勘察、设计、施工、监理等单位根据现行国家工程验收标准，综合本工程施工过程中地基、基础、主体等工程质量情况对工程施工、设备安装质量和各管理环节等方面，认为本工程质量没有缺陷，达到工程质量合格标准，能够交付使用。基于此形成工程验收意见，验收组人员签字认可。质量监督站人员对工程竣工验收的组织形式、验收程序、执行验收规范等情况进行监督，没有发现违反建设工程质量管理规定行为。工程竣工验收后，施工单位整改完善验收中提出的问题，项目监理监督施工单位实施并检验。施工单位编制本工程的移交表格，并向建设单位移交，建设单位接收工程时，将相关职能部门提出的问题记录在表中，限期由施工单位整改。移交方和接收方在移交表上签字。

# 第八章 城市轨道交通沿线配套工程运营管理

# 第1节 运营管理范围与内容

## 一、运营管理的概念

运营管理通常是指企业通过对所拥有的资产和其他资源进行计划、组织、指挥、协调和控制以实现预定经营目标的过程。运营过程要求职能部门各司其职,人力、资金、设备等生产要素物尽其用,通过高效的周转运行来收回投资和实现盈利。运营管理是企业管理的核心内容,是确保项目投资收益的重要保证。

城市轨道交通项目及其配套的工程设施建成并移交之后,即进入了运营管理阶段。城市轨道交通具有快速、安全、便捷、守时等显著优点,成为大型城市交通运输的骨干方式。但是单一的城市轨道交通方式并不足以承担起完整的城市交通运输服务功能,需要与高速铁路、长途汽车、公交汽车、出租车、自行车等交通方式有效接驳,构建包括长途运输、短途运输和慢性出行等多种方式高效转换的交通体系。城市规模不断扩大产生的对交通升级的需求,叠加城市轨道交通项目的规模经济属性,促使城市轨道交通从单一的"线路型"向多线交汇的"网络型"发展。在城市轨道交通网络中,三线及以上轨道交通线路的交汇车站,以及客运吞吐量(包括进出站客流、换乘客流)达到10万人次以上的两线换乘站形成了交通枢纽[1]。在交通枢纽内部和周围空间,大量客流的聚散产生了餐饮、居住、娱乐、办公、商业等引致需求,同时带动了水、电、气、通信、道路、绿化等市政配套基础设施的延伸,形成了交通运输功能和商业功能兼备的综合交通枢纽。在提高交通效率和创造更多商机的同时,也对综合交通枢纽的运营管理提出了挑战。

## 二、综合交通枢纽运营管理的范围

城市轨道交通的配套设施是充分发挥城市轨道交通功能的必要设施,其运营

---

[1] 邵伟中,刘志刚,吴强,李素莹.上海城市轨道交通换乘枢纽运营管理模式研究[J].中国铁路,2008(10):64-67.

管理需依托城市轨道交通站点与线路而展开,围绕城市轨道交通站点展开的配套设施运营管理可视为城市轨道综合交通枢纽运营管理。其他围绕城市轨道交通线路运营管理的配套设施,相对于城市轨道综合交通枢纽运营管理较为简单,且城市轨道综合交通枢纽运营管理范围与内容能够涵盖围绕城市轨道交通线路配套设施的运营管理。

城市轨道综合交通枢纽在有限的空间里汇集了轨道线路、高铁线路、公交站场、出租车场、社会停车场以及商业设施等设施项目。这些项目在市政基础设施的支持下功能互补,设备互联,空间区域互相衔接,共同确定了综合交通枢纽的空间范围。具体而言,综合交通枢纽运营管理的范围包括以下内容:

**1. 地下交通运输设施**

城市轨道交通项目一般采用封闭运营的模式,通过在交通枢纽中设置站台实现与线路外其他交通方式的换乘。通过设置站台,能够为轨道交通运输提供直接物理支撑的地下交通运输设施,包括地下洞体、轨道、通风环控、信号集成控制系统以及地铁或高铁站台等。

**2. 公共服务设施**

公共服务设施是为了全体乘客更方便快捷地享有交通运输服务而设置的设施。公共服务设施,主要包括自动售票检票设施、候车座椅、垃圾桶、公共厕所、公共布告牌、视觉导向系统、城市信息牌、饮水处、标示牌、公共电话、消防设施、电梯或扶梯、客流监控等固定设施[①]。

**3. 综合交通枢纽主体建筑**

常见的综合交通枢纽主体建筑,包括地下建筑和地上建筑两部分组成,地下和地上建筑内部的每一层空间分别规划了不同的职能分工,并根据职能分工享有不同的平面布局。综合交通枢纽主体建筑的平面空间可以划分为两类:一类是为乘客提供交通运输服务而设置的空间,包括内部人行通道、服务通道、换乘大厅等集散空间和交通枢纽管理部门使用的建筑物;第二类是为枢纽内部往来乘客提供餐饮、休闲、娱乐、停车、广告等商业增值服务和物业管理服务而设置的空间以及必要的设施。

**4. 综合交通枢纽外部临近空间**

综合交通枢纽外部,临近范围内空间区域的客流量大,交通接驳站点设置密集,为满足大客流多样化通行与消费需求,常将临近范围内的空间区域用于酒店、办公、商贸、休闲娱乐等商业项目开发,有时也作为城市广场担负城市面貌

---

① 李赛.城市地铁站公共服务设施管理研究[D].天津财经大学,2017.

展示的职责。

**5. 市政配套设施**

综合交通枢纽的市政配套设施，包括为直接维持综合交通枢纽正常运转所需的给水排水、电力、通信等设施设备，以及道路、绿化、照明等其他必要的城市市政配套设施。综合交通枢纽外部的人行横道、机动车道、桥梁涵洞、绿化、照明、交通监控等通用设施不直接参与综合交通枢纽运营，不作为综合交通枢纽的运营管理范围考虑。

## 三、综合交通枢纽运营管理的内容

通常情况下，多元化投资模式与地方政府不同的行政管理规定，导致综合交通枢纽配套市政设施的投资、运营管理主体多极化。即，水、电、气、道路、绿化、照明等分别由不同的企业投资建设和运营管理。不同市政配套设施与设备运行特点、精密度要求，以及维护需求的差异性，加剧了其投资建设和运营管理的多极化。为了保证综合交通枢纽的有序运转，需要将直接维持综合交通枢纽正常运转所需的给水排水、电力、通信等设施设备进行一体化的运营管理。一体化运营管理的首要任务是确定运营管理模式，并根据运营管理主体的经营目标确定公司的组织架构，设立相应职能部门并明确各自的岗位职责。

运营管理，是指企业为了满足社会需要，为了自己的生存和发展，对企业的经营活动进行计划、组织、指挥、协调和控制。从企业运营管理的角度，其运营管理的对象包括人力资源、项目、资金、技术、市场、信息、设备与工艺、作业与流程、文化制度与机制、经营环境等诸多方面。从企业运营管理的职能或业务功能角度，运营管理可分为计划管理、生产管理、采购管理、销售管理、质量管理、仓库管理、财务管理、项目管理、人力资源管理、统计管理、信息管理等。根据运营管理事项的状态差异，综合交通枢纽的运营管理内容可以分为常态运营管理和应急运营管理两类。

**1. 常态运营管理**

常态运营管理是指综合交通枢纽日常情况下，并处于正常运转状态时所进行的常规运营与管理，具体包括设施管理、安全管理和盈利管理三个模块，如图8-1所示。根据国际设施管理协会（IFMA）和美国国会图书馆的定义，设施管理是"以保持业务空间高品质的生活和提高投资效益为目的，以最新的技术对人类有效的生活环境进行规划、整备和维护管理的工作"，这是广义的概念。城市轨道交通综合枢纽常态化运营管理中的设施管理，仅指对于专业设施和公共设施的常规检查和维修,是狭义的理解。

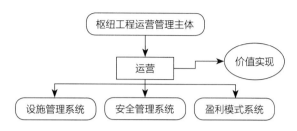

图8-1 综合交通枢纽运营管理内容示意图

市场主体视角的安全管理,全称是安全生产管理,是指企业为防止出现人员伤亡与财产损失事故,对安全生产工作进行的计划和控制。基于安全生产法的规定,企业安全生产管理的主要内容包括"建立健全全员安全生产责任制和安全生产规章制度,加大对安全生产资金、物资、技术、人员的投入保障力度,改善安全生产条件,加强安全生产标准化、信息化建设,构建安全风险分级管控和隐患排查治理双重预防机制,健全风险防范化解机制,提高安全生产水平,确保安全生产。"除法定安全生产管理内容之外,城市轨道交通综合枢纽常态化运营管理中的安全管理重点是指对于乘客的疏导指挥、对于运行设备的巡视检修、客流监控系统的运行管理和综合交通枢纽的安保检查等。

盈利即赢利,是指企业通过对生产经营活动所进行计划、组织、指挥、协调和控制等一系列活动,取得最大的投入产出效率。盈利管理,是指企业通过对人力资源、物料资源、技术资源、资金、市场与客户、政策与政府资源等资源要素的投资、开发与利用,以获取收入的过程。综合交通枢纽的盈利管理,除轨道交通通行票价管理、经营成本控制之外,重点知识对于枢纽内部的广告开发、配套商业招租、社会车辆停车等增值业务的管理。

**2.应急运营管理**

应急管理是为了应对特重大事故灾害可能带来的危险而提出的,多数情况下是指政府及其他公共机构在突发事件的事前预防、事发应对、事中处置和善后恢复过程中,通过建立必要的应对机制,采取一系列必要措施,应用科学、技术、规划与管理等手段,保障公众生命、健康和财产安全;促进社会和谐健康发展的有关活动。应急管理工作内容包括"一案三制",其中"一案"是指应急预案,就是根据发生和可能发生的突发事件,事先研究制订的应对计划和方案。"三制"是指应急工作的管理体制、运行机制和法制。

综合交通枢纽的应急运营管理,主要包括应急预案的制定和日常演练,应急状态下对于目标的监控、远程协调和现场指挥疏导,对受灾设备的紧急抢修和受伤人员的紧急救护，与政府相关职能部门的协调配合等管理活动。

## 第2节　配套基础设施工程运营管理理论与方法

### 一、基础设施运营管理模式

运管管理模式，亦称为经营管理模式（Operation and Management Mode）是企业或组织经营管理的方法论，是指在企业或组织内，为使生产、营业、劳动力、财务等各种业务，能按经营目的顺利地执行、有效地调整，而所进行的系列管理、运营之活动的方法。运营管理主体的确定是运营管理模式研究的首要问题，是项目建成后顺利运营的基础，是满足利益相关者诉求的保障，也是进行后续财务分析的前提，应从项目初期就着手构建运营管理主体[①]。

根据中华人民共和国交通运输部令2018年第8号《城市轨道交通运营管理规定》（以下简称《规定》）中第八条的规定：城市轨道交通工程项目原则上应当在可行性研究报告编制前，按照有关规定选择确定运营单位。《规定》列举了运营单位应当满足的条件，并要求运营单位应当全程参与不载客试运行，出具初期安全评估和一年后初期运营报告。由此可见，城市轨道交通项目运营管理主体的选择与项目投资建设模式息息相关。

按照城市轨道交通项目投资主体和运营主体的关系分类，其运营管理模式大致可以分为政府主体模式、政府主导+企业参与模式和企业主体模式。世界各国根据各自国情，在项目投资、建设和管理实践中逐步发展出了各具特色的运营管理模式。

**1. 纽约模式**

纽约轨道交通系统，即纽约地铁是运营历史最悠久和运行最繁忙的城市轨道交通项目之一。纽约轨道交通系统从一开始就采用了传统的政府主体模式，项目由纽约市政府投资建设，产权归纽约市政府拥有，完成并交由纽约大都会运输署的下属机构纽约市公共运输局进行运营管理，其运营模式如图8-2所示。

---

① 吴绍艳，严玲，尹贻林.城市轨道交通枢纽运营管理主体构建分析[J].综合运输，2010（06）：59-62.

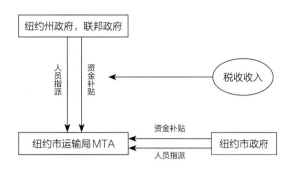

**图8-2　纽约市城市轨道交通运营管理模式**

纽约模式下，政府作为投资和运营的唯一主体，实现了对纽约市城市轨道交通的完全掌握。作为投资主体和产权人，纽约市政府负责制定运输管理规则和施行较低的票价政策，以保证城市轨道交通项目的准公共产品特性。运营管理主体—纽约市公共运输局的管理人员由纽约市政府指定，负责执行政府制定的管理制度。纽约轨道交通系统接受联邦政府、纽约州政府和纽约市政府等三级政府的财政资金补助用于支付城市轨道交通项目运营费用。国有国营的运营模式虽然保证了消费者福利，但是降低了项目运转的效率，同时连年的亏损对地方政府的财力构成了巨大的负担。

**2. 首尔模式**

首尔的城市轨道交通系统，首尔地铁，又称韩国首都圈电铁，由政府投资建设，完工后通过招标投标的方式移交给当地具备运营资质的国有企业负责运营管理，其模式如图8-3所示。

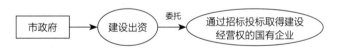

**图8-3　首尔城市轨道交通运营管理模式**

首尔模式同样采用政府独家出资的方式，实现了对项目所有权的控制。区别于纽约地铁由纽约市公共运输局运营管理，首尔地铁是由国有企业作为主体进行运营管理。企业是以营利为目的，追求利润最大化的法人组织，其在通过提升管理效率，降低运营成本，并保证服务水平方面比政府更具专业和优势。但是为了确保城市轨道交通运营的公益性，政府会干预企业的决策，限定轨道交通的票价。企业基于票价限定而产生的业绩亏损，由政府通过给予企业税收减免优惠和财政资金补贴的方式予以弥补，从而保证亏损城市轨道交通的正常运营。首尔模式下，国有企业相比私营企业承担了更多的社会责任。

### 3. 伦敦模式

伦敦是世界上最早采用地下城市轨道交通运输方式的城市，其早期的城市轨道交通项目同样采用了政府投资运营的模式。在经历了1997年的国有铁路公司私有化浪潮之后，"公私合营"逐渐成为伦敦城市轨道交通建设与运营的主要方式，其具体模式如图8-4所示。

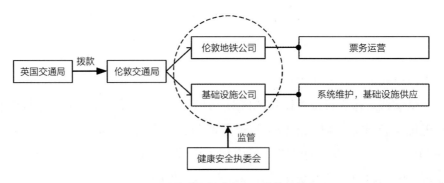

**图8-4　伦敦城市轨道交通运营管理模式**

伦敦地铁的建设与运营模式中，政府通过公私合营（PPP）方式，引入三家私营企业共同投资组建基础设施公司，负责公私合营协议下城市轨道交通项目轨道、车站的修复和维护工作。英国交通局向伦敦交通局拨发财政资金用于支付合同承诺的投资收益，票务运营项目依然由原来的伦敦地铁公司负责管理。伦敦地铁公私合营的运营管理模式在理论上具有一定的优点，比如拓宽了投资资金渠道，降低了政府投资带来的巨大债务负担，引入企业的市场化运作方式，可以提高城市轨道和站台维护的服务质量和效率。而且，票务运营主体的不改变可以保证政府对于票价政策的决策，以保持城市轨道交通项目的公益性。但是，伦敦地铁公私合营的运营管理模式在实践中也暴露出了一些问题，比如政府的公益性和企业的营利性目标存在冲突；轨道、车站的修复和维护信息不对称，导致公私合营协议交易成本过高难以执行；公私合营内部目标不一致产生的决策分歧等，需要在后续理论研究和运营管理中探索更好的解决办法。

### 4. 新加坡模式

新加坡城市轨道交通系统，开通于1987年11月，施行"国有+民营"的运营管理模式，如图8-5所示。

新加坡城市轨道交通运营管理模式中，新加坡国土运输局代表政府行使出资人职能，项目建设资金主要来自政府财政拨款和国土运输局的运营收入，不足部分的借款由政府后期拨款偿还。项目建成后，由政府与新加坡快速轨道交通公司签订租赁经营合同，将项目交由该私人企业按照市场化原则进行运营管理。政府

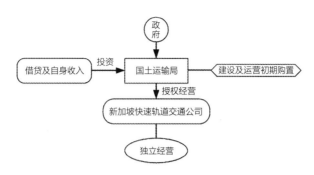

**图8-5　新加坡城市轨道交通运营管理模式**

通过向该公司收取租赁费用覆盖城市轨道交通系统后期的维护费用。该模式的优点是项目运营主体自主经营、自负盈亏，大大降低了政府在城市轨道交通项目运营阶段的票价补贴压力。缺点是该模式对于项目所在地的乘客的客流规模和价格具有较高要求，票价通常较高缺乏公益性，并且项目建设和运营主体的不一致容易出现项目的过度运营和协调困难等问题。

**5.广州模式**

1992年广州市政府决定投资建设城市轨道交通项目，设立并委托广州市地下铁道总公司负责广州市城市轨道交通的建设、运营和资源开发等职能。其模式大致归于"政府投资+运营"，其组织机构如图8-6所示。

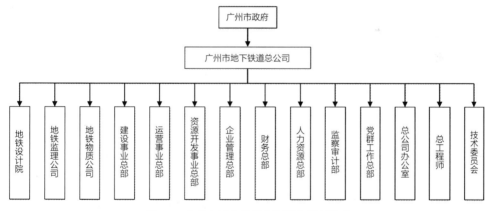

**图8-6　广州市城市轨道交通运营管理模式**

从1997年6月广州首条地下铁路开通运行开始，广州城市轨道交通一直施行投资、建设、运营、资源开发"一体化"的运营管理模式。在这种模式中，广州市政府负责筹资，广州地铁公司下设建设事业总部、运营事业总部和资源开发事业总部，实行两级核算、两级管理。2002年广州地铁改组设立"八部二室一会"，运营事业总部改组成为公司分公司，施行内部独立核算，自负盈亏。随着广州市城市轨道交通运营路线的增加和网络的逐渐成形，为了进一步提高运营管理效率，2013年2月，重组成立了广州地铁运营事业总部，包括4个运营中心和8个车务部，运营管理模式升级为"1+4+8"模式[①]，具体架构如图8-7所示。

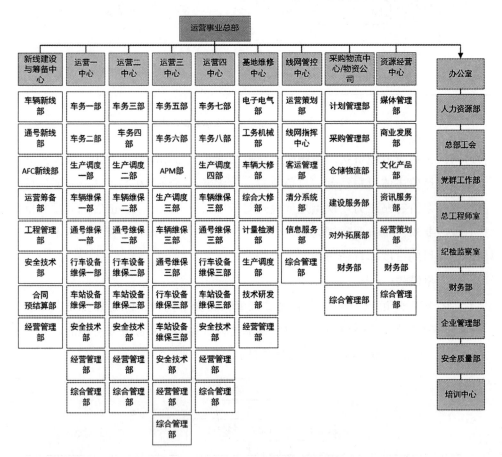

图8-7 广州地铁运营管理组织架构图

"一体化"模式下的事业部组织架构，具备对单线项目或网络化项目全寿命周期集成化管理的组织条件；从而避免由于不良的项目前期管理而导致居高不下的后期使用成本，包括运营成本、公共安全成本和其他因项目功能不足引发的社会成本；并且能够有效避免由规划风险、技术风险引发的工程设计变更、索赔过程中大幅上升的交易成本[②]。

---

① 彭磊.广州地铁网络化运营运能提升综合研究与实践[J].都市快轨交通，2017，30(05)：128-133.
② 何伟怡，尹贻林.城市轨道交通项目投资/组织模式的制度绩效变迁分析[J].铁道学报，2006（01）：12-18.

**6. 上海模式**

1993年5月上海开通首条城市轨道交通路线时，同样实施"政府投资+政府运营"的一体化运营管理模式。随着政府经济体制改革的推进，2000年上海市政府决定施行"四分开"的城市轨道投资专业管理模式，管理模式如图8-8所示。

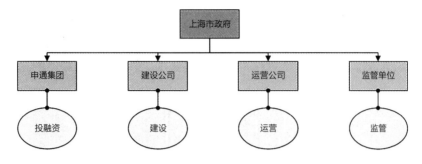

图8-8 上海市城市轨道交通运营管理模式

在此模式中，上海市政府委托城市交通管理局下属部门起草相关运行规范承担最终的监管角色，将能够由市场竞争方式解决的环节划分为相对独立的三块。其中投融资业务由"申通集团"负责完成。地铁的建设业务由海地铁建设有限公司、久创建设管理有限公司、港铁建设管理有限公司香港地铁下属建设公司以及中国铁道建设总公司等通过投标方式获得。2001年，上海申通集团通过并购重组成立上海地铁运营有限公司并成功上市，成为大陆首家成功上市的城市轨道投资管理公司。上海地铁运营公司隶属上海市交通局，作为独立法人，下设10个职能处室、8个分公司和12个事业开发公司，全部施行独立法人核算。

2009年2月，上海市进一步优化运营管理体制，将原上海地铁运营有限公司的编制撤销，设立了1个总调度所、9家分公司和2家运营管理中心，形成了"1+9+2"的运营管理新模式[①]，具体架构如图8-9所示。

上海"四分开"的专业管理模式优点是在纵向职能分开的同时，横向引入市场竞争机制，有利于提高各个环节的管理效率。缺点是分阶段多主体独立决策，切断了项目投资、建设、运营各阶段的内在联系，无法实现项目全寿命周期内的投资、建设和运营集成管理的技术特性，导致整体投资和运营费用的上升。

**7. 中国香港模式**

依托于香港地区巨大的客流量和发达的市场经济体系，香港成功实施了"企业投资+企业运营"的投资运营管理模式。香港城市轨道交通的投资、建设及经

---

① 沈彤.与超常规发展的上海地铁赛跑——俞光耀谈运营管理质量如何跨越式提升[J].上海质量，2017(01)：22-24.

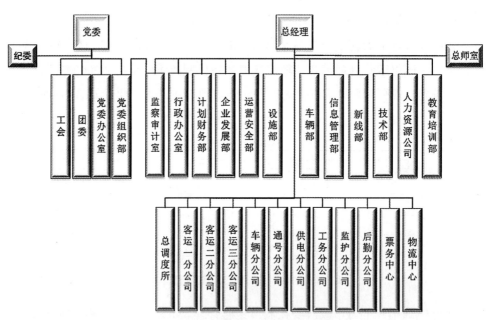

图8-9 上海市城市轨道交通运营组织管理架构

营均由特区政府控股的香港地铁有限公司承担。其中巨额的投资资金大部分通过股票、债券、银行贷款等方式从金融市场融资，剩余部分来自香港特区政府的财政资金。具体运营模式如图8-10所示。

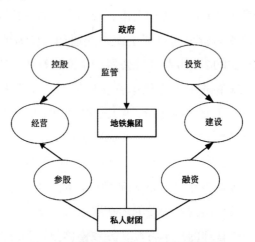

图8-10 香港城市轨道交通运营管理模式

香港城市轨道交通项目自1979年投入营运后，通过对项目内部空间和周边沿途土地的高效市场化运作经营，极大地改善了项目的财务状况。1996年项目实现盈亏平衡，到2000年实现净利润40余亿港元，成为世界上屈指可数的盈利地铁之一。2000年10月香港地铁在港交所成功上市，股票融资额高达94亿港元。香港特区政府承诺将公司持股比例逐年减少到50%，以改善香港地铁公司的股权结构，促进公司更好地市场化运作。

综上所述，由于各个国家和地区的经济、社会、金融环境和发展战略存在明显差异，各城市的轨道交通运营模式也不尽相同。各个城市在计划投资城市轨道交通项目时，应审慎评估自身的财政状况、未来经济发展预期和金融市场发展水平等因素，结合不同的运营管理模式的特点，选择最适合的运营方案。

## 二、配套基础工程设施承载能力[①]

力学理论中，承载能力是指实体对象在发生极限破坏时承受的最大荷载。根据朱颐和姜思明的研究，城市基础设施承载能力是在一定时空范围内，基础设施对城市生产、生活和生态的各种需求的满足程度，即基础设施作为载体对整个城市（承载对象）的支撑程度，其包括三方面的内涵：一是基础设施提供的公共服务支撑的人口规模；二是基础设施支撑城市正常运转所需提供的资源和信息规模和效率；三是基础设施与城市生态系统和谐共生的能力水平。

王金欢将基础设施承载能力拆分为三个方面的内涵，即"动态能力""兜底能力"和"状态能力"。动态能力是指，随着城市资源、环境和科技等水平的实时变迁，基础设施的建设和运营的水平是不断发展变化的，随着科技的进步和时代的发展，实现城市可持续发展目标的难度也是不断发展变化的，由此决定的城市基础设施承载能力是一种动态变化的能力。兜底能力是在一定资源、环境、科技等水平的约束下，基础设施必须具备实现城市可持续发展目标的最小兜底能力，若基础设施承载能力小于该兜底能力，则"城市病"频发，可持续发展将遭遇重大阻碍；若城市基础设施承载能力大于该兜底能力，则城市可以良性发展，城市可持续发展目标更易被实现。状态能力的主要表现：基础设施是由十一类功能设施集合而成的状态系统，是为社会服务、经济发展和生态保护等多个维度目标同时达成的理想状态，由此决定的基础设施承载能力是一种可持续发展目标被实现的状态能力。

（1）基于社会维度的承载能力

基于社会维度的基础设施承载能力，是指城市通过合理建设和运营各类市政基础设施以满足城市企业生产和居民生活需要、覆盖城市所有区域、消解城市废水废物的能力。如果市政基础设施不具备足够的能力以满足城市企业和居民的各类服务需求，则会引发各种社会问题，如供水短缺，交通拥堵，城市内涝等。所

---

[①] 参考王金欢博士论文《城市基础设施承载能力评价及提升策略研究》，2020。

以，市政基础设施社会承载能力的实质是市政基础设施的社会服务承载能力。供水设施、供气设施、供电设施、供热设施、教育设施、医疗设施六类功能设施必须具备足够的能力以依次满足城市企业和居民的水、气、电、热、教育、医疗等生活需要；交通设施、通信设施等两类功能设施必须具备足够的能力以通勤或覆盖到城市所有区域；排水设施、污水处理设施、垃圾处理设施等三类功能设施必须具备足够的能力以疏散或消解城市雨水、废水或废物。

市政基础设施带有鲜明的受益非排他性和效用不可分割性等公共物品属性，根据公共物品供应理论等相关理论，城市基础设施社会服务承载能力的核心是城市基础设施服务供应与服务需求之间的匹配能力，城市规划者和管理者应该探究"供应—需求匹配"的相关指标和方法以评价城市基础设施社会服务承载能力。

（2）基于经济维度的承载能力

基于经济维度的基础设施承载能力，即基础设施经济承载能力，是指城市通过高效配置各类功能设施以促进生产要素集聚、创造经济增长极，进而提升城市经济效率，最终持续推进城市经济增长的能力。理论研究达成共识，认为城市基础设施经济承载能力是实现城市可持续发展的基本能力。所以，城市基础设施经济承载能力的实质是城市基础设施的经济效率承载能力。供水设施、供气设施、供电设施、供热设施、交通设施、通信设施、教育设施、医疗设施、排水设施、污水处理设施、垃圾处理设施等十一类功能设施必须具备足够的能力以集聚人才、资源、资本、科学、技术、信息等生产要素，创造经济增长极，进而提升城市经济效率，最终实现城市的经济增长。

基础设施最显著的功效是可以提升城市的经济效率，根据经济效率理论等相关理论，城市规划者和管理者应该建立"设施投入"与"经济产出"相结合的指标体系，并探究最优"经济效率"的相关方法以评价城市基础设施经济效率承载能力。

（3）基于生态维度的承载能力

基于生态维度的基础设施承载能力，即基础设施生态承载能力，是指城市基础设施的建设规模与城市各类生态设施的存在规模之间相平衡的能力。城市典型的生态设施包括城市森林、草地、湖泊、河流、湿地等。相比于城市各类生态设施的存在规模，城市基础设施建设规模的变化是特别显著的；如果城市这些生态设施的空间被不断挤压，造成生态设施系统的失衡，则会引发各类生态问题，如水质下降，生物多样性减少，生物栖息地丧失等。所以，城市基础设施生态承载能力的实质是城市基础设施的生态平衡承载能力。为城市居民提供基本公共服务的功能设施，包括供水设施、供气设施、供电设施、供热设施、交通设施、通信设施、教育设施、医疗设施，与城市水体、城市绿地设施，包括排水设施、污水处理设施、垃圾处理设施等，要达成规模上的平衡发展。

基础设施必须与城市各类生态设施建立相对稳定的平衡状态，根据突变理论等相关理论，城市应该具备足够的承载能力以维持好城市基础设施规模与各类城市生态设施规模之间的平衡，以防止城市生态设施系统的稳态向灾难性方向发生突变，即城市规划者和管理者应该探究"系统平衡"的相关指标和方法以评价城市基础设施生态平衡承载能力。

（4）基于综合维度的承载能力

基于综合维度的基础设施承载能力，即基础设施综合承载能力，是指基础设施维持城市社会、经济和生态等三个维度承载能力均衡协调发展的能力。城市基础设施三个维度的承载能力，对于实现城市可持续发展目标都是必不可少的，是同等重要的，任何维度的承载能力都不应被忽视。所以，城市基础设施综合承载能力的实质是城市维持基础设施社会服务、经济效率和生态平衡等三维承载能力均衡协调发展的能力。基础设施的社会服务、经济效率和生态平衡等三个维度的承载能力之间必须保持均衡协调发展，不能强者极强、弱者极弱，这样会影响甚至削弱城市基础设施的综合承载能力。

基础设施的社会服务、经济效率和生态平衡等三个维度承载能力之间良好的平衡状态，是城市基础设施综合承载能力维持在较高水平的前提条件，根据突变理论等相关理论，城市必须具备足够的能力以维持基础设施的社会、经济和生态等三维承载能力之间的平衡，以防止城市基础设施综合承载能力发生灾难性突变，即城市规划者和管理者应该探究"系统平衡"的相关方法以评价城市基础设施生态平衡承载能力。

## 三、基础设施的政府监管

政府监管，即政府运用公共权力，通过制定一定的规则，对个人和组织的行为进行限制与调控。城市基础设施运营政府监管，是城市政府为保证城市经济的稳定持续发展及城市居民的生活需要，对提供城市基础设施服务的运营企业进行的监管。城市基础设施运营的政府监管内容，主要包括对服务价格、服务质量标准、经营许可证发放的监管，以及促进竞争、鼓励提高经营效益效率、鼓励对城市基础设施投资、提供稳定的政策法律环境等。

**1. 政府监管内容**

城市基础设施政府监管的内容，主要包括：

(1) 价格监管。城市政府作为监管者，需要制定各类城市基础设施在一定时期内的最高或最低限价，并规定价格调整的条件、周期和方法。

(2) 进入和退出市场监管。为了保证城市基础设施的公益性、获得城市基础设施运营的规模经济性和成本弱增性，政府监管者需要有条件地允许新企业进入城市基础设施运营领域。同时，为保证其供给的稳定性，还要限制企业任意退出城市基础设施运营领域。

(3) 投资监管。政府作为监管者，既要鼓励城市基础设施运营企业投资，以满足不断增长的产品或服务需求，又要防止企业间过度竞争、重复投资，还要对投资品的最优组合进行监管，以保证投资效率和效益。

(4) 质量、服务标准监管。为保证城市企业和居民的基本权益，符合城市经济发展水平下限定消费水平，监管者必须制定各类城市基础设施运营的质量与服务标准。

在以上四个方面的监管中，城市政府尤要强化对城市基础设施的价格监管，以及企业进入或退出城市基础设施运营管理领域的监管。

**2. 政府监管模式**[①]

(1) 市场导向型

市场导向，意味着政府放松相关的法规和政策限制，遵从市场经济和运行规律，通过经济自由化与市场公开化，包括实行国家所有权的退出以及放宽对市场进入与退出、价格的监管来激活市场的功能。具体表现为：

1) 通过降低诸如水、电、气、交通等公共服务的价格，增加服务的种类，提高服务质量增加消费者的利益。多年来，美国政府坚持以市场导向为主，推行城市基础设施投资建设与运营的模式创新，改革政府监管机制，已经取得了丰硕的改革成效。在一些重要的城市基础设施领域，通过市场化运作，能够为城市企业和居民提供更多的服务的种类，更高的服务质量，以及使消费者受益的服务价格。据不完全统计，通过有效的政府监管改革，每年可使美国的企业和居民消费者享受近420亿至540亿美元的基础设施服务实惠。美国部分城市的城市基础设施政府监管机制改革，直接使得基础设施的运营成本下降了四分之一。虽然基础设施服务价格大幅下降了，但是其所提供的服务质量反而是呈上升趋势。日本政府通过对部分城市基础设施的政府监管部门进行监管改革，也为城市企业和居民

---

① 参考王丽英博士论文《我国城市基础设施建设与运营管理研究》，2008。

带来了消费成本的降低，因此可使城市居民每年可支配收入增加约0.3%。通过对水、电力、气、交通等政府监管部门的监管改革，基础设施运营所提供服务的价格明显下降，部分呈网状性分布的基础设施公共服务价格从1990年来以每年1%的速度下降。

2）以市场专业化运作方式，降低基础设施公共服务的监管成本，进而促进基础设施运营部门和机构的改革以实现其运营成本的显著降低，从而提高了基础设施运营部门和机构在全球、区域市场上的竞争力。市场导向的城市基础设施运营政府监管改革，间接促进了基础设施运营部门和机构的生产效率。比如，墨西哥政府对城市基础设施运营政府监管改革，从降低运营成本角度出发，节约了一部分非必要资源的投入，包括用电费用、用水费用、通行费用、通信费用等，反而使得墨西哥政府对外出口行政管理部门的管理效率大幅提升。日本政府近年来，对城市基础设施运营政府监管改革的重点是消除投资壁垒，改善投资环境，促进城市基础设施领域社会资本的进入。

3）税收调控机制，是各国政府干预城市基础设施市场运行最常用、最有效的手段之一。通过降低基础设施投资和运营的税费，可以使得更多的投资进入城市基础设施的投资与运营领域。更多社会资本进入城市基础设施领域，通过竞争带来投资活力，激发基础设施投资、运营管理的创新性，进而刺激地方经济的发展。

4）通过市场导向的政府监管改革，可以刺激城市基础设施投资和运营企业的竞争，激发市场活力，进而创造更多的就业机会，提高整体的就业率。通过各国政府的改革实践证明，坚持有效政府监管机制改革的公共服务部门，其改革的长期效应可以有效促进该公共服务领域就业水平的提高。基于城市基础设施所提供产品与服务价格的下降、服务质量的提高以及服务种类的多样化，有效刺激了企业和居民消费者对基础设施、公共服务的需求，提高了经济整体的运行效率，从而引起了就业率的上升。

（2）运营管理的动态适应性

以市场为导向的改革，在一定程度上弱化了政府对城市基础设施运营管理机构的监管力度。需要通过有效的政府监管措施改革来促进城市基础设施运营管理机构、市场服务与社会需求之间关系的重新整合，以使得城市基础设施运营管理机构与社会经济之间形成了一种最有效利用资源的网状关系体系。由于城市基础设施运营管理决策者、政府监管部门和动态变化的市场需求始终处于一种不断磨合的状态，导致潜在的社会福利需求与实际提供的基础设施服务之间存在一定的差距。然而，由于各种不同类型的城市基础设施的政府监管成效与城市居民消费者期望的变化不能达成一致，尤其是当出现外生与内生力量混合存在时，比如在国际市场与国内政策的共同作用下就会呈现这种现象。运营管理的动态适应性改革是对城市基础设施运营管理机构、市场服务与社会需求之间复杂无序的关系进行重新整合，以使这种市场导向型经济能够持续的增长，并且提高潜在的社会福利。

首先，政府监管改革中仅采取放松监管与推行市场自由化，难以通过政府监管改革去建立一种持续稳定的市场导向型的经济运行方式，更难实现城市基础设施公共福利的最大化。造成城市基础设施所提供的福利往往小于预期，而使用成本却往往高于必要的。现行有关政府监管改革的研究与尝试，认为政府监管改革需要突破以放松监管为基础的"小政府"意识形态，转向于一种可以使政府能够与社会更多、更好、积极合作的观点。时至今日，全世界范围内城市基础设施政府监管改革的成效，主要体现在放松政府监管与扩大市场自由化两个方面。例如，基于国家积极改革行动的监管机构重构，拓展与社会资本的合作形式，通过城市居民消费者参与，以潜移默化的教育宣传来树立政府监管的标准与规范权威等，这些政府监管改革有效降低了不完全市场下城市基础设施政府监管的成本。下一步要做的是，促使静态的城市基础设施政府监管改革向动态化、系统化转变，以更好地发挥政府监管作用。

其次，城市基础设施投资与运营的政府监管改革，需要城市居民消费者支持其持续性改革，并就改革方向达成一致，提高城市居民消费者对城市基础设施投资和运营政府监管机构的信任程度。由此，政府需要通过具体的、值得信任的步骤与措施向城市居民消费者表明，涉及社会公共利益、公众安全的城市基础设施的投资和运营管理一直处于政府有效的监管之下。并且，政府的监管措施可以赢得城市居民消费者的信任，减少不信任带来的政治压力，避免出现过多过滥政府监管的现象。

最后，城市居民消费者的公共服务需求、城市基础设施运营管理机构的市场化运作方式与政府监管之间的关系影响甚多，不能单一地从市场角度审视政府监管的成效。需要从改变城市基础设施投资与运营管理机构的意识形态，转变城市居民消费者的公共服务需求期望等社会关系变革角度，深化政府监管改革。

## 四、突发事件的应急管理

应急管理（Emergency Management），又称危机管理或灾害管理，是为了应对突发公共事件或灾难事件而实施的一系列的计划、组织、指挥、协调、控制的过程。应急管理的主要任务是及时有效地处置各种突发事件,最大限度地减少突发事件的不良影响或损害。

城市轨道交通系统与其他交通出行方式有机结合,尤其对于轨道交通枢纽,是通行客流的集散场所,客流量较大,一旦发生突发事件,枢纽就是传播故障的节点。某条轨道交通线路上的延误将通过交通枢纽传递到其他相关线路和交通出行方式,甚至影响整个城市轨道交通网络,运营调整的难度变大。

**1. 交通枢纽运营管理层次划分**[①]

大型客运交通枢纽聚集机场、高速及城际铁路、城市轨道交通、公交、出租、长途客运等多种交通方式,车流量大。枢纽内建筑体量大、空间紧凑、关联度高,设施设备复杂、管线众多,地下空间结构复杂,人员流量大,公共空间人群高密度聚集,如上海虹桥交通枢纽最高日客流集散量可达110万人次至140万人次。如此大客流区域一旦发生突发事件,极易威胁公众的生命财产安全,甚至直接影响全市正常交通运输和城市运行安全。

根据风险管理理论,事件发展过程包括干扰情形、危急状态和突发事件。干扰情形是指稍微偏离了原计划状态的事件,未造成很大的负面影响,可以通过积极的管理来纠正;危急状态指的是处于一个决定性的时刻或一段至关重要的时间,是事件发展转折点,如果处置不当就会恶化;突发事件是指造成大面积灾难或影响多数人生命安全及生活秩序的恶性事件,是事件演变发展最严重的结果。

对枢纽管理来说,干扰情形就是平时多发的、未造成严重影响的设备设施故障、客流拥堵、人员受困和受伤等,而枢纽的危急状态主要是客流剧增的大客流状态,如果处置不当,极可能会发展成滞留甚至因过度拥挤引发踩踏等事故;突发事件就是指已经发生的、对生命财产造成重大威胁的火灾、爆炸、恐怖袭击、公共卫生事件、恶性治安和刑事案件、踩踏及大范围滞留等,需要按照应急预案进行紧急处置。

一般将枢纽运营管理分为四个层次:无异常事件发生时的正常管理,使偏离计划的事件恢复原始状态的干扰管理,使事件不至于造成不可挽救后果的危机管理,以及减少损失或终止事件蔓延的应急管理,见图8-11。

**2. 以监控为主的正常管理**

正常管理时,枢纽到发的客流量较小,枢纽的容纳能力和换乘能力均有很大的空余量的情况,此时运营状态直观表现为无人员和车辆拥堵,具体表现为:

---

[①] 参考王翠等人《基于风险管理理论的综合交通枢纽运营管理层次分析》,中国公共安全(学术版),2015。

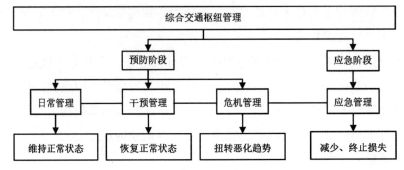

图8-11 交通枢纽运营管理层次

（1）站内乘客走行速度正常；

（2）公共空间客流顺畅，无明显滞留；

（3）各处乘客或车辆无排队现象或队列较短且有秩序；

（4）设施设备运行正常；

（5）周边道路车流畅通。

正常管理主要是对枢纽各交通方式班次状态、客流/车辆状态、设备状态以及周边道路交通状态进行综合监控，通过设备监测、视频轮巡、数据分析等管理手段监控枢纽运营状态和客流集散情况。

**3. 需提高处置效率的干扰管理**

干扰管理时，枢纽局部地点的容纳能力和换乘能力不能满足人员和车辆的即时需求，此时运营状态直观表现为发生一处或几处局部性的客流、车流拥堵，具体表现为：

（1）进出口通行能力不能满足瞬时需求，枢纽、车场、电梯等的进出口和上下客处人流、车流排队较长或秩序混乱；

（2）换乘通道狭窄，换乘通道内人员密度大，通行速度慢；

（3）换乘路径交织，存在冲突点，公共空间客流交叉，客流走向杂乱；

（4）设施设备未及时维护，如查询机、售票机故障、厕所故障；

（5）乘客不能快速获取路径信息、服务信息以及服务暂停信息；

（6）周边道路交通出现小范围拥堵，通行速度慢。

干扰管理针对的就是枢纽运营中经常会发生的小规模客流、车流聚集，排队较长，周边道路拥堵，停车位不足和设施设备受损等情况，各类干扰情形不会直接影响枢纽的正常运营，客流、车流的小规模拥堵不需枢纽管理者的干预也能够一小段时间后自行恢复到无排队或排队较短的有序状态，而发生的设施设备的小故障也可等到日常检修或定期检修时修复。

干扰管理主要是对异常情况进行及时纠正，以现场疏散和引导为主，主要通过异常检测报警，调派现场人员进行秩序维护、设备维修，发布旅客/车辆诱导信息等管理手段处置，来提高异常事件处置效率。

同时，通过对枢纽干扰事件的发生情况进行统计分析，可找出影响枢纽正常运营的瓶颈，进而有针对性地增大拥堵点的通行能力，优化客流组织，提高设施设备可靠性等。

**4. 需进行预警和协同管理的危机管理**

危机管理时，枢纽的容纳能力和换乘能力难以或不能满足人员和车辆的时段性或持续性需求，此时运营状态直观表现为枢纽出现区域性的较大规模的客流、车流拥堵，具体表现为：

（1）候车区、换乘区、公共区人员拥挤；

（2）服务设施不足以满足需求；

（3）设施设备因使用过度易出现损坏；

（4）周边道路严重拥堵。

造成大客流事件的原因主要有规律性客流高峰（如早晚高峰、节假日高峰），恶劣天气、停电等特殊事件引起的各交通方式延误、停运以及大型活动、赛事造成的客流、车流集中到达、离开或滞留，以及由未知事件引起的突发性大客流。

大客流事件挑战枢纽的运能极限，会严重影响运营秩序，出现区域性的多处、大面积拥堵，枢纽自行消解很慢且易发生意外事件，须将大客流事件提升到危机处理的应对高度，提前做好计划和充分准备，在大客流到来时进行有效引导和运力组织。

危机管理主要通过建立多样化预警体制、多交通方式协同管理、制定保障和疏散方案，现场管理及时候评估恢复等手段应对大客流事件。

**5. 须紧急处置的应急管理**

须紧急处置的应急管理是指意外、灾害等安全事件已经发生，枢纽正常运营与人员财产安全受到严重影响，现有枢纽管理部署和运力安排无法应对，须遵照应急预案及现场实际情况做出紧急处置安排，以快速恢复正常或有效控制事态恶化。应急管理有以下要点：

（1）贯彻以人为本理念，首先采取措施进行人员救治和人员疏散；

（2）影响运营事件发生时立即启用备用方案，应急处置过程中一旦条件允许，在保障运营安全的前提下，立即组织恢复正常运营；

（3）发生严重影响枢纽运营安全的事故时，运用设备联动、各交通方式协同配合、面向社会发布紧急信息等手段控制事态，进行紧急疏散。

# 第3节 运营管理的评价

## 一、配套设施建设评价[①]

城市基础设施建设水平,包括城市基础设施的设施水平和城市基础设施的服务水平。设施水平指城市基础设施建成水平和供应能力,是城市可以提供的基础设施容量的大小。服务水平是指城市最终提供给城市居民的各种基础设施服务数量的多少。对于城市基础设施建设的评价应综合考虑设施水平和服务水平两个方面,并在显性需求的基础上考虑隐性需求的满足状况。

**1. 城市基础设施建设水平评价指标选取的原则**

在进行城市基础设施建设水平评价指标的选取时,要遵循如下的原则:

(1)评估指标应有综合的特点

城市基础设施有总体与分项之分,前者是基础设施各个组成部分及其综合的作用结果,后者是系统中的某一个组成部分。评估指标重在反映基础设施对主要使用者的服务状况。

(2)评估指标应是以一定的目标体系为核心的聚合体

城市基础设施建设评估指标需要反映具体的评估目标,构成一个完整的评估目标体系。

(3)评估指标应充分体现城市基础设施的性质

城市基础设施为生产和生活提供必不可少的社会化服务,不仅需要有反映设施拥有状况的数量,更需要设立体现设施服务水平的质量。近年来,经济的发展提高了人们的生活水平,人们对于基础设施的需求,已经从满足于数量进而讲求服务质量。

(4)评估指标应具有相对可比的意义

城市基础设施评估,不仅要适合于城市自身,也要适合于城市之间,因而评估指标宜以"相对值"的形式出现。

(5)评估指标应与国情国力相当

经济发达国家在城市基础设施服务水平方面提出一系列科学具体的指标。评

---

[①] 参考张宝成硕士论文《城市基础设施建设评价方法研究》,2005。

价指标与经济发展程度紧密相关，盲目套用这些指标只能带来不切实际的评估结果。评估指标有一定的时间阶段性，它要求根据客观发展阶段的变更及时修正与完善指标的组成、内容和水准。

（6）评估指标应考虑现实的统计道路交通设施

评价指标是由基础统计指标按一定的要求加工转化而来，对于个别意义至关重要而现实统计手段又难以得到的指标，可用其"分解指标"暂时过渡。

**2.城市基础设施建设水平评价指标体系**

王丽英在其博士论文《我国城市基础设施建设与运营管理研究》中，构建的城市基础设施评价指标体系，包括：

（1）能源动力设施

用气普及率，指使用煤气（包括人工煤气、液化石油气、天然气）的城市非农业人口数（不包括临时人口和流动人口）与城市非农业人口总数之比。

供热面积，指符合城市集中供热标准的供热单位向城市各类房屋建筑物、构筑物及其他设施供热的标准供暖建筑面积。

人均生活用电量，指城市非农业人口生活用电总量与城市非农业人口（不包括临时人口和流动人口）总数之比。

（2）供水排水污水处理设施

自来水综合生产道路交通设施，指按供水设施取水、净化、送水、出厂输水干管等环节实际测定计算的综合生产道路交通设施。不包括供水高峰阶段，超负荷增加的生产道路交通设施。计算时，以四个环节中最薄弱的环节为主确定道路交通设施。

人均生活用水量，指每一城市用水人口平均每天的生活用水量，计算公式：人均生活用水量=居民家庭用水量/城市用水人口数。

水质合格率，指以出厂水为代表的水样中31项被检项目的合格程度。被检项目及其合格标准和水质检验的采用点的设置，按国家《生活饮用水卫生标准》的规定执行。

排水管道密度，指城市一定区域内的排水管道分布的疏密程度，可按城市面积、规划面积和建成区面积分别统计，计算公式：排水管道密度=区域内排水管道长度/区域面积。其中：排水管道长度指所有排水总管、干管、支管、检查井及连接井进出口等长度之和。

污水处理率，指污水处理量与污水排放总量的比率。

（3）道路交通设施

每万人拥有公共交通车辆（标台），按城市人口计算的每万人平均拥有的公共交通车辆标台数。计算公式：每万人拥有公共交通车辆（标台）＝全市公共交通运营车标台数/城市人口数（万人）其中：标准运营车数，是指不同类型的运营车辆按统一的标准当量折合成的运营车数。

人均拥有道路面积，指平均每个城市人口拥有的道路面积，计算公式：人均拥有道路面积＝道路面积/城市人口数。其中：城市道路由车行道和人行道两部分组成，指城市供车辆、行人通行的，具备一定技术条件的道路、桥梁、隧道及其附属设施。在统计时只统计路面宽度在3.5m（含3.5m）以上的各种铺装道路，包括开放型工业区和住宅区道路在内。

车均拥有道路面积，指平均每辆机动车拥有的机动车道路面积，计算公式：车均拥有道路面积＝机动车道路面积/城市机动车保有量。

高级、次高级道路面积，指混凝土、贯入式沥青碎石路、混凝土板、炼砖、细琢石等路面的道路面积。

（4）邮电通信设施

邮电业务总量，是指以价值量形式表现的邮电通信企业为社会提供各类邮电通信服务的总数。邮电业务量按专业分类包括函件、包件、汇票、报刊发行、邮政快件、特快专递、邮政储蓄、集邮、公众电报、用户电报、传真、长途电话、出租电路、市话无线寻呼、移动电话、分组交换数据通信、出租代维等。计算方法为各类产品乘以相应的平均单价（不变价）之和，再加上出租电路和设备、代用户维护电话交换机和线路等的服务收入。它综合反映了一定时期内邮电业务发展的总成果，是研究邮电业务量构成和发展趋势的重要指标。

每百人固定电话（含移动）数量—移动电话用户，指在移动电话营业部门登记，通过移动电话交换机进入移动电话网、占有移动电话号码的电话用户。用户数量以实际办理登记手续进入邮电部门移动电话网的户数进行计算，一部或一台移动电话统计为一户。电话用户指接入国家公众固定电话网，并按固定电话业务进行经营管理的电话用户。

国际互联网用户，是指在电信部门通过登记能够登录国际互联网的用户总数。

（5）生态环保设施

垃圾粪便无害化处理率，垃圾粪便处理率指报告期垃圾粪便处理与垃圾粪便产生量的比率，计算公式：垃圾粪便处理率＝垃圾粪便处理量/垃圾粪便产生量×100%。其中：垃圾无害化处理指堆肥、卫生填埋、焚烧三种垃圾无害化处理方法。粪便无害化处理指高温堆肥法、厌氧消化法、三格化粪池等三种粪便无害化处理方法。

人均公共绿地面积,指报告期末区域内城市人日平均每人拥有的公共绿地面积,计算公式:人均公共绿地面积=区域内公共绿地面积/区域内城市人口数。

城市环境噪声达标面积,按照我国国家标准《城市区域环境噪声标准》的规定计算。

空气质量等级,指按照环境监测数据得到的城市空气质量等级。目前我国重点城市空气质量的监测项目:统一规定为二氧化硫($SO_2$)、二氧化氮($NO_2$)和总悬浮颗粒物(TSP),用0~500之间的数字来表示空气污染指数的数值。空气污染指数的取值范围定为0~500,其中0~50,51~100,100~200,201~300和大于300分别对应于中国空气质量标准中日均值的一级、二级、三级、四级和五级标准的污染物浓度限定数值。

防灾设施水平,是指为抵御和减轻各种自然灾害和人为灾害,及由此而引起的次生灾害对城市居民生命财产和各项工程设施造成危害的损失,所采取的各种预防措施,包括城市防洪,城市防震,城市防空,城市消防四个方面。城市防洪是指为抵御和减轻洪水对城市造成灾害而采取的各种工程和非工程预防措施。城市防震是为抵御和减轻地震灾害及由此而引起的次生灾害,而采取的各种预防措施。城市消防是指预防和减轻因火灾对城市造成损失而采取的各种预防和减灾措施。城市防空是指为防御和减轻城市因遭受常规武器、核武器、化学武器和细菌武器等空袭而造成危害和损失所采取的各种防御和减灾措施。

(6)城建服务

服务及时度,指城市基础设施服务部门对城市居民服务要求满足的速度,计算公式:服务及时度=时限要求内问题解决数/城市居民服务要求总数×100%。

服务覆盖度,指城市基础设施服务部门对城市居民服务要求满足的总体程度,计算公式:服务覆盖度=城市居民服务要求得到满足的数目/城市居民服务要求总数×100%。

服务投诉率,指城市基础设施服务部门接到的投诉总数占城市居民服务要求总数的比例,计算公式:服务投诉率=城市基础设施服务部门接到的投诉总数/城市居民服务要求总数×100%。

## 二、城市轨道交通运营管理评价

建立企业经营状况监测指标,定期对企业经营状况进行评估,建立起企业绩效评价系统,并对经营过程中存在的各种非正常状态进行预警。这对企业进行科学化管理,促进企业持续发展,有着重要的意义。公司绩效评价体系是公司经营战略的体现，是日常行动指南，经营的终极目标。对于城市轨道交通产业的发展而言，科学、合理企业绩效评价体系是完善和规范发展城市轨道交通的一个重要环节。通过对城市轨道交通企业的有效评价，政府作为投资者，可以对城市轨道交通企业的未来业绩给出预期，能正确认识城市轨道交通企业的优劣，促使城市轨道交通企业改善经营管理水平，提高经济效率；政府作为城市轨道交通资源的经营者，可以通过行之有效城市轨道交通企业的绩效评价，及时发现所制定政策的目标与实际实施效果之间的差异，并为科学分析提供的基础，引导政府理性地分配城市轨道交通资源并授权于适当的代理人进行经营活动；政府作为管制者，可以通过企业绩效评价，完善对城市轨道交通企业价值发现功能，理性地对城市轨道交通的定价、补贴、经营形式等作出决策，通过选择运营商等对城市轨道交通企业施加竞争压力，产生降低运营成本、提高运营效率的激励，提高对城市轨道交通行业的管制效率。

当前理论研究中对城市轨道交通运营服务能力评价，主要有三个角度：一是以城市轨道交通运营服务能力作为研究对象，在遵循系统性、一致性、独立性、可测性等原则基础上采用问卷调查的形式，构建起较为系统性的城市轨道交通运营服务能力评价指标体系。二是从轨道交通运营服务质量需求的角度，设计轨道交通运营服务质量数学模型及其评价方法，在对用户需求分类的基础上开展指标重要度计算，归类分析乘客需求问题并给出提升服务质量的建议，以达到提高地铁运营服务质量的目的。三是从关键绩效指标着手，拟定一套关键绩效指标体系的构建原则、指标构成、体系架构、指标口径及其计算方法，并应用指标体系进行网络、客流和限流的评估。

**1. 轨道交通运营服务质量评价**[①]

城市轨道交通系统包括乘客、司机、工作人员、列车、车站、轨道线路、控制系统以及通信系统等。城市轨道交通的服务系统作为轨道交通系统的重要组成部分，主要包括车站、列车、轨道线路等硬件设施服务和线路规划运营组织、司机、工作人员等"软件"服务两大类组成。城市轨道交通的整体服务运营水平的好坏直接关系到乘客乘车时的体验以及乘客的满意程度，因此可以通过模拟乘客对轨道交通的个人感受以及对服务的满意程度，进而直接或间接反映轨道交通的整体运营服务水平。

客运服务，实际上就是指客运商在输送旅客的过程中，为了最大限度地满足乘客的出行要求而提供的安全、准确、高效、舒适以及便捷的客运服务，实现全

---

① 参考薛宏娇硕士论文《城市轨道交通项目运营服务质量评价体系与方法研究》，2012。

程对旅客提供优质的位移转移的服务。轨道交通服务质量包括客运服务的整体效用以及乘客的满意程度两个方面。如果以乘客的角度作为出发点，客运服务质量就不单单涉及服务结果，而往往会更加注重服务过程，安全舒适的乘车过程在许多乘客心目中排第一位。

优质的轨道交通服务主要包括简单明了的轨道线路图、及时的信息咨询、便捷的购票方式、便利的进站模式、宽敞的候车空间、舒适的乘车环境、方便的轨道换乘、明确的指引标识等等。服务质量主要由以下三部分内容组成：

（1）安全质量，即客运服务过程中对乘客安全的保障，是客运服务质量的第一位。客运质量的基本要求是：安全、及时、经济、方便、舒适、文明，安全需求是第一位。

（2）技术质量，即客运服务本身的环境条件、质量标准、服务时间、服务项目、服务设施等是否方便乘客乘车需要。技术质量主要体现在车站和列车的环境、设备等几个方面，优质的轨道交通服务需要同时具有舒适的候车环境和必备的技术设施，例如自动检票售票系统、站台及列车的电子显示系统等。

（3）功能质量，即客运服务过程的质量，即工作人员的服务态度和行为是否满足乘客的需要。准时、快捷、舒适、清洁等为功能质量的主要体现。

薛宏娇在《城市轨道交通项目运营服务质量评价体系与方法研究》一文中建立的轨道交通运营服务质量评价指标包括：

（1）高效性

随着乘客时间价值的提高，乘客所期望的运营速度也越来越高，为了提高服务水平，节省乘客的出行时间，因此，测评指标选取进出站时间、购票时间、高峰行车间隔、平峰行车间隔、正点率和运行图兑现率。

（2）便利性

城市范围内轨道交通之间的换乘被称为同类换乘，一般位于两条及其以上轨道交通线交叉或汇合处。主要的换乘方式有平行换乘、点换乘和通道换乘。平行换乘：利用共用的站厅层或站台层供乘客换乘，是最为方便的换乘形式。点换乘：随站台与站台在不同站厅层布置形式不同，换乘量较小、二点换乘和换乘量大等。通道换乘：通过地下联络通道，将两条轨道交通线衔接起来。它属于间接换乘，有时乘客需二次付费，换乘距离一般较长。

轨道交通与公共交通的换乘的不同主要表现在后者起到为前者集结和疏散客流的功能。在乘客的交通方式的转换过程当中，常规公共交通的疏散功能要大于其集结功能。轨道交通与常规公共交通是否能够恰当衔接，最重要的条件是常规公共交通应保证在客运高峰时段，最短时间之内将乘客接送出车站。疏散乘客的时间是轨道交通和同一地点的公交换乘站如何进行规划所考虑的重要项目之一。

城市轨道交通车站的可达性，是指轨道交通车站的服务范围。车站服务范围应该是乘客愿意接受车站服务的最大距离内可以到达车站的范围。城市轨道交通车站服务范围就是：人们在合理的时间内乘坐其他交通方式或室内步行可以到达车站出入口的地方，或者从另一个角度说是车站各个出入口的步行合理可达范围的叠加范围。

标识比语言具有更强的视觉冲击力，拥有更大的信息量，并能更迅速，更准确、更强烈地传达信息。轨道交通导向标识系统，具有两重性：既具有指令性交通标识（如机场、车站、码头，道路标识等）的作用，又具有导向性公共设施符号标识的功能。轨道交通车站作为一种交通建筑，客观上要求其使用者能够快速地移动并且能减少乘客在其中的无效停留时间。导向标识在不仅车站中发挥着重要的作用，而且在地下站、通道、站厅和车厢内也发挥着重要的作用。城市轨道交通导向标志系统是体现轨道交通运营服务水平的重要标志之一，高水平的导向标志系统既有利于实现车站的现代化管理和"无人化"管理，也有利于提高轨道交通的服务水平和运营效率。

（3）舒适性

清洁明亮、温度适宜、自然通风的乘车环境是每位乘客所期望的。候车大厅、车厢内部的空气质量对乘客健康影响较大，同时也影响乘客乘坐轨道交通列车的心情。

（4）安全性

安全永远是轨道交通系统中最重要的环节，任何时候都应将其置于服务的首位。乘客对于安全的关注往往集中在车内与站内治安环境、候车时工作人员对候车黄色警戒线的提示，列车运行时的平稳性，工作人员在突发情况下对乘客的紧急告知及安全处理，车门关闭的安全性，站内电梯以及自动扶梯的安全性几个方面。由于近年来不断出现轨道交通的突发事件，乘客对自身人身安全的关注程度较以往有明显增强。提供安全、有序的乘候车环境是轨道交通运营服务的重要内容，客流是否有序是衡量轨道交通运营服务的重要指标。轨道交通客流秩序主要体现在进出站的客流秩序、站台内等候列车的秩序和车厢内乘客乘坐秩序。

（5）整洁度

整洁的车厢，明亮干净的站厅、通道、站台环境，干净卫生的洗手间和舒适的座椅都给乘客营造了一个良好的乘车环境。相比公共汽车，城市轨道交通以其相对高的价格提供了高品质的服务，这也是乘客选择乘坐价格高的交通工具出行的重要原因。

（6）服务管理人性化

顾客投诉简单来说就是指用户对企业的产品或服务不满而通过各种方式向有关部门反映的行为，主要针对服务态度、服务质量和其他突发性事件的投诉。轨道交通运营企业应正确看待顾客的投诉，将顾客投诉转交为企业收益，并从中挖掘出企业的价值。顾客投诉可使企业及时发现并修补产品或服务中的失误，开创新的商机；顾客投诉可使企业获得再次赢得顾客的机会；顾客投诉可为企业提供建立和巩固良好企业形象的素材。

在轨道交通运营初期，在大量乘客不熟悉轨道交通系统内部设备操作和各服务系统还不是很完善的情况下，售票、兑零、咨询等人工服务对于轨道交通运营过程是不可或缺的。这时，服务人员的服务表现就成为衡量轨道交通运营服务水平的重要标志，其服装仪态、服务意识、服务态度、业务知识及服务技能将会对乘客服务水平产生很大的影响。

**2. 轨道交通运营绩效评价**[①]

目前，城市轨道交通运营绩效评估体系已经相对成熟，国际上有代表性的是国际地铁协会（COMET）的"关键绩效指数"系统。中国交通运输协会城市轨道交通专业委员会在借鉴COMET经验的基础上，建立了更为适合中国国情的城市轨道交通运营绩效评估体系（MOPES）。MOPES指标体系由基础指标和绩效指标2个大类构成，总计117个指标。其中，基础类指标包括线网指标、车站指标2种类型，共计8个指标；绩效指标包括客流指标、运行指标、服务指标、安全指标、能耗指标、成本指标6种类型，共计109个指标。为运营绩效考核指标体系提供了非常好的理论和实践基础。

MOPES指标评价体系的构建及指标的选取更多的是从城市轨道交通运营方和管理者的需求出发，其目的是为加强轨道交通行业内部的密切联系、统一运营绩效评估指标和统计方式、树立绩效参照标杆、建立经验交流平台和组织开展专题攻关等。但是城市轨道交通作为垄断性经营的准公共服务产品，仅仅从运营企业角度将运营绩效管理作为城市轨道交通运营管理的重点，并不能全面反映社会全体利益相关者包括政府、企业和乘客对城市轨道交通的差异性需求，其统计意义大于绩效考核意义。

---

① 参考杨永泰博士论文《城市轨道交通网络列车运行图评估方法研究》，2019。

### 三、城市轨道交通运营管理综合评价体系

**1. 评价指标体系构建原则**

（1）指标体系应能全面反映城市轨道交通运营管理的评价内容。

（2）指标体系应从客观实际出发，减少主观因素对于评价结果的影响。

（3）指标需选用易于收集和更能直接反映问题的定量指标为主。

（4）指标体系应能满足不同时间、不同空间的各种城市轨道交通运营情况，能够反映运营管理的共性特征。

（5）在同层面的分类评价中，指标的选取应避免重复评价的情况，保证其不相关性。

**2. 评价体系的结构**①

（1）运营安全评价指标

通过分析《地铁运营安全评价标准》和《地铁设计规范》等相关标准中以及MOPES中的城市轨道交通运营安全指标，将运营安全评价指标分为定性指标和定量指标2大类。

其中，将定性指标分为管理类指标与专业类指标，管理类指标以人员规范与规章制度等指标为主，专业类指标规定了城市轨道交通设施设备性能因素等。

将定量指标分为符合性指标和状态性能指标，符合性指标通常指城市轨道交通的设施设备的某些性能指标，这些指标需要满足或符合相关规范、标准的具体量化要求；状态性能指标是指反映城市轨道交通系统运行过程中各种安全运行状态和设施设备性能的定量指标，其中的定量指标的状态性能指标作为重点指标。如图8-12所示。

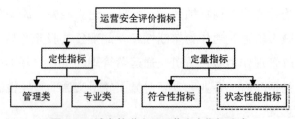

**图8-12 城市轨道交通运营安全指标分类**

结合现有规范和标准，将运营安全中状态性能指标分为系统负荷、列车运行和设施设备3类指标。具体指标结构如图8-13所示。

---

① 参考任红波《城市轨道交通运营绩效考核指标体系探讨》，城市轨道交通研究，2013。

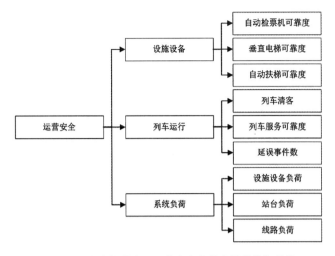

图8-13 城市轨道交通运营安全中状态性能指标结构

(2) 运营绩效评价指标

将城市轨道交通运营管理评价分为运营安全、运营绩效和服务质量3个方面，为了避免指标重复，同时突出与运营相关的内容，重点选取了包括线网基础指标、客流指标及列车运行指标等在内的定量指标来构成运营绩效指标。

结合MOPES和《城市轨道交通路网运营指标体系》等现有指标体系和规范中与绩效评价相关的指标，归纳出城市轨道交通运营绩效评价指标结构，如图8-14所示。

(3) 服务质量评价指标

服务质量评价指标分为乘客满意度指标和规范类指标2大类。

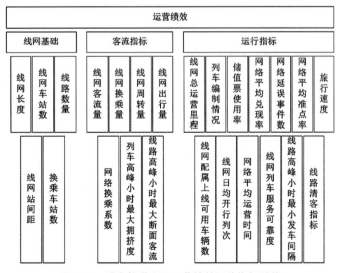

图8-14 城市轨道交通运营绩效评价指标结构

乘客满意度指标是根据乘客问卷调查所得数据进行量化处理后所得的定量指标。该类指标的选用建立在乘客主观感受上，从乘客的角度直接反映城市轨道交通服务水平。乘客满意度指标结构如图8-15所示。规范类指标是根据《城市轨道交通客运服务》等相关标准筛选的定量指标，此类指标的特点是有客观的定量数据要求。经过归纳后可分为行车服务、服务监管和设施设备可靠度3个方面。规范类指标结构如图8-16所示。

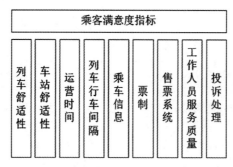

图8-15 城市轨道交通满意度评价指标结构

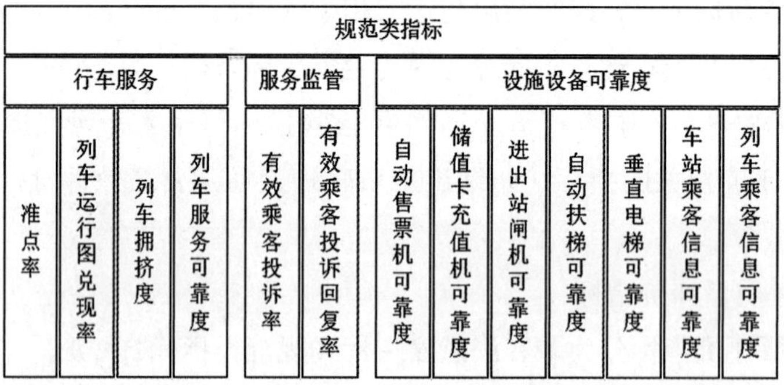

图8-16 城市轨道交通规范类评价指标结构

（4）综合评价指标体系框架

城市轨道交通运营管理评价综合评价指标框架结构设计如图8-17所示。

图8-17 城市轨道交通运营管理综合评价指标框架

(5)指标权重确定

绩效考核指标是一个多维系统,各项指标对考核结果的影响程度取决于该指标在整体考核中的相对重要性。可以通过专家调查法来确定运营综合评价指标体系中各指标的相对重要性,在此基础上,采取权值因子分析法(AHP)的方式,建立递阶层次结构、构造判断矩阵、层次单排序、一致性检验等路径确定权重结构。总体原则是,社会影响大的、安全风险高的权重设置较高,反之则权重较低;定量指标权重高,定性指标权重则低;与年度重点工作密切相关的指标权重高,反之则低。当不同指标存在矛盾的时候,则对其中一个指标统计但不考核或者调整统计方法,比如,运营里程和节能指标负相关的情况下,不考核运营里程。

# 第4节 城市轨道交通沿线市政工程运营管理案例

## 一、综合交通枢纽投资费用分摊方式

综合交通枢纽是在传统的公交枢纽站的基础上,通过开发项目内部及周边区域房地产、金融、旅游、服务等相关附属产业,吸引民间资本投入,扩大融资渠道,从而增加投资的经济效益和社会效益,是将社会化与市场化开发融为一体的公共基础设施项目。济南东站综合交通枢纽是由多种交通方式组成的集中换乘的交通设施,如图8-18所示。

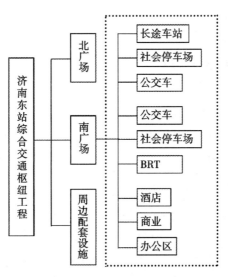

**图8-18 济南东站综合交通枢纽**

综合交通枢纽涉及多种交通方式，因此项目建设也涉及多方投资主体。因此有必要研究一下投资费用的分摊问题。通常情况下，采用以下的分摊原则：一是按各种交通方式的客流量进行分摊；二是按各种交通方式占用的建筑面积分摊。济南东站综合交通枢纽采用上述两种方式相结合的原则分摊投资费用，即：各种交通方式独立使用的设备、管理用房，按其建筑面积进行分摊；公用部分按各种交通方式的客流量进行分摊。

## 二、公共综合交通枢纽的运营管理模式

公共综合交通枢纽的业务主要分为专业化业务和共性化业务两大类。其中，专业化业务主要是涉及交通方面的组织和管理，包括行车调度、客户服务、票务管理、专用设备维护等；专业化业务必须由具备相应枢纽运营管理经验的交通部门负责。共性化业务主要是涉及物业开发部分的组织和管理，包括商业、办公、餐饮、娱乐等设施的运营和管理。市场化程度较高，可供选择的运营主体的余地很大，既可由交通部门统一管理，再将物业开发部分批租给民营企业或个人，也可以通过竞标，以特许经营的方式交由民营机构运营管理，政府发挥监管的作用。

**1. 地下空间功能布局**

在规划设计过程中，以解决交通疏散问题为原则，以创造舒适的城市环境为前提，以提高经济效益和节约开发成本为重点，结合枢纽所在区域的场地、社会和人文等因素，确定枢纽地下空间所需的设施以及设施的重要程度，进而指导设施的合理配置。参考模式包括法兰克福火车站；北京南站；香港地区西九龙站。

**2. 枢纽管理界面划分**

济南东客站综合交通枢纽规模大，管理主体多，协调的关键是在考虑各管理主体利益的基础上，对枢纽管理界面进行合理划分，这是枢纽管理模式确定的核心。针对这一思路，初步提出两个管理模式：

（1）模式一：按照产权划分管理界面。

按照各运营主体来划分。这里的管理可以是委托其他专业公司的管理；高速铁路管理高速铁路部分，长途客运管理长途部分，地铁管理地铁部分，公交管理公交部分，市政部门管理市政部分。

这种管理模式的优点，专业设施权属明确，管理界面清晰。缺点是，总体协调难度大；枢纽的运行效率较低；枢纽各投资主体所投资的设施界面交错难以划分；水电气等日常运营费用的分担难以切分，企业需要较多的管理人员。

（2）模式二：以系统划分为主，局部按区域划分管理界面首先成立一个总体

管理公司，各企业按照自成体系的运营管理系统来划分管理界面。运营企业各自管理自成体系的运输系统，只管理到各自的专业区域范围，其余范围由总体管理公司管理。

高铁出站通廊及两侧出租车发车区以及南北广场下方公共换乘区与高铁关系密切，且管理专业性强，建议交由高铁公司管理。这种管理模式的优点：最大限度地减少了管理界面；管理界面较容易切分；最大限度地减少各运营企业的管理范围；缺点是：总体公司管理范围大，工作量大；根据分析，济南东客站综合交通枢纽两种运营管理模式各有优缺点，但综合分析第二种模式更加合理、可行。

高速铁路公司拥有成熟的高铁车站及其配套出租、停车、轨道交通等交通功能的运行管理经验，所以高速铁路公司应该成为枢纽运行管理主体的首选之一，负责高铁出站通廊、出租车上客区及南广场换乘空间的管理。在具体的操作上，运行管理可以与枢纽经营活动整合起来进行。结合济南东客站提出三种操作模式，进行资源合理配置，实现效益最大化。

（1）模式一：物业管理模式

济南轨道集团委托高速铁路公司对城市通廊、出租车发车区、南北广场地下换乘区进行运营运行、维护和管理，轨道公司支付服务费用，对外的界面协调由轨道集团自己负责，轨道集团仍承担着运行主体责任风险，自己负责设施内部的资源经营。

（2）模式二：物业管理+特许经营模式

济南轨道集团委托高铁公司对城市通廊、出租车发车区、南北广场地下换乘区进行运营运行、维护和管理，并负责对外的界面管理。轨道集团"捆绑"内部一部分可经营性资源作为报酬，不再支付维护管理费用。高铁公司自己承担负责区域公用设施使用费。

（3）模式三：轨道集团将枢纽通廊、出租车发车区、南北广场地下换乘区所有可经营性资源"打包"，特许给高铁工程经营，高铁公司每年象征性地支付给轨道集团一定的资产租赁费。轨道集团只承担该资产所有者责任，不承担任何运行、维护、管理风险。